U0733905

昌平文史资料第十三辑

国民军与南口大战

——大革命的北方战场

（续集）

中国文史出版社

图书在版编目（CIP）数据

国民军与南口大战：大革命的北方战场：续集/北京市昌平区政协文史委员会主编 . —北京：中国文史出版社，2012.12

ISBN 978 - 7 - 5034 - 3720 - 5

Ⅰ. ①国…　Ⅱ. ①北…　Ⅲ. ①西北军—军队史—史料
②抗日战争时期战役战斗—史料—昌平区　Ⅳ. ①E296.51
②E297.3

中国版本图书馆 CIP 数据核字（2012）第 294758 号

责任编辑：殷　旭
封面设计：乐　天

出版发行：**中国文史出版社**
网　　址：www.wenshipress.com
社　　址：北京市西城区太平桥大街 23 号　　邮编：100811
电　　话：010 - 66173572　66168268　66192736（发行部）
传　　真：010 - 66192703
印　　装：北京百善印刷厂
经　　销：全国新华书店
开　　本：16
印　　张：18　　　字数：293 千字
印　　数：2000 册
版　　次：2012 年 1 月北京第 1 版
印　　次：2012 年 1 月第 1 次印刷
定　　价：45.00 元

文史版图书，版权所有，侵权必究。
文史版图书，印装错误可与发行部联系退换。

2011年6月18日，昌平区政协、民革北京市委联合召开纪念中国共产党成立90周年、辛亥革命100周年暨南口大战85周年座谈会

2011年6月19日，昌平区政协、民革北京市委联合召开纪念中国共产党成立90周年、辛亥革命100周年暨南口大战85周年座谈会期间考察南口大战战场——龙虎台

2011年6月19日，昌平区政协、民革北京市委联合召开纪念中国共产党成立90周年、辛亥革命100周年暨南口大战85周年座谈会期间考察南口大战战场——居庸关

2011年6月19日，昌平区政协、民革北京市委联合召开纪念中国共产党成立90周年、辛亥革命100周年暨南口大战85周年座谈会期间考察1937年南口战役旧址碑

专家教授在昌平召开有关南口大战研讨会

在"财会之家"研讨

在"军都旅游度假村"研讨

在"军都旅游度假村"合影

在"军都旅游度假村"合影

在"红栌山庄"研讨

在"凤山度假村"研讨

前　言

为纪念中国共产党成立90周年、辛亥革命100周年、南口大战85周年，昌平区政协文史委于2011年编辑出版了《昌平文史资料》第十二辑，即《国民军与南口大战——大革命的北方战场》一书，该书一经出版，即受到广大读者的好评。中共中央党史研究室对此给予了高度评价："《国民军与南口大战——大革命的北方战场》一书，对1926年4月至8月冯玉祥的国民军与直奉鲁晋军阀联军以北京昌平南口为中心展开的规模空前的南口大战，从史实考证和史料整理两个方面作了认真梳理，较为详尽地记述了这场战争的全过程，记述了中国共产党、中国国民党、共产国际、联共（布）以及苏联政府对冯玉祥和国民军的影响、帮助及其作用，记述了南口大战的重要意义及其在北伐战争和大革命中的重要地位和作用。全书由'南口大战始末'、'档案资料'、'回忆录'和'大事记'四个部分组成，为读者全面了解和系统研究南口大战的历史和重要意义提供了宝贵的资料。"与此同时，昌平区政协于2011年6月专门召开座谈会，邀请部分专家、学者和国民军将领后代，对国民军与南口大战进一步座谈、研讨，在此基础上，我们特编辑本书《昌平文史资料》第十三辑，即《国民军与南口大战——大革命的北方战场》（续集）作为补充。本书收录了部分专家、学者和国民军将领后代的论述和回忆性文章，我们还通过其他途径收录了未参加座谈会的部分专家、学者的著述文章，但暂时无法与作者联系，在此致歉，并希望与我们取得联系。由于编者水平有限，本书难免有纰漏之处，但我们力求将更多有关国民军与南口大战的史实资料和相关文章呈献在世人面前，以期为进一步研究大革命的北方战场提供参考。

政协北京市昌平区委员会

2012年3月

目　录

学者述评

子女追忆

领导讲话

学者述评

再评南口大战

刘敬忠

上世纪八十年代，笔者曾发表《冯玉祥与南口大战》一文，对南口大战进行了评述。尔后，笔者又发表论文与专著，在论述冯玉祥与国民军时，又对南口大战进行了评述。今天，笔者借纪念中国共产党建党90周年、辛亥革命100周年暨南口大战85周年学术研讨会之机，再对其进行评述，以求教于各界朋友及学术界同仁。

（一）

南口大战是以冯玉祥为统帅的国民军抵抗直、奉、晋等系军阀对其进行联合围剿的总称。该战从1926年4月下旬爆发到其年8月中旬结束，国民军在察北多伦、直隶易县并延伸到晋北的千里战线上，抵抗直、奉、晋三系军阀的联合进攻。战争的中心在京西的南口，故史称南口大战。但这是对其狭义的简称。从广义上讲，南口大战也应该包括同时发生的国民军二军李云龙部及名义上隶属于国民军三军的杨虎城部，联合抵抗吴佩孚委任的"讨贼"联军陕甘总司令刘镇华的"镇嵩军"的进攻，而进行了长达八个月之久的"西安守卫战"。该战虽然独立于南口战场之外，但是也是国民军抵抗北洋军阀联合围剿的重要组成部分，故也应该包括在南口大战之内。

南口大战是冯玉祥在一定程度上追随时代进步潮流的，日益向左翼革命势力靠近的产物，更是受日益高涨的民族解放运动影响的结果。其对中国近代历史过程产生了重大影响。

冯玉祥早年就有一定的追随时代进步潮流的倾向，但在一些有重大影响的政治事件中，其"进步"表现的政治动机大多有维护个人利益的成分；在官海沉浮中，沾染了某些使用纵横捭阖的政治手段及实用主义权术的习惯。因此，他在与孙中山为代表的资产阶级革命派保持政治往来的同时，还参加直皖及第一次直奉战争，参与直系曹锟贿选中的"驱黎"活动。北京政变后，他组建了国民军，其军政活动仍明显地表现出上述特点

3

与作风。

冯玉祥所部国民军，虽然自成一系，但还没有脱离北洋集团。他在张家口就任段祺瑞执政府的"西北边防督办"后，因所部驻扎在西北，故世人也将其部称之为西北军，其军事联盟也被称为"西北系"。

国民军的名称有某些新意。冯玉祥说这是为表明所部"拥护中山先生主义"，为国为民的意思①。段祺瑞执政府成立后，冯在政治上采取了与进步势力接近的政策，开始允许国民党组织在国民军中公开活动②，减弱了基督教在所部的影响，并接受苏联的军事援助。从1925年3月至1926年7月，苏联以记账的方式给国民军一军提供了大批军火③。五卅运动爆发后，他数次宣言废除不平等条约，主张关税自主，并在一定程度上支持北京地区左翼政治力量的活动。这一切让世人瞩目，左翼政治力量均认为冯玉祥有较大的进步。中国共产党也认为国民军倾向革命，是一支区别于奉直军阀、"较为进步，较接近民众的军事势力"④，是"从旧军阀分化出来的左派，在近数个月中的事实上，已颇表现其反帝国主义反对反动军阀之倾向，并能相当接近民众"⑤。而反动势力则攻击冯玉祥及国民军"赤化"。在华的外国新闻记者都不再称冯"基督将军"，而改称"赤色将军"了⑥。

实际上，冯玉祥及国民军在此时的政治进步有较复杂的背景，并有很大局限性。

北京政变后，冯玉祥因"倒戈"行动为北洋人物所不容，在政治上

---

① 冯玉祥：《我的生活》（下），黑龙江人民出版社，1981年，404页。

② 于树德：《北方政治报告》，中国革命博物馆党史研究室编《党史研究资料》12期，19页。

③ 苏联国防部档案，转引自［苏］维·马·普里马科夫《冯玉祥与国民军》，中国社会科学出版社，1982年，10页。

④ 陈独秀：《国民军与北方政局》，《向导》150期，《向导汇刊》（3），1048页。

⑤ "中共中央特别会议文件"，转引自中共北京市委党史研究室编《第一次国共合作在北京》，北京出版社，1989年，299页。

⑥ ［美］薛立敦：《冯玉祥的一生》，浙江教育出版社，1988年，216页。

非常孤立。国民军一军控制着北京，由此为奉系所嫉忌而承受巨大的军事压力。该部所占据的地盘大多土地贫瘠，故经济十分困难，且因直隶地区为李景林所占据而与国民军二军地盘相隔绝，在战略上处于不利地位。此外，国民军缺少一个对外的海口，无法从海外补充急需的军火。所以，冯玉祥为与张作霖逐鹿中原，只能向国民党及左翼势力靠拢，以摆脱自己在政治上的被动地位。此前冯玉祥与孙中山仅有些书信往来，但对其政治理论及事业根本不理解。此时，他希望通过国民党得到苏联的军事援助[①]。国民军地处西北内陆，没有从海上补给武器的来源，从地缘政治考虑，只能从与之相邻的苏联想办法。而且，从苏联进口军火不用付现款，这对国民军更是求之不得。但国民军接受苏联军事援助不是冯玉祥进步的标志与结果。就此事而言，苏联和冯玉祥都有各自的政治目的。当时，冯玉祥对苏联有一定看法，对沙俄侵占中国领土及外蒙受其控制不满[②]。所以，冯玉祥在此时接近苏联不是出于意识形态的原因，主要还是基于军事上的实际需要，与孙中山的"联俄"政策有一定区别。

苏联顾问团于1925年5月底到达张家口。7月13日，冯玉祥发表防止"赤化"的通令。该通令说："……查近日以来，谣言甚多，诚恐致乱听闻，易起误会。所有各部军队，须十分注意……而对于赤化播传之说，尤须特别防范，切实禁止。西北地接蒙边，外邻俄境，习尚素不相同，往来时所恒有，交邻固以和睦为尚，而立国精神各有不同"；继而宣称"孔孟之道为我国数千年之国粹，较之外来新名词不啻高出万倍"。通令强调："历来为政，第一要道，只要养民安民，不在炫奇立异。凡我军民，均当深体此意。"[③]

此通令不仅仅是为反动舆论攻击国民军"赤化"而做辩解，也是冯

---

① "黄昌谷报告俄送水晶棺抵北京及冯玉祥等态度密电"，中国第二历史档案馆编《中华民国史档案资料汇编》4辑（上），江苏古籍出版社，1991年，267页。

② 《冯玉祥与国民军》，34—35页。

③ 李泰棻：《国民军史稿》（上），西北军内部铅印本，无出版年，180页；陈崇桂：《冯上将军传》，西北军内部铅印本，无出版年，89页；《字林西报》1927年7月18日。

玉祥当时政治观点的真实表述。7月9日，他对鹿钟麟说："……与各方表示态度，谓我方主张以中国之道治中国，实行孔仁、孟义、墨爱，并非赤化"①，认为共产主义学说不适合中国国情。所以，李大钊认为他成不了一个"革命家"②。他对国民党在国民军的活动十分注意，并限制在一定的范围内，对其政治工作人员一直很警惕③。这实际上表明，到南口大战前为止，冯玉祥的政治观点并没有多少实质性的转变。

从国民军名称的几度变化，可以清楚地看出冯玉祥政治态度的动摇。

国民军成立后，由于名称与国民党相似，故受到反动势力的攻击。在此情况下，冯玉祥于1924年12月14日通电取消了国民军的名义④，此后又屡次给国民军二军、三军写信，让他们也赶快取消国民军的名号⑤。1925年2月19日，他在日记中写道："……前几日与孙禹行言几条应办之事，一取消国民军……均已实行矣。"⑥但是，冯玉祥随后在李大钊及国民党左派人士徐谦劝说之下重新振作起来，又认为该名称便于接近国民党及得到苏联援助，故在军中没有真正禁用该名，他自己在讲话中仍称所部为国民军。1926年初，国民军所处环境再度逆转，冯玉祥在通电"下野"后，又于1月4日通电"不再沿用国民军的名义"⑦。但是，这又是掩人耳目的手法。不久，他又分别授予魏益三及方振武以国民军四军和五军的名义⑧。这种真真假假的态度及手法，既表现了冯本人的性格特征，又反映了他的政治态度的摇摆。直到五原誓师时，冯玉祥才又公开打出国民军联军的旗号。

---

① 《冯玉祥日记》（2），江苏古籍出版社，1992年，95页。

② ［苏］С. Н. 纳乌莫夫：《在中国的土地上》，莫斯科出版社，1974年，26页。

③ 《冯玉祥与国民军》，11页。

④ "关于取消国民军名义电"，1924年12月，《中华民国史档案资料汇编》3辑，749页。

⑤ 徐永昌：《求己斋回忆录》，《传记文学》（台北）49卷4期，57页。

⑥ 《冯玉祥日记》（2），江苏古籍出版社，1992年，19页。

⑦ 《晨报》1926年1月5日。

⑧ 《晨报》1926年1月22日。

尽管如此，冯玉祥与北洋其他军阀还是有区别的，这主要是其背后没有任何帝国主义背景。这是他能接近资产阶级民主革命的政治基础。所以，中国共产党及国民党左派人士重视对冯玉祥及国民军的改造工作，从而对国民革命起了重大作用。

从1924年11月到1926年4月，国民军为控制北洋中央政权及扩充地盘，与段祺瑞执政府及奉、直、晋等系军阀明争暗斗，使北方政局扑朔迷离。1925年底，国民军与奉系军阀发生战争，虽然与全国人民反奉斗争的大趋势一致，但仍是军阀战争，很少有进步成分。

北京政变后，奉系军阀势力急剧膨胀。张作霖一心想完全控制中央政权，故极欲驻兵北京并为此不惜与国民军一战①。1925年5月，张作霖企图一举将国民军逐出北京，迫段祺瑞下野然后自登大位②，只是由于五卅运动的爆发及发生中东路事件，张作霖不得不暂时停止行动。对此，冯玉祥表面一再表示忍让，同时秘密联系直系力量反奉③。他与孙传芳相约，先由孙发难进攻苏、皖，国民军二军随即从豫东攻山东，国民军一军出兵热河断奉军后路④。

但是，孙传芳如约发动反奉战争后，国民军却没有如约出兵配合。冯玉祥之所以失信，虽然与吴佩孚在此时的再起有一定关系，但主要还是由于他保存实力的投机思想所致。冯玉祥历来在军政行动中都以不蚀老本为前提，企图以最小的代价获得最大的收益，故往往在关键时刻左顾右盼，脚踏两只船，从而坐失良机。冯玉祥想坐山观虎斗，准备在"两方激战至于气尽力竭时，执政府如果有命令，吾再出而以武装调停也"。⑤但是，战局出乎冯氏的预料，奉系因其战线长恐首尾不能相顾，急速撤兵北上，将

---

①　"美驻华公使舒尔曼给国务卿的电报"，39300/6290，1925年3月18日。电报称张作霖向外交官透露，他将与国民军一战。转引自［美］薛立敦《冯玉祥的一生》，231页。

②　《乙丑军阀变乱纪实》，荣孟源、章伯锋编《近代稗海》5辑，四川人民出版社，1987年，486页。

③　《冯玉祥日记》（2），68页。

④　《国民军史稿》（上），201页。

⑤　《冯玉祥日记》（2），127页。

国民军与南口大战

主力集中在京东,全力监视国民军。因此,国民军最佳的反奉战机转瞬即逝。其后,国民军二军出兵攻打山东,已是战略错误的马后炮,且系二军自行所为。结果,冯玉祥既失好于孙传芳,又促进了张作霖与吴佩孚加速秘密勾结。孙认为冯不讲信义,国民军在北方又失去一反奉盟友。

1925年秋,冯玉祥又与奉军的郭松龄秘密会商反奉。11月22日,双方签订了"冯郭密约"。郭松龄发动的反奉战争实质上也是一场军阀战争,密约除几条空洞政治条文,如"排除军阀专横,永远消灭战祸","实行民生政治,改善劳工生活待遇","实行强迫教育","开发边境保存国土"等,核心是双方协议打败奉系之后各自的地盘分配,其中第一条就是有关李景林地盘的条款。密约规定:直隶、热河均归丙(李景林)治理。甲(指国民军)为贯彻和平主张对热河决不攻取;保大铁路线,甲军随意驻扎,但直隶全部收入(保大在内)均归丙军,甲军决不侵夺①。所以,保证李景林地位与利益是"冯郭密约"最重要的内容之一。

郭松龄十分清楚,自己要想反奉成功,必须得到李景林的支持,而其关键就是保证他的既得利益。李在奉系中非嫡系,也对张作霖不满,是否倒戈,态度尚在犹豫之中。郭也明了国民军想将直隶据为己有。此时,直隶的保大地区已为国民军二、三军所攻占,并仍有继续进兵之势。所以,郭松龄才在密约中把维护李景林的地盘摆在突出的位置。密约签订后,郭松龄还不放心,一再对国民军一军的代表强调说:"他(李景林)就怕你们打他,如能暂时维持他的地盘,我想他没有别的希望"②。郭松龄反奉后,李景林于1925年11月25日通电"保境安民",并要张作霖将权力交给张学良而下野,实际上已宣布支持郭松龄。与此同时,他还致电国民军表示希望与其合作,并愿将直隶作为国、奉双方之缓冲区域③。

但是,冯玉祥从一开始就不想履行密约。他急切地想得到天津及出海口,认为"直隶应归国民军二、三军,打倒张作霖之后,再商量别的问

---

① 中国第二历史档案馆档藏,转引自《爱国将军冯玉祥》,96—97页。

② 吴锡祺:《冯玉祥、郭松龄联合反对张作霖的经过》,《文史资料选辑》(35),文史资料出版社,1963年,174页。

③ 《顺天时报》1925年11月26日。

题"①。本来，李景林对国民军二、三军继续向天津推进就充满疑虑。11月30日，国民军二、三军又兵抵廊坊及沧州，这更使李景林不安。此时，冯玉祥派熊斌及王乃模赴津，要求李景林离开天津去热河，让国民军"借道"援郭。这实际上是表示国民军只允许李景林占据热河。因此，李景林急派韩玉辰偕黄郛赴张家口疏通。但是，冯玉祥仍明确向韩表示，要李让出直隶②，从而把其逼上了对立面。12月1日，李景林决定对国民军进行武力抵御。12月4日，李发表讨伐冯玉祥的通电，攻击冯"愚弄部下，利用赤化邪说，以破坏纲常名教之大防"③，次日，又通电声明拒绝承认段祺瑞政府所发布的命令④。与此同时，李景林还释放了被郭松龄解津交其拘禁的不同意反奉的军官，查抄了郭部在天津的办事处并逮捕了工作人员，扣留了郭部在天津购置的军需品⑤。李景林的反目，对郭松龄反奉及国奉两系力量对比，都发生了重大影响。他扣留了郭部所急需的棉衣，使其士兵身着单衣作战，无法抵御关东的严寒，直接影响了士气和战斗力。郭部由此军心不稳，最终导致失败。国民军在郭松龄尚未得手之际，就违约抢占地盘，是导致郭败亡的重要原因之一。冯玉祥在《我的生活》中说："……李景林一以日本帝国主义者的挑拨离间，一以不打破权利观念，定要劫持直隶地盘，竟在此一发千钧时候，引起了对国民军二、三军的冲突。"在此，他把与李景林反目的原因归罪对方；然后，他又自相矛盾地指责国民军二、三军要夺取天津："此时我仍屡次致电陕豫，说我与郭松龄已有密约，若有动作，必须酌商而行"；"郭松龄倒奉之功败垂成，一面固然帝国主义的出兵干涉，但是国民二、三军之不顾大局……也是不可抹杀的原因。"⑥冯玉祥把一切罪责都推给了他人，而避口不谈自己对郭拆台的行为。

---

① 《我的生活》（下），437页。

② 韩玉辰：《关于李景林与国民军》，《文史资料选辑》（51），文史资料出版社，1963年，80页。

③ 《时报》1925年12月5日。

④ 《东方杂志》23卷2号，39页。

⑤ 《甲寅杂志》25卷，1页。

⑥ 《我的生活》（下），441页。

国民军与南口大战

国民军攻津之战进行了近二十天，以李景林部败退山东而告终。国民军虽然占领了华北第一大商埠，却不能说是一场胜仗。国民军先由于轻敌而投入兵力不足，继而由于连续攻城不克而急躁，调重兵强攻致使兵员伤亡惨重并损失大量宝贵武器弹药。当时外国人评论说，这是民国以来最激烈的战斗之一[1]。国民军表面上取得了胜利，而就总体战略而言却是失败了。国民军把即将成为盟友的李景林变为敌人，且又没能够全歼其主力。李景林到山东后很快与张宗昌组成直鲁联军，卷土重来。此外，国民军占领天津后，不仅没有增强自身的实力，反而引起了内部的矛盾斗争。冯玉祥将直督一职让给国民军三军的孙岳，引起了国民军一军将领张之江等人的强烈不满与消极[2]。且国民军三军腐败不堪，根本不能承担津沽防御的重任[3]。国民军对李景林的战争，是冯玉祥在这个时期实行军阀政治的集中体现，亦是导致其在华北失败的重要原因之一。

五卅运动后，北方群众运动有很大发展。以李大钊为首的中共北方区委和国民党北方执行部，利用国民军控制北京的有利时机，组织民众掀起声势浩大的反对帝国主义及北洋军阀统治的群众斗争。从1925年10月起，北京民众连续举行游行示威，反对帝国主义策划的关税会议及段祺瑞政府；孙传芳及郭松龄发动反奉战争后，北京人民把反帝与反奉斗争结合起来，民众运动持续高涨。对此，冯玉祥及国民军持一定的同情与支持态度。这固然与冯在当时的政治倾向及一贯的反帝主张有一定的关系，但也包含了某种程度的实用主义政治目的。段祺瑞政府虽然由直奉两系扶植上台，但段本人及大多数皖系分子更接近奉系，虽然与奉系也勾心斗角，矛盾重重，但双方在与国民军对抗上大体还能一致。冯玉祥认为，群众的游行示威能给段政府以巨大的压力，使段不得不更多借重国民军以苟延残喘。事实也确实如此。郭松龄反奉战争爆发后，北京形成了"国民军独占中央政治发言权"[4]的局面。但是，国民军本身没有完全改造中央政府的实力，认

---

① "美驻天津领事高思致美国公使马克谟文电"，转引自［美］薛立敦《冯玉祥的一生》，235页。

② 《申报》1924年1月7日，《大公报》（长沙）1926年1月12日。

③ 徐永昌：《求己斋回忆录》，《传记文学》（台北）49卷5期，87页。

④ 松涛：《郭松龄倒戈后的时局影响》，《东方杂志》22卷23号，2页。

为段政府仍有利用的价值，故对人民群众的反段斗争只容许在一定程度之内，即以不推翻其统治为限。

1925年11月下旬，中共北方区委做出了发动"首都革命"的决议，计划以群众起义的方式，推翻段祺瑞政府，组织国民委员会，建立革命政权[①]。11月27日，国民党北方执行部派共产党员于树德等为此与国民军领导人、北京警备司令鹿钟麟接洽，鹿当即对群众的反段斗争表示支持态度。但是，到了次日（28日），鹿态度骤变，不仅下令保护段政府，而且禁止群众再举行集会，并逮捕88名示威群众[②]，从而使"首都革命"流产。由于国民党右派在冯处攻击共产党要夺权，冯玉祥怕进一步背上"赤化"的"罪名"，更不愿段祺瑞执政府在此时垮台而不能为己所用，故指示鹿钟麟改变初衷。当然，"首都革命"在某种程度上带有盲动的成分，不可能取得成功。而冯玉祥及国民军态度的变化是其当时政治态度的真实反映。

郭松龄反奉失败后，北方政治形势骤然逆转。反动势力立即猖獗，段祺瑞执政府对群众运动的态度也日趋强硬。奉直军阀公开结盟之后，国民军势单力孤。此时，它不仅不敢进一步靠近进步势力，反而在政治上明显右转，先后向直奉军阀进行妥协活动，并追随段祺瑞政府公开反对群众革命斗争。早在1925年8月2日，段祺瑞为镇压群众运动，曾发布"整顿学风"的通令，对群众的反帝爱国斗争大肆攻击。7个月以后，接替冯玉祥出任"西北边防督办"的张之江，于1926年3月6日分别致电段祺瑞及总理贾德耀，也大肆谈起"学风"。电文称当前"学风日下，士习日偷"，"恶化横流，邪说暴作"；要贾德耀"设法矫正，痛加针砭，务使嚣风异事扫荡一空"，并表示"对此根本问题，万不能不竭尽才力，以图挽救"[③]。当时的舆论界就认为"最近国民军四处受敌，为将来恢复起见，自不能不与各方罢战言和，而罢战言和之条件，最要看在排斥共产党"[④]。正是鉴于国

---

① 《向导》138期，《向导汇刊》（3）。

② 《于树德同志的北方政治状况报告》，《党史研究资料》13期，219页。

③ 《语丝》71期（1926年3月22日）。

④ 《孤军周报》65期，转引自中国社会科学院社会学研究所青少年研究室主编《青运史资料与研究》4—5期，15页。

民军上述的态度，段祺瑞政府才敢举起久欲向群众下手的屠刀制造了震惊中外的"三·一八惨案"。惨案发生后，国民军代理警卫总司令李鸣钟当即发出布告称"凡我全城士庶，各安居乐业，不得再行集会"①，公然禁止人民的反抗斗争。随后，李又出席了段政府国务院会议，赞同对徐谦、李大钊的"通缉令"。冯玉祥则表示"勿令各走极端，致重罹惨祸"②，并于3月20日，匆匆离开平地泉赴苏联。他出国访问早在计划之内，但此时急于就道显然是为了逃避舆论，否则就不会谎称到库伦"才知道北京闹出'三·一八惨案'"③。国民党北京特别市执行委员会在报告书中认为，"国民军现在一反以前所为，为民众所唾弃，国民军实无一自解于民众"④。

此时，国民军甚至不惜否定自己的历史，幻想倒退到北京政变前依附直系吴佩孚的地位，公然向吴乞降。冯玉祥在1926年1月1日再发的下野通电公开吹捧吴佩孚，称"子玉学深养粹饱受挫折，当能不念前嫌，共谋国是"⑤。吴佩孚发表与奉系公开结盟的"世电"后，他又发"支电"表示支持⑥，并派人赴汉口向吴致意。张之江在名义上主军后也向吴佩孚公开表示："愿追随我帅之后，入京主政。"⑦上述对吴乞降的表示遭拒绝后，国民军又转而与奉系谋求妥协，拟以热河、榆关为缓冲地带，后又表示愿将热河无条件交给奉方⑧。奉方对国民军也只是虚与委蛇。冯玉祥及国民军主要领导人过高地估计了敌人的力量。实际上，奉系军阀在郭松龄倒戈之后

---

① 《申报》1926年3月20日。

② 《惨案之真相——惨案发生前后经过之详情》，《世界日报》1926年3月20日，转引自《青运史资料与研究》4—5期，191页。

③ 《我的生活》（下），453页。

④ 《党声》（北京）3期（1926年5月1日）。

⑤ 《晨报》1926年1月5日。

⑥ 《大公报》（长沙）1926年1月10日。

⑦ 《大公报》（长沙）1926年1月17日。

⑧ "刘锡廉致张作霖电"，"张作霖复张树声电稿"（奉天公署档），辽宁档案馆编《奉系军阀密电》（3），中华书局，1987年，58页。

实力大损，内部矛盾亦日趋尖锐；吴佩孚此时仅有湖北一省兵力[1]，其14省联军仅为一张虎皮大旗，直鲁联军之实力也远不如以前。国民军对此视而不见，又想用实用主义权术谋出路。其结果助长了奉直军阀的气焰，远离了左翼的政治势力。

1926年4月10日晨，国民军突然派兵包围段祺瑞执政府，将其卫队缴械。段祺瑞已于午夜闻讯逃入东交民巷。鹿钟麟以北京警卫总司令的名义发布布告，历数段政府的种种"罪行"后声称，国民军"为国家计，为人民计，迫不得已采取严正办法，严行禁止。一面恢复曹公自由，并电请吴玉帅，即日移节入都，主持一切"[2]。同日，鹿还直接给吴佩孚打电报，表示"惟吴玉帅马首是瞻，政治非所敢问"[3]。这是国民军发动的第二次北京政变。此时冯玉祥虽然不在国内，但上述一切都是按冯的计划进行的。

冯玉祥在出国前，就制定了一个最后的应急方案，计划在必要时推翻段祺瑞政府并释放曹锟，借曹之力与吴佩孚讲和；如果讲和失败就迅速撤出北京，从而一时造成中央权力真空，以使奉直军阀为争夺中央政权而火并，自己充作二虎相斗之后渔利的"卞庄"[4]。4月初，段祺瑞企图策划国民军唐之道部叛变为内应并勾结奉军异动[5]，这为国民军发动政变提供了口实。"三·一八惨案"之后，段祺瑞一伙已成为人曰可杀的国贼，国民军也深受左翼舆论的谴责。国民军认为，此时实施冯之计划，既可为降直做资本，又可洗刷自己在"三·一八惨案"中沾染的血污，故有是举。

但是，吴佩孚对国民军再次乞降仍无动于衷。此前，他对国民军一再表示"议和"采取了强硬的态度，要国民军无条件投降。经幕僚力劝，才于4月5日复张之江一电，提出将国民军交阎锡山接收，并要张亲赴汉口接洽等苛刻条件[6]。此时，吴佩孚更坚持国民军必须"一律缴械"[7]。国民军

---

① 吴佩孚的军事实力在1926年3月攻占河南时才得到加强。

② 《顺天时报》1926年4月11日。

③ 《晨报》1926年4月11日。

④ 《冯玉祥与国民军》，162—163、182—183页。

⑤ 高兴亚：《冯玉祥将军》，北京出版社，1982年，75页。

⑥ 《东方杂志》23卷2号，147页。

⑦ 陶季玉：《吴佩孚将军生平传》，16页。

无奈，于4月15日撤离北京，指望奉直军阀为争夺中央政权而反目。但是，国民军的希望却落空了。

国民军推翻段祺瑞执政府的北京政变，是对有某些进步因素的第一次北京政变的否定，并严重损害了自身的形象及政治声誉。李景林通电攻击冯玉祥，说他"前日拥段（祺瑞），今日驱段；前日捉曹（锟），今日放曹"，"好恶无常，恩仇不定"[①]。实际上，"恩仇不定"是当时军阀头目的共性。吴佩孚也在此时将敌友易位，与原不共戴天的奉张结盟。吴佩孚拒绝了国民军的降书及北京城，实际上是抛弃了再次问鼎北洋政权的机会。

至此，中国政局出现了颇具喜剧色彩的情节。冯玉祥及国民军在政治上一再倒退，仍想留在北洋军阀集团之中；奉直军阀也不谙世界与中国革命大势，把本来还不知国民革命为何物、且有十几万重兵的国民军逼到了除非投奔革命一方，几乎全无出路的境地。国民军退守南口后，还派韩复榘、门致中赴汉口向直吴乞降。吴佩孚仍坚持要国民军必须全体缴械[②]，结果迫使国民军最终上了"梁山"。

1925年，国共合作领导的国民革命迅猛发展，广东革命政府日益巩固，全国反帝群众斗争持续高涨。这引起国内外反动派的震惊、恐慌。帝国主义一方面策划"关税会议"等以缓和中国人民的反帝情绪，一方面加紧促成直奉反动军阀的联合，来镇压中国方兴未艾的革命运动。国民军攻占天津后，中外反动派认为，"仿佛南方国民政府与北方国民军可以会合起来，支配全国政权，成功一比较赤色的政府之形势"[③]。1926年1月10日，直奉军阀抛弃前嫌，结成了"双方共同以冯玉祥为敌，合力消灭冯和国民党"的反革命联盟[④]。与此同时，各国在华的帝国主义分子加紧反共宣传，

① 《晨报》1926年4月19日。

② "张作霖复张之江电"（奉天公署档），《奉系军阀密电》（3），55页。

③ 中央档案馆编《中共中央文件选集》2册，中央党校出版社，1983年，111页。

④ 孟星魁：《直系军阀大联合的酝酿和失败经过》，政协全国委员会文史资料研究会编《文史资料选集》（35），99—100页。

并操纵一些反动分子组成"中国反赤大同盟"。中外反动派围剿的对象就是中国共产党、国民党、国民军[①]。

1926年2月20日，上海《字林西报》发表伦敦通讯，透露英国武装干涉中国革命的计划，扬言要派遣一支十万人的侵略军，"分南北两部，多数人将配置于天津、上海之间。第一部分军队将在天津上岸，将力求早与冯玉祥决战，且已获得张作霖之默许"[②]。直奉军阀公开结盟后，英国《泰晤士报》评论说："使张作霖和吴佩孚达成协议，就能够把整个华北和华中紧紧地掌握在铁拳之中，在这之后对付革命的南方就不难了"[③]。这充分说明，帝国主义把镇压中国革命的战略重点放在北方。国民军控制着京畿并几乎独占中央政权，且有较强的军事实力，故一时成为中外反动派的心头之患。吴佩孚之所以将其主力倾巢北上，固然有与奉系争夺北洋中央政权及狂热的复仇心理有关，但主要还是出于和帝国主义对中国革命大势的共同认识。他根本没有把广东革命政府的力量放在眼中，仍视其为偏师就可对付的无足轻重的地方力量。吴佩孚要充当"反赤"的急先锋，攻击冯玉祥"秘结赤党，盘踞神京，号召乱徒，利用邪说"[④]。张作霖、张宗昌等在进攻国民军时也以"讨赤"相号召。国民军退出北京后，奉直军阀的联合扩展为与晋、陕、甘等地方军阀的联盟，并于1926年5月10日在京成立讨赤联军办事处[⑤]。国民军领导在主观上虽然日益右倾，但在实际上国民军却充当了革命的盾牌，不自觉也不情愿地成为大革命的同盟军，并被迫完全投向广东革命政府一方，这就是历史赋予国民军在南口大战前的特殊政治角色，也是南口大战爆发的历史背景。

---

① 华岗：《中国大革命史（1925—1927年）》，文史出版社，1982年，152页。

② 《字林西报》1926年2月20日，转引自华岗《中国大革命史（1925—1927）》，150页。

③ 拉狄克：《对中国最近世态的评价》，《苏联〈真理报〉有关中国革命文献资料选辑》1辑，四川省社会科学院出版社，1985年，165页。

④ "张宗昌转吴佩孚等通电"（奉天公署档），《奉系军阀密电》（3），4—5页。

⑤ 《申报》1926年5月20日。

（二）

冯玉祥出国前，曾派马伯援赴广东请援①。4月10日，广东国民政府在与马伯援洽谈后致函冯玉祥，表示要"期于相当时期会师中原，共赴国难，打倒帝国主义，完成国民革命"②。但是，此时双方仅互视为盟友。奉、直、晋的"联合讨赤军"的总兵力达50万人以上，而国民军各军总兵力共约20万人，能直接投入战斗的仅为16万人。所以，它十分迫切希望广东革命政府的支援和配合。广东革命政府也正准备出兵入湘援助唐生智，对国民军在北方的作用十分重视故加紧对冯进行工作。4月5日至6日，鲍罗廷和于右任在库伦连续与冯玉祥会谈，商议国民军与广东革命政府合作，并劝冯加入国民党③。尽管如此，直到5月上旬为止，国民军抵抗奉直军阀进攻的南口大战，仍属军阀混战，性质没有发生任何变化。

冯玉祥经过激烈的思想斗争，于5月10日，即在到达莫斯科的第二天经徐谦介绍加入了国民党④。不久，他又表示让国民军集体加入国民党。这是冯玉祥在政治上真正的进步。此前，冯玉祥长期标榜自己是"君子群而不党。"这既反映他对政党政治的无知，同时也说明他害怕政党的组织纪律会削弱个人权势而失去对军队的控制。现在，他改变了自己与国民党及广东革命政府的关系，由盟友变为属下，走出其人生道路重要的一步。

6月3日，蒋介石电邀冯玉祥来粤共商大计⑤。6月中旬，冯玉祥致谭延闿和蒋介石一密函报告派刘骥、李鸣钟由苏赴粤"全权"商定国民军与广

---

① 《大公报》（长沙）1926年4月17日。

② 郭廷以：《中华民国史事日志》2册，台北"中研院"近代史研究所，1984年，33、37页。

③ ［美］盛岳：《莫斯科和中国革命》，奚伯铨、丁则勤译，台北现代史料编刊社，1980年，150页。

④ 《冯玉祥日记》（2），178页。

⑤ 《中华民国史事日志》2册，53页。

东合作办法，并催促广东方面早日北伐。他在函中进一步表示："毅然加入国民党，与诸同志联合战线共同奋斗"①。不久徐谦由苏联回到广东，向国民政府报告冯已在莫斯科率全军加入国民党。刘骥到广东后，代表冯办理了加入国民党的手续，并与国民政府商定：1. 冯玉祥率所部国民军接受孙中山先生的三民主义和联俄、联共、扶助农工三大政策，从北方协助国民革命军的北伐；2. 国民政府对国民军按照国民革命军的标准，一律待遇。刘骥将此决定托苏联顾问电发莫斯科。几天后，冯玉祥复电表示完全同意②。

至此，冯玉祥及国民军与国民党及广东国民政府的关系已经明确。国民军已从北洋军阀集团分化出来，转化为有比较明确的政治纲领、接受孙中山三大政策、站在国共合作旗帜下的革命武装力量。国民军的上述转化，是在1926年5月至7月底完成的。9月17日，冯玉祥回国后在内蒙古五原举行"誓师"，只不过是把上述的一切公布于世而已。冯玉祥及国民军投身于第一次国内革命斗争，使南口大战的性质发生了根本变化，即由北洋军阀集团内部的混战而演变成第一次国内革命战争的重要组成部分。冯玉祥在加入国民党后就明确地认识到了这一点。5月下旬，他在苏联发表讲话说："国民军大致可以说为国民党的目的而战"③。冯玉祥虽然身在苏联，但仍然牢牢地控制着国民军，并通过苏联的外交途径，不断对南口战事下达指令。7月下旬，他致信张之江，说北伐军已进攻两湖，要国民军坚守南口，以牵制吴佩孚。冯玉祥已认识到南口战役配合广东国民政府北伐的战略价值。

吴佩孚再起之后，拼凑的兵力号称有20万人。他率其嫡系精锐北上攻打国民军，计有六个师另十二个旅，共十万余众。所余在两湖的仅为地方杂牌军，这就给广东国民政府北伐造成了有利的战略时机。6月初，广东国民革命军为援助唐生智而进入湖南，将叶开鑫击败。吴佩孚仅令湖北鄂军驰援，自己想在打败国民军后再南返，但因直军在南口连遭败绩而不能脱

① 《冯玉祥致蒋介石、谭延闿密函》，特字3页，中国第二历史档案馆藏，转引自《爱国将军冯玉祥》，111页。

② 中国第二历史档案馆藏，转引自《爱国将军冯玉祥》，111页。

③ 《国民日报》1926年5月28日。

身①。6月1日，广东国民革命军第四军进逼长沙。吴佩孚在长辛店虽然焦急万分，但仍不肯动用在南口主力的一兵一卒，只是派才收编的原唐之道的两个旅自直隶大名南下救急。7月1日，广东国民政府公开发表北伐宣言，并于7月9日誓师出征。7月12日，北伐军攻克长沙。国民军在南口苦战给广东国民政府造成最佳战机，使其由最初的援湘而转为公开的宣言北伐。孙传芳比吴佩孚清醒，认为直系战略南重于北②。但是，吴佩孚复仇心切，必欲将国民军全歼而后快；又怕南下失去抢夺与操纵北洋中央政权的机会，故仍在长辛店坐视不动。8月15日，国民军从南口撤退。8月19日，北伐军攻克平江、汨罗，22日占岳阳。此时，吴佩孚才匆匆只身南下，于25日赶到汉口。他虽然急令直军主力南下增援（留下5个旅），但大部因没有军车等原因迟迟没有开拔，行动较快的一部于9月15日才赶到郑州。但是，北伐军早已于8月27日攻占汀泗桥，29日克贺胜桥，直抵武昌城下了。吴佩孚败局已定。

广东革命政府北伐时，总兵力仅为10万人，且大部未经过改造。其对手直奉军阀（包括孙传芳）总兵力达75万人以上。因此，国民军在北方的举止对全国政局有举足轻重之作用。它首先吸引了直奉军阀的全部注意力，继而在南口牵制了直军的主力，使其顾此失彼。北伐军在两湖的胜利，也是国民军在南口一线数月苦战的直接成果，这是不能抹杀的。因此，第一次国内革命战争的北伐实际上有南北两个战场，北方南口大战的历史地位不应忽视。

冯玉祥在是年9月说："一失南口，一得武汉，其所失者少，所得者多。在同志方面计，实已战胜敌人"③。1928年7月9日，蒋介石在追悼南口阵亡将士大会上发表演讲，充分肯定了南口战役的功绩。他说："当革命军自粤出发，未几下桂趋湘，彼时正值西北革命同志，与反革命者激战南口。赖诸烈士之牺牲，直军不能南下守鄂，北伐军才长驱北上，冲破长岳。后日西北同志，先退绥甘，而北伐大军已以破竹之势，消灭反动势

---

① 《晨报》1926年6月29日。

② 《晨报》1926年7月2日。

③ "致张之江共图大计电"，《冯玉祥政治要电汇编》卷1，北平东方学社，1933年，71页。

力，建立政府于武汉。是北伐成功，多赖南口死难之烈士。革命同志，幸勿忘之也"①。

国民军从南口撤退后，实力大损。1926年9月16日，冯玉祥从苏联回国，在五原公开宣布参加国民革命②。他在中国共产党人帮助下整顿国民军，采纳李大钊"固甘援陕，联晋图豫"的战略方针③，率部取道宁夏、甘肃，进军陕西，打败刘镇华的"镇嵩军"，一举解除长达八个月之久的长安城围。1927年5月，国民军联军出兵潼关，从侧翼牵制直奉军队，使其无力从河南反扑湖北。5月底，国民军联军会合北伐军打败了直奉军队，在中原胜利会师，开创了国民革命的新局面。至此，国民军的历史也宣告结束，被国民革命军第二集团军的番号所取代④。

学术界对国民军的研究不够重视，而论及此时的冯玉祥只是从统战的角度说他是在共产党及国民党人士帮助下的"进步"，直到"五原誓师"参加国民革命⑤，而对其特殊历史角色缺乏全面科学的认识。这不仅直接影响对冯玉祥及国民军的评价，而且也不能完整地反映第一次国内革命战争的历史全貌。

长期以来，对大革命时期战争的研究，一直存在着忽视北方有关史实的倾向。史学专著对北方国共两党领导下声势浩大的群众斗争都非常吝惜笔墨，对冯玉祥及国民军的历史作用几乎不及一字。这是不公正

---

① 《国民军史稿》（下），491页。

② "就国民军联军总司令通电"，《冯玉祥政治要电汇编》卷1，70—71页。

③ 于志恭：《关于冯玉祥吊李大钊的诗》，《人物》1980年4辑，102页。

④ 《中华民国史事日志》2册，209页。

⑤ 刘曼容：《试论冯玉祥由北洋军阀参加国民革命的转变》，《武汉大学学报》1988年2期；阎稚新：《李大钊与冯玉祥》，解放军出版社，1987年，55—60、155页；郭绪印、陈兴唐：《爱国将军冯玉祥》，河南人民出版社，1987年，115页；阎稚新、李善雨、肖裕声：《李大钊与中国革命》，国防大学出版社，1989年，285、286页。

的[①]。冯玉祥及国民军代表了当时摇摆于革命阵线与反动营垒之间的军政力量，其向背对大革命有不可忽视的影响。北伐战争之所以势如破竹，固然是国共两党的军民浴血奋战的结果，但与国民军在北方配合作战也有很大关系。北洋集团的分化给北伐提供了一定的有利条件。本文试就上述问题进行探讨，为研究第一次国内革命战争及冯玉祥，提供某些思考。

作者简介：

刘敬忠，河北大学历史学院教授、博士生导师。

---

① "文革"前所出的各种按本的中国现代史，均很少论及北方国共两党在此时期领导的革命斗争及国民军的作用。1984年后出版的有关著作稍有改变。这固然是国共领导的革命运动中心在南方所决定的，但是与历史所遗留的某些偏见不无关系。

1926年南口大战的由来和经过

武月星

发生在1926年的南口大战，是中国革命势力对北洋军阀进行的一次重要战役，它牵制和消灭了北洋军阀的大量兵力，迫使吴佩孚全力对付北方战争，从而在战略上有力地配合、支援了国民政府的北伐战争。南口大战是中国大革命的重要组成部分。这次大战影响深远，在中国近代史中占有重要地位。

一、南口大战的由来

南口大战前夕，中国的政治军事形势极为错综复杂。在帝国主义的支持下，各派军阀势力争权夺利、冲突不断，混战不已。社会各阶层对帝国主义和北洋军阀的憎恨更加强烈，渴望结束已经持续十多年的军阀割据和军阀混战的黑暗局面，实现国家的独立统一。

1926年上半年，北洋军的奉系张作霖、直系吴佩孚和孙传芳实力雄厚，所占地盘广阔。地方军阀，如云贵的唐继尧、袁祖铭，四川的刘湘、杨森、邓锡侯，湖南的赵恒惕，山西的阎锡山等，都或明或暗地与北洋各系军阀有着联系。

直系吴佩孚，借孙传芳反奉之机重新恢复了势力。1926年3月，吴佩孚打败岳维峻的国民军第二军后，占领了河南、河北的大部分地区，势力扩展到黄河、长江流域，地跨冀、豫、鄂、陕、川数省，据武汉，扼京汉、陇海两线，号称拥有二十万兵力，图谋颠覆广东革命根据地，成为国民革命军的首要敌人。

奉系张作霖，以日本帝国主义作靠山，占据东北、京津及山东广大地区，长期整军经武。其所辖部队、武器装备精良，军需供给充足。拥有二百六十四架飞机，十余艘军舰，总兵力号称三十五万。第二次直奉战争后，奉系源源南下，势力伸展到江苏、上海、安徽，成为在北洋军阀中占支配地位的势力。张作霖在"反赤"借口下，疯狂地镇压革命运动，是国民军在北方的劲敌。

　　孙传芳原为直系的一个师长，借助五卅运动后全国反奉的声势，于北伐战争前夕控制了闽、浙、苏、皖、赣东南五省的地盘，成立五省联军，自任联军总司令兼江苏总司令，兵力号称二十二万。在1925年10月，发动反奉战争，很快把奉军赶出苏皖两省，成为仅次于张作霖的大军阀。至此，北有张作霖称雄，中有吴佩孚争霸，东南有孙传芳虎视，形成三大军阀统治中国，分据各主要省区的局面。1926年3月，直吴精锐部队移军河北，北联奉张，准备围攻国民军。4月中旬，段祺瑞政府垮台。

　　为控制北京政权，吴佩孚决定恢复曹锟当政时期颁布的宪法，恢复颜惠庆内阁，由颜摄政总统职务。张作霖不肯接受，提出恢复约法，召集新国会，让靳云鹏出来组阁。孙传芳支持吴佩孚的主张，联名通电，表示"赞成颜内阁摄行总统职权"，并拟派杨文恺入阁。5月初，奉张表示让步。5月13日，颜内阁在怀仁堂宣布复职。

　　此时，广东革命政府积极准备出师北伐，先遣部队已经进入湖南。而五卅惨案的发生，使北方的国民军反帝色彩日趋浓烈，更加厌弃段祺瑞媚外政府。北方的国民革命运动，在国民军控制的地区蓬勃展开。1925年10月奉浙战争爆发后，中国共产党决定利用奉浙战争的有利形势，积极推动人民群众进行反奉倒段的斗争。中共中央和共青团中央在《对反奉战争宣言》中认为："现在因压迫爱国运动而反奉的空气比去年反直的空气浓厚百倍，普遍而深入一切民众中，从工人农民小商人以至一部分大资产阶级，几乎全体国民都站在反奉方面。"

　　全国反奉运动的高涨，促使奉系内部发生了分裂。11月发生了郭松龄倒戈事件。郭松龄是奉系中有实力的将领之一，因不赞成张作霖的某些举措，在奉系内部派别斗争中受到压抑。在李大钊的推动下，与冯玉祥订立密约，决定举行兵变，推倒张作霖。11月23日，郭松龄在滦州宣布独立，将驻守在关内的反对派奉军将领姜登选及其他师旅长等多人诱捕，率所部七万人出关攻奉，占领山海关、锦州等地，直逼沈阳。张作霖在东北的统治岌岌可危。各帝国主义看到他们卵翼下北洋军阀渐次失败，大为恐慌，"英日帝国主义深知，中国革命运动的发展是他们的厄运。如果不能将北方的国民军和南方的国民党政权打倒，他们的根本就要动摇。"①因此，不惜全力出手相救。张作霖危机之时，日本帝国主义直接出兵支持奉军。1925

---

　　①　《张吴会面后北方的政局》，《向导》第165期。

年巨流河一战，打败了郭军，郭松龄夫妇被杀害，北方的反奉形势急剧逆转。郭军残部由魏益三统领，改编为国民军第四军。

在关内，当郭松龄倒戈出关与奉军大战时，奉系将领李景林宣布"保境安民"，通电让张作霖下野，以示不与郭为敌，但不放弃直隶地盘。冯玉祥国民军第二军于12月初向李景林发起全面进攻，24日占领天津，被段祺瑞任命为直隶督办。李景林退至山东，与张宗昌组成直鲁联军。冯玉祥原来控制着热河、察哈尔、绥远、河南、北京及直隶部分地区，李景林退到山东，使冯部力量扩大到直隶全省，与河南连成一片。冯玉祥希望联合吴佩孚共同反对张作霖，但吴佩孚不忘旧仇，拒绝与冯联合。在英、日帝国主义者策划下，吴停止反奉，与张作霖结成"反赤"联合战线，集中力量对付国民军。1926年1月，吴张达成"谅解"，共同决定：直吴由京汉线北上，直鲁联军由津浦线北上，奉军负责西北。1926年1月11日，张作霖以讨伐魏益三为名，向关内进军。吴佩孚下令寇英杰对河南的国民军发动攻势，2月下旬占领开封，3月2日进占郑州，3月中旬其前锋进抵河北石家庄。同时派靳云鹏赴鲁与张宗昌商议办法。1月19日，奉军占领山海关，3月中旬越过马厂向北推进。出现了奉直反动势力大联合，共同进攻进步势力的局面。

慑于直奉军和英日等帝国主义的联合压迫，环境的不利，为保全实力，谋求和平，冯玉祥于1926年发出辞职通电，宣布下野，并预为布置，拟将国民军引退西北，确保绥远甘肃，以张之江任西北边防督办，并统帅国民军。3月20日，冯玉祥由平地泉经蒙古库伦赴苏联考察访问。他的举动不但没有使各军阀放弃消灭国民军的企图，反而加快了直奉联军进攻国民军的步伐。

3月12日，奉系后台日本帝国主义公开支持奉军的进攻，派出两艘军舰护送4艘奉舰驶入大沽口，攻击驻守的国民军。国民军被迫开枪还击，驱走日舰。16日，日本方面竟纠集英美等八国公使，以维护《辛丑条约》为由，向段祺瑞政府发出最后通牒。同时各帝国主义二十余艘军舰群集大沽口进行武力威胁，激起了全国人民的极大愤怒。为抗议帝国主义者的霸道行径，在中共北方区委和国民党北京执行部的领导下，北京一万余学生、工人、市民在天安门集会游行，向政府请愿，支持国民军的爱国正义行动，反对八国通牒。当请愿队伍行进到铁狮子胡同执政府门前时，段琪瑞竟然下令开枪，群众死四十七人，伤一百五十余人，酿成三·一八惨案。

之后段琪瑞政府还下令通缉领导集会游行的李大钊和徐谦等。三·一八惨案后，段琪瑞政府遭到全国人民的激烈反对，无法维持统治。

此时，奉、直、直鲁三军联合向国民军发动进攻。3月中旬，国民军和直鲁联军李景林、张宗昌在天津以南展开激战。京奉线上的奉军占领了滦州、唐山和热河，北京陷于奉、直、直鲁军阀的三面包围之中。14日，通州失陷，北京震动。在这种险恶的形势下，国民军于4月中旬放弃北京，有序地沿京绥线退往察、绥，主力集中于北京西北的战略要地南口，凭险固守。国民军损失不多，尚有兵力二十万人，推张之江为全军总司令总掌兵权，总部设于张家口。

二、国民军与"讨赤"联军双方作战部署

南口是国民军和"讨赤"联军的主战场。直、奉、直鲁联军三大军阀的主力聚集在南口，晋北只有阎锡山的晋军，力量相对薄弱。

国民军方面：国民军退守南口后，分路进行了防御准备，军事部署如下：

东路军，总司令鹿钟麟，设前方指挥部于下花园，辖郑金声第一军，徐永昌第三军，王镇淮第九军，分别集结于南口、延庆、宣化、赤城、怀来、沽源、多伦，抗击直、奉、直鲁的进攻，坚守察东地区，置重点于南口。

南口，即居庸关南口，位于北京西北四十公里处，在昌平县的西北，距昌平城十六里。南口一带高山纵深，三面环山，地形复杂，是我国北方有名的天险之一。从南口经居庸关、宣化到张家口，是一个东西狭长的盆地，京绥铁路纵贯其中，并有公路相辅，形成连通西北、华北及东北的干线。在平绥线南口地段两侧高山上，南为长城内壁，北是长城的北墙，在修筑内外长城的大山岳上，只有极难行走的羊肠小道。所以，南口有"绥察之前门，京津之后户，华北之咽喉，冀西之心腹"的说法。1925年冯玉祥与张作霖关系一度紧张，根据"对南口主守"的战略方针，国民军采购了大量钢板、水泥、枕木、铁丝网等材料，在苏联顾问的指导下，动用了三个工兵营，用了一个月的时间，在南口构筑了蜿蜒百里的坚固阵地。左翼自关公岭至长城根岔道口，依山势地形地物，工事构筑极为精妙。阵地前筑了深阔的外壕，夹杂敷设地雷、电网、阵地内有坚固的掩蔽部，铁路上设置钢甲车，山谷中筑设炮兵阵地，观测所设于山上高处，视界、射界

辽阔，工事坚固超出以往，整个南口阵地成为坚不可摧的堡垒。刘汝明第十师担任主阵地守备，旅长为张万庆、胡长海、王义元。右翼阵地自镇边城至长城根的沿河口，陈希圣的第三师守备，旅长为徐以智、葛运隆、许骧云。南口东北延庆方面，守备为佟麟阁第十一师，依险扼要设防，布置也颇为严密。其北为张心元的骑兵第三团守赤城。独石口方面，归佟麟阁师指挥。南口西北方向，以弓富魁部驻河西营附近担任警备。北部阳原方面，徐永昌驻化稍营附近担任警备，并以第五师宋式颜部驻恒（怀）安，方振武、孙连仲、冯治安等部驻京绥线的柴沟堡一带，警备米薪关、天镇方面的晋军。

西路总司令宋哲元，辖第四、五、六军及一个骑旅，对晋军采取攻势，迅速夺取雁北地区，维护京绥路交通，巩固侧背安全。作战计划分三路向晋军进攻。先攻克大同，再会师桑干河左岸，肃清雁门以北晋军。

后防军总部设平地泉，指挥韩多峰、田春芳、韩占元各旅，担任大同方面的警备。韩复榘部第六师、石友三部及郑大章骑兵旅，陆续经察北隆盛庄向丰镇集中，以固后方。

"讨赤"联军方面：

1926年4月中旬，国民军撤至南口时，阎锡山为抗击国民军对晋北的进攻，在大同到雁门关之间设置了三道防线：以大同为中心，东起阳高、天镇，西至左云、右玉为第一道防线，浑源、应县到怀仁、阴山、朔县一带为第二道防线，平型关、雁门关、广武到阳方口为第三道防线。具体计划是：先集中八万以上兵力，以商震为总指挥，谢濂为前敌总指挥，分三路进行防守第一道防线，待直奉联军联合进攻南口时，对晋北国民军发动总进攻。

1926年4月下旬，奉、直、晋、鲁各派军阀在北京召开会议，依照帝国主义的告诫：北洋各军阀的共同敌人是国民军，"讨伐赤化，为直奉联盟之主要目的。"①商定由奉军一部从热河攻取多伦，奉军、吴军、直鲁联军进攻南口，直系刘镇华镇嵩军攻陕甘，晋军由大同反攻丰镇。国民军被迫在南口、西安、甘肃三个战场上作战。

6月8日至11日，奉张、直吴双方在天津再次进行军事会议，决定成立"讨赤"联军，协议如下：南口以吴佩孚为主，多伦以奉军为主，阎锡山

---

① 湖南《大公报》1926年5月17日。

担任晋北，直鲁联军担任后方警戒。待南口告一段落，吴即全力对粤。必要时，奉以一部支援。各军粮饷自筹。联合讨赤，合作到底。政治上，军事未结束前，暂由颜（惠庆）阁维持。6月28日，吴佩孚从长辛店进北京城主持北方军事，参加南口作战的奉鲁联军由吴佩孚统一指挥。

附：1926年南口大战双方参战军队指挥系统表

（一）国民军作战序列

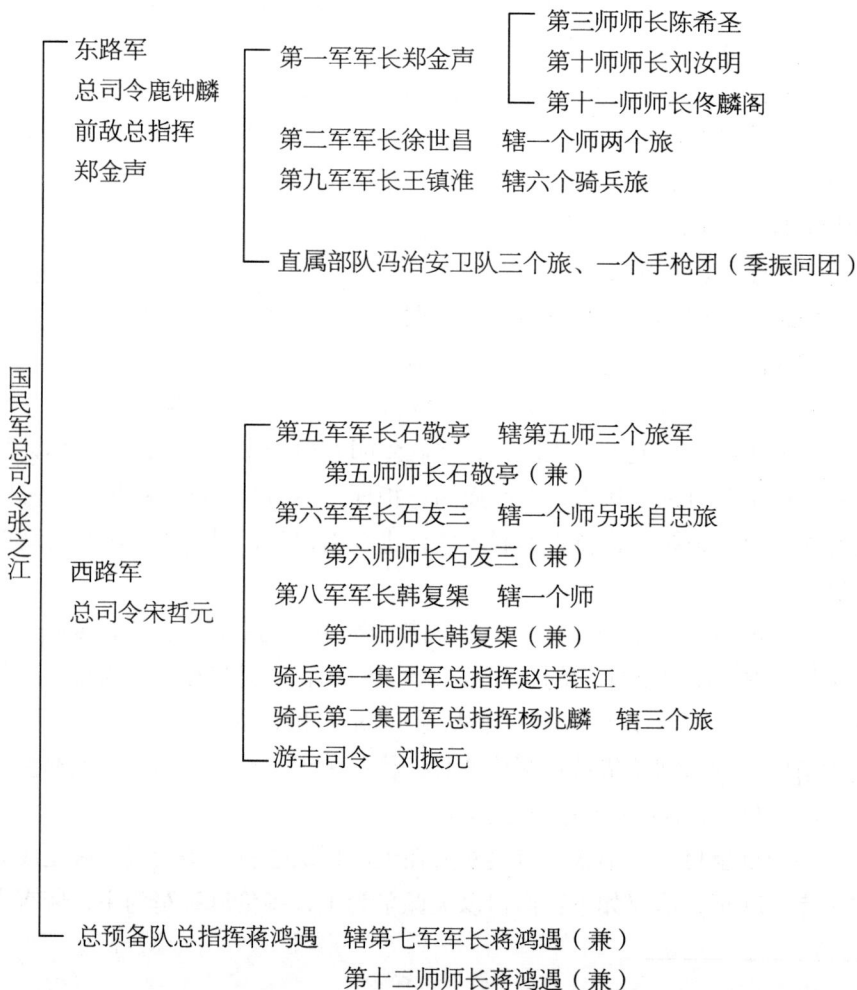

国民军总司令张之江

东路军
总司令鹿钟麟
前敌总指挥
郑金声

第一军军长郑金声
　　第三师师长陈希圣
　　第十师师长刘汝明
　　第十一师师长佟麟阁

第二军军长徐世昌　辖一个师两个旅
第九军军长王镇淮　辖六个骑兵旅

直属部队冯治安卫队三个旅、一个手枪团（季振同团）

西路军
总司令宋哲元

第五军军长石敬亭　辖第五师三个旅军
　　第五师师长石敬亭（兼）
第六军军长石友三　辖一个师另张自忠旅
　　第六师师长石友三（兼）
第八军军长韩复榘　辖一个师
　　第一师师长韩复榘（兼）
骑兵第一集团军总指挥赵守钰江
骑兵第二集团军总指挥杨兆麟　辖三个旅
游击司令　刘振元

总预备队总指挥蒋鸿遇　辖第七军军长蒋鸿遇（兼）
第十二师师长蒋鸿遇（兼）

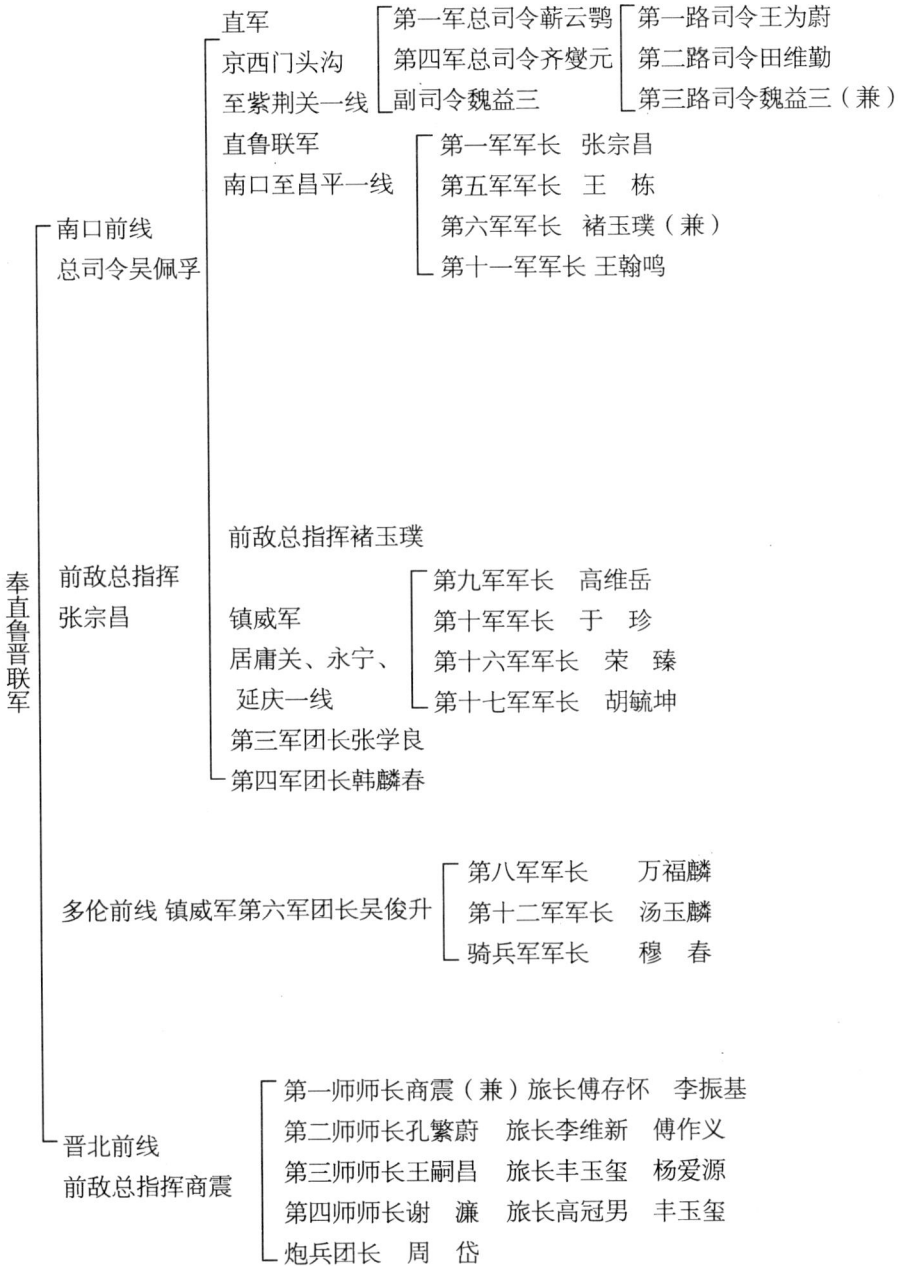

奉直鲁晋联军

- 南口前线 总司令吴佩孚
  - 直军 京西门头沟 至紫荆关一线
    - 第一军总司令薪云鹗
    - 第四军总司令齐燮元
    - 副司令魏益三
      - 第一路司令王为蔚
      - 第二路司令田维勤
      - 第三路司令魏益三（兼）
  - 直鲁联军 南口至昌平一线
    - 第一军军长　张宗昌
    - 第五军军长　王　栋
    - 第六军军长　褚玉璞（兼）
    - 第十一军军长　王翰鸣

- 前敌总指挥 张宗昌
  - 前敌总指挥褚玉璞
  - 镇威军 居庸关、永宁、延庆一线
    - 第九军军长　高维岳
    - 第十军军长　于　珍
    - 第十六军军长　荣　臻
    - 第十七军军长　胡毓坤
  - 第三军团长张学良
  - 第四军团长韩麟春

- 多伦前线 镇威军第六军团长吴俊升
  - 第八军军长　　万福麟
  - 第十二军军长　汤玉麟
  - 骑兵军军长　　穆　春

- 晋北前线 前敌总指挥商震
  - 第一师师长商震（兼）旅长傅存怀　李振基
  - 第二师师长孔繁蔚　旅长李维新　傅作义
  - 第三师师长王嗣昌　旅长丰玉玺　杨爱源
  - 第四师师长谢　濂　旅长高冠男　丰玉玺
  - 炮兵团长　周　岱

三、南口大战经过

战役分为两个阶段，4月下旬至6月下旬为第一阶段，主战场在晋北。7月上旬至8月中旬为第二阶段，主战场转移至南口。

4月中旬，国民军由北京撤至南口后，推张之江为总司令。5月初，南口阵地部署甫毕，阎锡山令商震率部出兵晋北，将天镇以西至大同间的铁路拆毁，截断了国民军的后路，致使国民军东、西、南三面受敌。5月18日，张之江令西路军总司令宋哲元率韩复榘、石友三等部奔袭晋北，攻击晋军，拉开了南口大战的序幕。韩复榘第八军奉命进攻大同，以打通京绥线的交通。当日，韩军由丰镇出发，沿京绥线南下，占领得胜堡，向孤山挺进。

孤山位于京绥线上，是大同的北门，孤山的得失，关系大同的安危。晋军在孤山构筑了坚固的工事，深沟高垒，防守极严。韩复榘督师猛攻不下。宋哲元亲率手枪团乘钢甲车驰援，勇猛冲锋，占领了孤山。5月27日，宋哲元率兵两万向大同追击，国民军占领了大同车站及其外城。又攻大同内城，不克。为保存实力，阎军除继续坚守大同外，放弃第一道防线，主力退向雁门关。

国民军第二军方振武部在天镇与晋军傅作义部激战，在突破城外阵地后，傅军退守城内，据城死守不出。国民军继又围攻阳高，用重炮轰城，敢死队强攻，激战七昼夜，最终以工兵挖地道，用炸药开城墙，占领阳高。

国民军第六军石友三部进占左云，各军也先后攻下灵丘、怀仁、山阴、岱岳，突破了晋军第二道防线，晋军退守雁门关以西各山口要隘。但晋北的一些重镇大同、天镇、右玉、浑源等在晋军手中，牵制着国民军的大量兵力。

6月17、18日两天，国民军、晋军两军主力在广武地区激战，两军冒雨拼杀，伤亡均在两千人以上。21日晚再战，国民军失利。随后，国民军、晋军各动员两万以上兵力在山阴城郊激战，晋军主力不断增援，战场上将兵如潮，一片火海。关北小馒头山上，国民军石友三部以数千精兵夜袭晋军阵地，短兵相接，杀声如雷，终因商震率重兵增援，石部国民军败退。广武、山阴战后，晋军渐占优势。从7月上旬起，奉、直、直鲁联军猛攻南口、多伦。晋北国民军被迫分兵增援，晋北的作战部队兵力减弱。此时，固守在大同、天镇、右玉等地的晋军乘机反击，晋北国民军腹背受敌。

为摆脱东西两线同时作战的不利局面，国民军决定缩短战线，让东西两路靠拢，调孙连仲骑兵师、石友三、韩复榘炮兵队共两万五千人增援南口。至此，晋北战事暂告停息，作战重点转到南口。

1926年5月晋北战场激战之时，"讨赤"联军也分别在延庆、赤城、独石口、沽源、多伦和南口等地约两千里战线上向国民军各部发起进攻，双方互有得失，战况激烈。5月中旬，直吴军向南口进攻。直鲁联军由侧面猛攻，作战十余日，兵力损失严重，国民军乘直鲁联军疲惫，以一个混成旅出击，先后收复昌平、沙河。张学良、韩麟春等部加入战斗，协同张宗昌部进攻，也没有获得进展。此后，双方在南口对峙，陈兵布阵，一直没有发生激烈的战事。

6月28日，吴佩孚、张作霖在北京会晤，吴佩孚自告奋勇担当南口主攻。当晚，吴将总司令部迁至长辛店，提出"十天之内攻下南口，二十天内攻下怀来。"其实，"吴总司令"对形势估计过于乐观，他的一部分兵力是国民军改编过来的，如田维勤的第三十九、第四十两旅，原属国民二军，魏益三部曾被编为国民军第四军，兵士、官佐与国民军很熟，在前线激战中倒戈、哗变、罢战的事时有发生。另外，张宗昌由昌平进攻南口，田维勤部由京西进攻怀来，魏益三部由涞源进攻蔚县。

7月18日，吴佩孚下总攻击令，吴军进攻南口连续受挫。担任南口作战的"讨赤"联军主力改为张学良、张宗昌的奉鲁联军。7月24日，奉鲁军向南口进行猛烈炮击，国民军在掩蔽部内潜伏不动，待步兵接近阵地，枪炮齐发，之后用手榴弹、大刀予以痛击。8月1日，张学良、张宗昌都到前线督战，奉鲁军冒着枪林弹雨，反复冲击，伤亡惨重。固守南口正面的国民军守将刘汝明在战斗激烈之时，坐镇南口指挥所，房屋尽为炮火炸毁，仍坦然坐于高台之上，从容指挥。守龙虎台的团长王书箴跑回指挥所报告求援，说"敌人攻势太猛，守兵伤亡严重，请求师长派兵增援"，话未说完，刘汝明喝问，"你叫什么名字，不是叫王老虎吗？我看你是个假老虎。"王一看情况不对，转身跑回阵地。晚上刘汝明叫来王书箴，对他说："我脾气不好，你不怪我吧？我离你们的阵地只有几百米，我看得很清楚，假如有事我立刻上去。战斗激烈的时候，一分钟也不能离开指挥位置，军心动摇，那就危险了。"

战斗最激烈的地方，除龙虎台，还有右翼的关公岭。关公岭守将张万庆，率部顽强奋战，接连打退了奉鲁军的猛攻，每天夜间派出武装搜查队，到阵地前搜寻奉鲁军遗弃的武器弹药。持续六七天的激烈攻守战，奉鲁军未能越雷池一步。

8月7日，奉鲁军以三千名敢死队打前锋，潜入南口车站，当他们正准备发起冲锋时，脚下盖沟突然掀开，从地穴中冒出一旅之众的国民军，将奉鲁军敢死队分割包围，全部歼灭。四五天之内，进攻南口的奉鲁军伤亡达一万五千余人。[①]8日，奉鲁联军各路后援部队陆续开到昌平，围攻南口的军队达十万之众。9日，奉鲁联军恃其军队众多，枪械充实，轮番向南口阵地冲锋。镇守南口的国民军沉着应战，以逸待劳，在龙虎台、关公岭、虎峪、德胜口等地，与奉鲁军持续恶战三天四个晚上，白刃肉搏一百余次，杀得联军死伤枕籍，尸满山谷。这次南口攻守站，"奉鲁联军伤亡多至三万人，国民军伤亡亦有五六千人"。[②]

正当南口大战处于白热化胶着之际，国民军高级将领鹿钟麟等召开张家口会议，决定放弃南口，向西北转移。原因为：国民军作战战线过长，北起多伦，南至南口，东到察东，西到晋北，长度超过一千两百余里。奉鲁联军拥有兵力十万之众，国民军只有三万人，力量众寡悬殊，加之奉鲁联军占领了十三陵、龙虎台，封锁了虎峪、德胜口，使南口处于三面被围的困境。联军进攻南口受挫，采取"围而不攻"策略，实行禁运，军粮武器均得不到补充，长期坚守，无异坐以待毙，故决定结束南口战事。

8月12日，国民军下总退却令，任鹿钟麟为后方总司令，顺序先东路后西路，以平地泉、卓资山以西为撤退目标，韩复榘、石友三两部担任掩护。这次撤退也有步骤有计划，但与北京撤退时不大相同。此时的国民军人员损失严重，军队既没有政治上的目标，也缺乏一个人事上的维系。冯玉祥一向不扶植部下某一人的威望，他本人不在，群龙无首，谁也管不了谁，各有各的打算，国民军在精神上无形解体。西撤行进异常艰难，路线不是穷乡僻壤崎岖山路，便是一望无垠的干旱沙漠。行程漫漫，交通不便，联络困难。西行愈远，供应愈缺，给养医药无着，加之气候寒冷，

---

① 湖南《大公报》，1926年8月16日。

② 湖南《大公报》，1926年8月21日。

后面追兵不舍，部队无暇休整，病伤死亡俱增。各部将领感到前途无望，自寻出路者增多，一部分投向山西阎锡山，一部分开往绥远等处。南口兵败，国民军有生力量伤亡过半，使冯玉祥国民军遭到重大挫折。此后，北方各省便完全陷入直奉军阀割据的局面。

当南口败退的消息传到莫斯科，在苏联访问的冯玉祥匆匆带刘伯坚、李兴中、任佑民等及苏联顾问乌斯曼诺夫一行回国，9月6日到达塞外小城五原。17日，冯玉祥在中国共产党和苏联顾问的帮助下收拾残局，招回旧部，举行了著名的五原誓师，宣布成立国民军联军，就任国民军联军总司令，全军加入国民党，参加国民革命。五原誓师是国民军历史上的主要事件，也是一个转折点，表明国民军开始从南口大战后土崩瓦解的局面下重新振作，开始加入了革命行列。当时，中共欢迎国民军的再起，认为这是一支不可缺少的力量，"国民军在中国国民革命中将占着极重要的地位"。①

四、南口大战的历史意义

1926年的南口大战，是冯玉祥国民军与北洋军阀反革命势力的一场殊死较量，它表明了冯玉祥和国民军与北洋军阀的彻底决裂，成为大革命的一支重要武装力量。

南口大战有力地策应了北伐战争。1926年夏北伐大军由广东兴师北伐之日，正是国民军与北洋各派系军阀鏖战之时。直系首领吴佩孚为了与奉系张作霖争夺北京政府的地位，参与围攻国民军的南口大战，不得不将全副精力注视于北方，无暇南顾，致使两湖方面特别空虚，江浙方面也形为孤立，使北伐大军得以长驱北进，所向无阻。冯玉祥在他撰写的《南口阵亡将士碑文》中评价南口大战说："南口之役，在我国革命史中，占极要之位置，亦牺牲最大之战役也"。"自十五年三月至於八月，鏖战昼夜，北起多伦，南迄蔚县，宛转战线，盖千余里。其环而攻者，则倾十余省之兵力，众寡既殊，四境皆敌，我将士驰骋於炎天烈日之下，效命於粮饷械弹交困之时，险阻艰难，毫不措意。虽死伤相望，而曾不稍馁。於是南方国民军起粤桂，入湘鄂，长驱北上，得与我军会于中原，终成十七年底定幽燕之局。而南口战役所牺牲创造者，其效始大著。方我军之放弃南口

---

① 《中共中央文件选集》（1926年），中共中央党校出版社，第369页。

也，国内外习军者，谓是役之烈，为近年来所未见。"①

正值1926年南口大战85周年纪念之际，特写此文以悼念战死英烈，激励来者。

作者简介：

武月星，中国人民大学历史系教授。

---

① 李泰棻：《国民军史稿》，1930年北平铅印本，第491页。

浅析1926年南口战役的重大意义

肖　牲

　　1926年的南口战役，是北方国民军与直奉军阀联军进行的一场恶战，其规模之大，范围之广，持续时间之长，投入兵力之多，各方损失之巨，实为空前罕见，所以成为北伐战争时期最惨烈的战争之一。国民军在南口战役中，以惨重的代价和巨大的牺牲，为北伐战争和国民革命做出了重要贡献，在国民军史上写下光荣的一页。

一、国民军在南口战役进行了英勇抵抗，虽遭受重创，损失甚巨，但同时也给敌人以重大杀伤，打击和削弱了直奉北洋军阀的势力

　　南口战役的爆发，从根本上说，是广大民众与直奉军阀长期矛盾的必然结果。自1924年10月冯玉祥发动北京政变以来，全国革命形势不断高涨，南方的广东根据地日益巩固，北伐战争正在酝酿准备之中；北方的国民军势力控制了北京、天津和河北、热河，逼近了山东。1925年下半年，奉系因武力扩张而带来的暴政与战祸，激起全国人民大规模的反奉运动。1925年11月，奉军部将郭松龄"倒戈反奉"，这一举动，立即得到冯玉祥国民军的全力配合。冯玉祥后来说：南口之战，"其远因既以援助郭松龄革命而起，而其终则大利于国民革命军，是则始终立足于革命战线"。[①]郭松龄起义虽然失败了，但严重削弱了奉军的军事实力和政权力量；同时使国民军乘机占领河北全境，与河南连成一片。

　　全国革命持续发展，引起反动派的极大惊慌，南方国民革命军和北方国民军被中外反动派视为"南北二赤"。在直奉军联合压迫下，冯玉祥于1926年元旦再次通电下野。就在此时，在英、日等帝国主义策动下，奉系张作霖，直系吴佩孚和李景林、张宗昌直鲁联军，为了各自的利益，结成拥有四十万兵力的"讨赤联军"。在"反赤联盟"的进攻下，孤立无援的冯玉祥，为了避免内战，贯彻和平主张，决心到苏俄考察学习。他觉得："我必得跳出国内的旋涡，出国去好好考察学习一番，同时希望大家都能

———————————
　　①　《冯玉祥自传》，军事科学出版社1988年版，第89页。

痛定思痛，毅然悔悟，赶快化除仇怨，停止祸国殃民的内战。"[1]3月，冯玉祥从平地泉出发，踏上了前往苏俄之路。

然而，良好的愿望取代不了严酷的现实。奉直联军并未因冯的下野和出访而放弃消灭国民军的企图，于是国民军与奉直军的战争必不可免。从1926年春，直奉军阀向国民军河南、河北驻地发动攻击，使国民军陷入"讨赤联军"的围攻之中。大兵压境，国民军没有退缩，继续与之抗争，起初取得了一些胜利。但由于国民军几面作战，处境艰难，为了保存实力，在李大钊和苏俄顾问团的建议下，国民军于4月中旬撤出北京，退守南口。鉴于直奉军主力集中于南口，晋北只有阎锡山的晋军，国民军决定采取新的战略方针：对直奉联军取守势；对晋军取攻势。同时国民军进行了重新编组和部署，张之江任国民军总司令，鹿钟麟、宋哲元分任东西路军总司令。

从4月下旬起，"讨赤联军"向国民军展开全面围攻。国民军西线各军从5月下旬至6月中旬，占领了晋西北大部分县城。然而，国民军因多方作战，苦战月余，转攻为守，战事重点遂转向东线南口。南口是国民军长期经营的阵地，此前在苏俄顾问指导下，已修筑有蜿蜒百余里的坚固防御工事，被认为"坚不可摧"。

6月底，奉、直和直鲁联军对南口发动总攻击，吴佩孚亲自指挥南口作战。国民军凭借坚固防御工事，激战十余日，敌人损失惨重，使直鲁联军不能前进一步。由于战事迟迟没有进展，南口久攻不下，7月中旬后，进攻南口的主力改为奉军担任；阎锡山的晋军于7月下旬也加入南口作战，"讨赤联军"的总兵力达五十万以上。联军起初发动的十多次攻击，均被国民军击退，至8月初，奉、直鲁军、晋军向南口再次全线总攻击。"双方血战四昼夜，西北军死伤一万余人，联军方面死伤尤众，约在两万以上。"[2]在多伦失守和京绥路受到威胁的情势下，8月中旬，张之江、鹿钟麟、宋哲元召开师以上军官会议，决定放弃南口，实行总退却，向西突围。

国民军在南口失利的原因是多方面的。客观上，是敌我力量对比过于

---

① 冯玉祥：《我的生活》（下），黑龙江人民出版社1981年版，第441页。

② 《国闻周报》第3卷，第32期，第22页。

悬殊。国民军兵力为二十二万人，"讨赤联军"总兵力为五十九万人，超过国民军的两倍半以上。国民军战线太长，兵力单薄，子弹缺乏，处境极为不利。主观上，是国民军最高统率张之江负有责任，他优柔寡断，指挥无能，缺少权威，与其他将领矛盾重重。在退守南口前，不仅未能及时率部阻击吴军，反而莫名其妙地不战而撤，导致国民军放弃南口，向绥远撤退。

国民军在南口战役中以少数兵力抗击"讨赤联军"，历时4个月，双方投入的兵力达八十余万人，占当时全国总兵力一百万的80%。国民军给奉直军以沉重打击，吴军主力田维勤部三次哗变，整团整旅地投降国民军。整个战役中，"反国民军各军伤亡之数五万以上"。[①]南口陷落后，国民军有生力量伤亡过半，元气大伤，仅剩五万余人，且处于直、奉、鲁、晋军阀的包围之中，被迫于8月下旬退至穷僻的西北荒漠地带，分散于两千余里的漫长战线上。

二、南口战役牵动着国共两党和共产国际，三方都支持国民军，从而加快了国民军同中共和国民党合作的步伐，壮大了革命统一战线的力量

南口战役牵动着全国整个形势。因为倘若国民军失败，不仅造成北方政局急转直下，而且直接关系到革命全局，影响广东革命势力向全国发展。实践表明：在奉直军阀的联合进攻中，由于国共两党始终采取支持国民军的政策，从而加速国民军同国共两党的合作，壮大了革命统一战线的力量。

在1926年1月国民党二大会上，曾勉励国民军将领始终为国民利益而奋斗。2月，国民党中央训令全体党员，要造成全国的反吴空气，打倒奉直联盟。3月大沽口事件后，在李大钊主持下，国民党中央政治委员会北京分会召开会议，帮助国民军制定退守南口，保存实力的战略方针。即将出师北伐的蒋介石也寄厚望于北方国民军，"能和我们南方革命军联合，一定可以打倒奉直军阀的。"[②]

中共中央对冯玉祥国民军一直给予密切关注与有力指导。早在1925

---

① 蒋鸿遇：《国民军二十年奋斗史》第3篇，第116—117页；转引自王宗华、刘曼容：《国民军史》，武汉大学出版社1996年版，第183页。

② 《蒋介石年谱初稿》，档案出版社1992年版，第583页。

年10月，反奉战争爆发后，中共中央、共青团中央联名发表《对反奉战争宣言》，号召爱国民众"应该站在反奉运动之主体的地位，组织人民自卫军，积极参加战争。"在直奉"讨赤联军"刚形成时，中共中央1926年1月发出《通告第七十三号》，指出："此时须极力鼓吹人民、国民军、国民政府一致反奉的联合战线。"①这年1月，李大钊和中共北方区委曾先后组织三次"反日讨张"的示威游行，以支持国民军。在奉直军联合进攻国民军时，中共中央1926年2月在北京召开特别会议，通过的《北方区政治军事工作问题》决议指出：党"在北方目前的军事工作，唯一是在帮助国民军。所以须加紧在国民军中的工作，帮国民军成为民众抵抗帝国主义与反动军阀之有力的武装，并须从中造成一部分真正的国民革命的武装势力。"同时指示北方区委，在对国民军改造过程中，应坚持两个原则：一是"帮助国民军不应使之从新造成新的军阀系统。"二是"帮助国民军，须经过国民党或国民党的左派领袖们，使国民党或国民党中之左派领袖，能多影响于国民军，渐近于能指导国民军。"之后，中共中央进一步指出：帮助国民军，"实是国民革命生死关头"，"如张吴势力战胜，全国政局必定转到极反动的局面，那时仅广州政府孤军作战，处于四面反动势力包围之中，也许因此而失败；另一方面，如果国民军现时能支持得北方现有的局面，广州政府在几个月的相当准备后，必然对于北伐更有胜利的把握，会师武汉与北方革命势力相联合造成国民革命胜利的局面。"②中共中央在3月20日《为段祺瑞屠杀人民告全国民众》中，号召全国各界人民要"不惜以重大牺牲，实际援助冯玉祥所领导的国民军"。5月，中共中央指示北方党组织：一面"当援助国民军使不为张吴所消灭"；一面"当设法广遍的宣传赤与'反赤'之差别，不必替国民军讳言赤化，而积极的是认赤化"。③

---

① 《中央通告第七十三号》，《中共中央文件选集》（第2册），中共中央党校出版社1983年版，第9页。

② 《中央通告第七十九号——关于中央特别会议》，《中共中央文件选集》（第2册），第47、48、46—47页。

③ 《中央通告第一百零一号——最近政局观察及我们今后工作原则》，《中共中央文件选集》（第2册），第75、83页。

共产国际对国民军始终给予大力支持和高度评价。早在1925年，苏俄和共产国际向国民军提供的武器装备和军事物资与援助国民革命军的数量相差无几，先后向张家口和开封派遣两个军事顾问团。五卅运动后，苏俄和共产国际还一度将其对华政策的重点转向了冯玉祥国民军。在同奉直"反赤"联盟的冲突中，认为国民军是一支独立的军事力量和政治力量，扮演着国民革命运动的重要角色。指出："国民军与广州的国民革命军一起，依然是中国唯一真正具有战斗力和严明纪律的力量。"①1926年3月，共产国际的决议指出："国民军在华北之成立及其反对封建军阀之斗争，乃是民族解放运动的重大成绩，它们与广州军队共同成为建立中国民族革命民主军队之基础。中国共产党员和国民党的任务，应该是对于这个组织民主革命的军事力量的事业予以最坚决的维护，而同时又应该在军队本身的内部关系（它的编制、挑选和改造干部、严正的组织政治工作），以及在其与经常或临时驻扎区域的民众之相互关系上，进行革命化的最坚毅的和坚决的工作。"②

国民军正是依靠共产国际、中共和国民党三方面的大力支持与帮助，才加快了同国民党和国民革命军的合作关系。冯玉祥在苏俄期间不仅加入了国民党，而且回国后公开宣布全军集体加入国民党，接受国共合作的纲领和孙中山的三大政策，提出打倒北洋军阀政府，配合国民革命军北伐。从而壮大了革命统一战线的力量。

三、南口战役牵制着吴佩孚的主力部队不能南下，在战略上配合了北伐军两湖战场的胜利进军

国民军在南口激战时，广东的国民革命军已于1926年7月出师北伐，两周内即攻克长沙，威逼武汉。吴佩孚的主力此时已陷入南北两线作战，顾此失彼的困境中，曹锟和孙传芳曾多次请吴回师南下，主持军事。但吴认为如果放弃进攻南口的指挥权，那么这些地盘就会被奉军夺去，又恐张

---

① 《蒙洛维约夫向联共（布）中央政治局中国委员会提出的关于中国形势的书面报告》，《联共（布）、共产国际与中国国民革命运动（1926—1927）》（上），北京图书馆出版社1998年版，第334页。

② 《共产国际执委第六次扩大会议中国问题决议案》，《中共中央文件选集》（第2册），第23页。

作霖在攻占南口中独占其功，所以不肯回师南下。吴佩孚的精锐部队被国民军牵制于南口，不能南下援鄂，一直到国民军南口退却后，吴才率部仓惶南去。而张作霖怨恨吴佩孚率主力久留北方，有与他争权夺利之嫌，不肯及时应援。结果吴军主力大部分被歼，从而减少了北伐军前进的阻力，使国民革命军得以长驱直入湘鄂。与此同时，当南口战役激战正酣，北伐军大举进军湖南，吴佩孚令孙传芳主持对湘战事，而孙拒绝赴命，坐观湖南战事，避免卷入旋涡，在北方国民军与南方广州国民政府之间采取"中立"态度，这就造成北伐军各个击破敌人的有利局面。

可以看出，国民军在南口战役中，将直奉军主力吸引牵制在华北，对北伐军在两湖战场的胜利进军起了至关重要的配合作用。正如蒋介石所说的，南口战役使北伐军"顺利出湖南，破竹之势消灭反革命势力进入武汉，是北伐成功，多赖南口死难烈士，其功不可没。"①

南口战役刚刚结束，吴佩孚即回师支援，但已回天乏术，无法抵御北伐军势如破竹的攻势。北伐军乘虚直入，占平江、下岳阳、克武汉，留守南方的吴军主力两万余人全部被歼。北方国民军之失败与南方北伐军之胜利，形成明显的对照。南方北伐军进展如此顺利，是和北方国民军在北方战场上牵制、抗击奉直数十万大军分不开的。所以说，国民军在北方战场的战斗，从客观上与国民革命军在南方战场相呼应，成为北伐战争时期的一个重要组成部分。

四、国民军在南口作战时，冯玉祥正在苏俄访问，他心系战事的进展变化，得知南口败退，决定早日回国，重整旗鼓，使国民军获得了新生

在冯玉祥访苏时，中国南北形势出现了很大反差。南方国民革命军已从广东誓师北伐；北方国民军却兵败南口。在国内时局危急的新形势下，7月上旬，张之江、鹿钟麟、宋哲元电请冯回国，主持西北大计。同时李大钊曾三次发电催冯玉祥回国，并请于右任赴苏做冯的工作，敦促其回国，重整旗鼓，以挽救国民军，策应国民革命军北伐。先期回国的徐谦也电请于右任，到苏联劝说冯归国。期间，心系国民军的冯玉祥，时常得到国内发来的有关国民军消息的报告，念及军情和战事，为国民军的处境担忧，听到国民军在北方战线失利，他"忧心如捣，沉闷已极"；"悬念异常，

---

① 陈森甫：《细说西北军》，第386页；转引自王宗华、刘曼容：《国民军史》，第185页。

难于去怀"。①国民军退守南口后，冯玉祥"曾电谭延闿、蒋中正速攻武汉，又令国民军竭力防守"。②不久得知南口已退却的消息，更是痛心疾首，坐卧不安，"无论如何不能再在莫斯科住下去了"。③在这种情况下，冯玉祥即毅然归国，自信凭借个人在国民军的威望，"一定有把握将原有队伍慢慢招集起来"。④

南口战败后，损失极大的国民军已困苦疲惫不堪，几乎完全溃散，所剩无几，没有同奉军继续作战的能力。所幸冯玉祥回国，才渡过国民军溃散之难关。所以，时任中共北方区委组织部部长的陈乔年说："国民军南口败后，若无冯回，必溃散无疑"。⑤

然而，国民军出路何在，仍是个未知数？冯玉祥在俄期间，思想觉悟得到迅速提高，并加入了国民党。8月中旬，冯玉祥回国不久，担任国民党中央军事委员、国民军党代表兼国民政府委员，成为国民党的党政军中的重要一员。9月16日，冯玉祥抵达绥远五原（今内蒙古自治区境地），举行就职誓师授旗典礼，并向全国发布《回国宣言》。17日，冯玉祥召集国民军第一、二、三、五、六军各将领开会，决定组成国民军联军，约十万人，冯玉祥任国民军联军总司令。冯于当天宣誓就职，誓词曰："国民军之目的，以国民党之主义唤起民众，铲除卖国军阀，打倒帝国主义，求中国之自由独立，并联合世界上以平等待我之民族，共同奋斗。"⑥五原誓师标志着冯玉祥由一个旧军阀转变为爱国民主主义者，同时国民军由一支旧军队转变为一支具有反帝反封建的政治纲领，实行孙中山三大政策，并接受中共党员政治指导的新型革命武装。国民军从此进入新的历史阶段，史称"九·一七新生命"。

------

① 《冯玉祥日记》（第2册），江苏古籍出版社1992年版，第193、223页。

② 《冯玉祥自传》，第89页。

③ 冯玉祥：《我的生活》（下），第480页。

④ 冯玉祥：《我的生活》（下），第485页。

⑤ 《冯玉祥回国后之国民军》，《中央政治通讯》第12期，1926年12月。

⑥ 《冯玉祥自传》，第95页。

冯玉祥回国前，中共北方区委曾提出了国民军"向甘、新垦殖边陲与占领陕西，东出潼关与中原友军汇合，以与国民革命军相呼应"的战略。[①]五原誓师前，李大钊9月8日给中共中央的政治报告中，重申国民军"请即出兵陕西，经富谷县、葭县、延川、洛川、耀县攻取同州直扑潼关，一则可以阻吴败退入陕之路，一则可以解西安、三原之围。"[②]冯玉祥毅然接受了李大钊提出的"平甘援陕，东出潼关，会师中原"的战略方针。五原誓师后，国民军联军和国民革命军一道，携手共同抗击奉直军阀。李大钊派员将一份战略计划密函交与冯玉祥。该函件详细报告了张作霖、张宗昌、孙传芳三方的兵力数目，同时鉴于奉军即将出兵河南，最早向冯"建议出长安（今西安——引者）会师郑州"。冯玉祥后来回忆说："李大钊先生派人送给我密件，建议我们出兵长安会师郑州，我们加以研究，乃决定采用李先生的计划。当定方针为'固甘援陕，联晋图豫'八个字。"[③]随后，国民军联军坚持"联晋"、"平陕"两项任务，使国民革命军与国民军联军在郑州、开封会师，取得北伐战争阶段性的胜利。

作者简介：

肖甡，中国国防大学教授（已退休）。

---

① 《南口陷落后的北方形势》，《中央政治通讯》第2号，1926年9月8日。

② 《守常政治报告》，《中央政治通讯》第3号，1926年9月18日。

③ 冯玉祥：《我的生活》（下），第495—596页。

冯玉祥与1926年南口大战

杨若荷

冯玉祥是一位杰出的爱国主义者，可敬的民主斗士，著名的军事家和政治家，中国共产党的真挚朋友。

冯玉祥从1896年14岁投军，到1946年被蒋介石解除军职，在军队度过了整整50年。在50年的军旅生涯中，他由普通士兵成为高级将领，带领着一个军事集团（冯玉祥军事集团）由发达到重创，再由复苏到鼎盛，到最后瓦解，经历了一段艰难曲折的过程，创造了自己传奇的一生。

冯父冯有茂是淮军中职位很低的哨官，因生活贫困，求其所在营的管带（营长）为冯补了一名恩饷，因在文书上报名单时冯父不在营中，管带就为他取了一个名字叫冯御香，意思是以后在御前吃香。6年之后，他看袁世凯的新建陆军教练比较先进，就改投了新军。1909年（宣统元年）冬，中国新军在东三省进行陆军大校阅，校阅大臣是兵部侍郎兼陆军贵胄学堂总办那晋，张绍曾以该学堂监督的身份被委派为总参谋长，负责评定成绩。认为第二十镇中冯玉祥一队纪律操练、卫生工作，一切动作都很合格，而且比其他各镇部队要整齐优良。这个队的队官身材高大魁梧，声音洪亮，引起了他的注意，询问名字，叫冯御香。张绍曾说："这么像一个女人的名字，还是叫他改一改好。"于是他的长官为他改名为冯玉祥。1911年（宣统三年），张绍曾出任第二十镇统制，特提拔他为管带。以后张绍曾多次在困难时对他有所帮助。

冯玉祥的部队兵强马壮，纪律严明，能吃苦耐劳。他的治军练兵之道素为习兵之人称道。他对兵士的质量要求高，招兵时要求一定的身高（一般的说法是要四尺八到五尺）身体健康没有疾病，年龄限制在18岁到25岁。他的兵要求出身农工良民，不收"二流子"、"营油子"。新兵一入伍，先学简明纪律十八条，包括：携械潜逃者枪毙，盗卖洋药者枪毙，暗通敌人者枪毙，强奸妇女者枪毙，持械威胁长官者枪毙，私入民宅者枪毙，黑夜惊呼急走乱伍者枪毙，遇警不报者严办，失火误事者严办等。要每个人会背能讲，并随时进行考查提问。他要求部队"冻死不入民房，饿死不取民食"。行军时各班抬着帐篷，各连抬着行军锅，旅营营连大都住帐篷，也有住庙宇的。官兵都自背一件棉大衣，大衣内包鞋、袜、衬衣。每人背200发子弹、一支步枪、一把小铁锹、一把雨伞、一个水壶、一个饭包，饭包里装着针线包、步兵教程、军人宝鉴等。

军队每日两餐，餐前集合站队，唱吃饭歌，唱完歌每人识两个字。每早起床后先唱早起歌，然后跑步一个小时，回来后洗脸、刷牙、收拾内务。下午练器械操、杠子马、跳高、跳远、篮球、足球，4点半晚饭后练刺枪、打拳。晚上上讲堂，读军人精神书及军人宝鉴、步兵教程。班长读军士勤务，官长读带兵规则，伙夫、马夫学习识字，用百字课、千字文作教材。星期日要擦枪、擦子弹、洗衣服、晒铺草、打扫卫生、进行内务比赛。

冯军每星期有一次阅兵，阅兵后抽调一个连出来考刺枪、打拳、劈刀或制式教练、战术教练，全旅官兵观看，当场进行点评。每星期有一次行军或夜行军，有时是急行军，战备行军。在冬季会半夜集合，进行冻土地挖战壕比赛，进行评比。

冯军军纪严厉，对士兵、官佐、甚至高职位的团长等只要没有认真执行他的指示和命令的，都要进行责罚。他常用的责罚方式是打军棍。常用的军棍是特制的，长约三尺，直径一寸，手握的一端圆柱形，下面扁平，漆成红色。冯玉祥在1923年驻南苑时，军官定时集合上课，由旅长轮流带班。一次宋哲元带班时迟到20分钟，冯令军法处邓哲熙打了他20军棍。1925年，张维玺部乘火车北进，有几个士兵坐在车篷顶上，过南口以北的隧道掉下来摔死，虽然张维玺已是旅长，仍被打了20军棍。举行卫生检查，最差的营、连长都会挨40军棍。新兵来了领不到铺草，军官娶了小老婆，也会挨军棍。但为了使挨打者少受伤，他规定了"八不打"制度：1. 长官生气时不打士兵；2. 士兵忙碌时不许打；3. 初犯过错的不许打；4. 新兵不许打；5. 患病的不许打；6. 天气严寒、酷热时不许打；7. 哀愁落泪时不许打；8. 饱食和饥饿时不许打。这种打军棍到1926年冯玉祥由苏联返回才取消。另一种处罚方式是罚跪。往往是三句话不对劲就被罚跪。冯玉祥任陕西督军，因为操场打扫的不干净，模范连连长张自忠和手枪队队长陈毓耀就被罚双双面对面跪下，直至值日排长带人扫除完毕，才叫他们站起来。有一次集合，旅长迟到了，见冯玉祥面有怒色，就自己说："我来晚了，应该受罚。"说完自行跪下，他的部下官兵也跟着跪倒一大片。

冯玉祥施罚，是为了"以威服人"，另外他还"以恩感人"。他经常到兵棚子里同兵谈心，聊家常，对他们的困难，对长官的意见都记在本上加以解决，他经常检查士兵的卫生，看牙刷得干不干净，指甲有没有剪，内衣是否清洁，洗没洗脚。到伙房看伙食，到营房看内务，这都使士兵觉得很亲切。伤兵受伤住院，冯玉祥经常到医院慰问伤员，亲自给他们洗澡，有的伤重需要输血，如果血型与他相同，他会让医生抽他的血挽救伤员性命。

每逢年节，冯玉祥都会给犒赏，每连10元或15元，团长也得给自己下属部队5元，有时营、连长也会出三四元。由班长买些花生、糖果，各班包饺子、炖肉。端午节吃粽子，中秋节发月饼。清明节给亡故的官兵扫墓，给官兵发信封信纸邮票，让他们给家人写信。每到月底发饷，除了买鞋袜、毛巾外，都要把钱存在营部，攒够了10元就寄回家去。升了职的长官要到冯玉祥处谢恩，冯也会亲手把新军装、新军帽、新指挥刀给他们穿戴披挂起来。

这种"恩威并施"在他的治军中很有成效，在冯玉祥军事集团的绝大多数官兵心中，冯玉祥有着至高无上的权威。

除了平日的训练，冯玉祥有两个时期对他的部队进行了正规系统训练。第一时期为驻常德时期，他任混成第16旅旅长，不久又兼任湘西镇守使，他在常德驻守两年，获得了两年的练兵时间。两年他主要抓了以下几个方面：

一、组织教导队培养干部。教导队分军官、军士两个班，学员从优秀的士兵中挑选。军官班开战术原则、野外勤务、筑城学、图上战术、简易测绘、讲话演说等科目。军士班开设战术原则、应用战术、简易测绘、野外勤务、射击教范、数学等。

二、成立官佐体操团提高技术水平。要求军中人员不分文职武职一律参加。注重练习实战中需要的劈刀、刺枪、拳击、越障碍等技术动作及加强体力器械操。由参谋处规定科目，军法处负责考核，每月一小考，每季一大考，年终进行终考。

三、阅兵和行军制度化、常规化。每周搞两次阅兵。每月两次行军，官兵都必须参加，风雨无阻。每人负重48斤，连续行军7天，每天走120到140里，不定时组织泅渡训练。

冯玉祥重视知识教育，他组织人员编写军人读本，选100篇古今名著，要求读懂、会背、会默写。规定5天读熟一篇，一个月读熟6篇，进行考核。军中还成立汉文研究班、读书班、英文班、日文班，提高官兵的文化水平。

冯玉祥非常重视政治思想教育。他自己经常向下级官兵讲救国雪耻的道理，组织秘书、参谋人员编写政治教材、编写歌曲，如《精神书》、《义勇小史》、《告往勖来篇》。这段时间冯玉祥接触基督教多、被耶稣的救赎精神和基督教教义感动，把它作为向军人进行精神训练的内容，规定每周日官兵要到教堂作两个小时的礼拜。

1922年，冯玉祥调任陆军检阅使，驻南苑，开始了他第二个时期的军事训练。这个时期他办了高级教导团，培训以前教导队毕业的学员，由陆军大学的毕业生担任教官。学生团，挑选部分中学和高小毕业生参加训练。电学传习所，学员是从部队挑选来的优秀士兵。分有有线电话、无线电话、有线电报、无线电报四个班。部队训练分学科和术科。学科中，正副兵学军人教科书、八百字课、各兵科教科书、简明军纪、军人精神书等。正副目除上述正副兵学习的内容，增加了军士战术、军士勤务。初级军官还要上初级战术、军人宝鉴、军人读本、典范令、《曾胡治兵语录》、《左传摘要》。中级军官要学高级战术、兵器学、欧洲战史、国文、《易经》、《书经》等。高级军官要在高级战术研究会等各种研究会对各科进行专门研讨。术科训练，在原有的刺枪、劈刀、器械体操、行军阅兵基础上，增加了应用体操和工事构筑。

冯玉祥具有朴素的爱国主义思想，早在他常德驻军时，就取缔过不法日商，禁止日舰水兵登陆，对不服从检查的日本人拘留。常德学生进行国耻日游行时，捣毁了日本商店，冯与日本领事交涉，使日商不敢提出赔偿要求。在陕西时，拘捕并驱逐了苏联猎人。他的部队兵系的皮带上有"五月七日、国耻纪念"八个字，将二十一条印成字帖供官兵习字使用，编唱国耻歌，绘国耻图，对整个部队进行爱国主义教育，五卅运动之后，冯玉祥的反帝态度更加鲜明。

1924年，冯玉祥发动"北京政变"，这是中国革命史上的一件大事，其发生的主要原因之一，不能不说是对吴佩孚的积怨。1922年第一次直奉战争期间，时任陕西督军的冯玉祥以援直总司令的名义率部出潼关向洛阳挺进。保定以北直军失利，吴佩孚急调冯部增援。冯玉祥派李鸣钟第二十一混成旅北上，在大灰厂猛攻奉军，迫使其退出山海关。5月初，冯部张之江率四十三团的两个营，与豫督赵倜部在郑州以北激战六昼夜，打下开封。冯军为第一次直奉战役的胜利，做出了重要贡献。河南战事结束，冯玉祥调任河南督军。吴佩孚怕冯羽翼丰满，尾大不掉，不到半年就调他到北京任陆军检阅使，这是一个空头官衔，没有地盘也没有实权。

1923年，山东发生"临城劫案"，土匪孙美瑶在临城劫了特别快车，绑了十几个洋人，引起国际交涉。山东督军被撤职。当时北洋政府已任命冯玉祥接任山东督军，冯也在南苑集合连长以上军官宣布了这一消息。结果吴佩孚从中作梗，没有成行。

这两件事使冯玉祥对吴佩孚产生了很深的积怨。

1920年起，冯玉祥开始接触南方革命力量，他曾得到孙中山手书《建国大纲》，视为至宝。1923年，黄埔军校校董徐谦每以宣扬基督教为掩护，常给营长以上军官讲革命道理，黄郛也在一个星期六的下午到南苑给连长以上军官讲两个小时的"战后世界"。这个时期冯玉祥接受了三民主义，这是他举行"首都革命"的另一个重要原因。

"首都革命"成功了，政权却落在了段祺瑞、张作霖手中，一切又回到革命前的老样子，这使他非常灰心，一度到京西天台山隐居，在这段时间，苏联大使加拉罕曾去访问。

1925年1月，段祺瑞将华北地盘给予奉军之后，将贫瘠的西北地区让给了冯军，冯玉祥受任后，设督办公署于张家口。不久取消国民军名称，改叫西北军。但国民军的称呼还一直被人们沿用。此时冯玉祥的国民军已开始接受孙中山的革命理论。是年春，孙中山在北京协和医院住院，冯夫人李德全代表他去看望，孙中山送《建国方略》、《建国大纲》各1000部，《三民主义》6000部给冯玉祥，当时这些书在北方还是禁书。冯玉祥立即分发给中上级官佐，并要求向官兵讲解。冯和进步人士接触也很频繁，除徐谦、黄郛，与李石曾、陈友仁来往也很密切。冯玉祥聘李烈钧为国民军顾问，任钮永健为总参议长。3月，苏联政府通过了援助国民军武器弹药、药品并派顾问团的决议。冯玉祥接受苏联顾问到国民军协助整军，接受苏联的军火支援。不久，以维托夫特·卡季米维奇·普特纳为组长的顾问组到达张家口，稍后又被派到了开封。苏联顾问、教官帮助国民军建立了炮兵、骑兵、高级步兵、机枪、工兵、通讯等学校，培养出一批军事人才，帮助重新装备了军械修理厂，组织了弹药生产，培养了一批技师，帮助制造了第一批装甲列车。同时国民军派遣军官到苏联学习。

　　1925年夏，李大钊到张家口与冯玉祥秘密会晤，亲自作冯的工作，商谈进一步谋求同苏联的联系。

　　国民军力量的日趋壮大和反帝反军阀态度的日益鲜明，使直奉感到恐惧，自然成为他们"讨赤"的必然对象。"北京政变"使英美卵翼下的直系濒于瓦解，郭松龄的倒戈使日本多年豢养的奉系近于覆亡，北洋政府的所在地北京又在国民军的控制之下，人民群众的爱国主义运动风起云涌，不但使倍受革命力量冲击的军阀大为恐慌，也使支持他们的帝国主义惊恐。为了保住在华北的既得利益，他们直接间接地用金钱、武器重新支持、武装军阀势力。直奉两系军阀在帝国主义牵手下，达成"谅解"，结成"讨赤"联盟，共同对付国民军。1925年12月3日，由奉系李景林与山东张宗昌组成的奉鲁联军对马厂方面的国民军第二、第三军发起进攻，于4日发出"讨赤"通电。12月6日，张之江奉冯玉祥之命，对天津方面李景林部进攻，不料在杨村东南受阻，伤亡惨重。之后，双方援军赶到，相互攻击，各有进退，战场呈胶着状态。

　　两军开战，冯玉祥坐镇张家口遥遥指挥。战局形成对峙，他感到局势不利，于20日下达全线撤退令。前方将士认为，军队一经撤退，全局将受到不利影响：天津失守，北京也将会不保，国民军会无立足之处。他们决议发动全线反攻，由张之江担任总指挥。报告冯玉祥得到批准，即行布置。25日，国民军占领天津。正当大家兴高采烈地收拾战利品之时，得到东北国民军郭松龄兵败被杀的消息。国民军第二、第三军为争夺直隶地盘，闹得意见纷争，关系日坏。而此时，直、奉、鲁、皖联合反冯，天津失陷，北京三面被围，国民军限于孤立。

　　为了化解仇怨，停止祸国殃民的内战，转移各路军阀的视线，保存实力，也为了缓解国民军内部的矛盾，冯玉祥决定下野，于1926年3月间带幕僚何其巩、李兴中等人以游历为名赴苏联考察，顺便和苏联洽谈军火援助问题。他的西北边防督办交张之江接任，国民军也交张指挥，甘肃督军职务交鹿钟麟。约在1925年9月与奉张关系紧张时，冯玉祥动用三个工兵营，在北京西北的南口修筑坚固的工事，在苏联专家指导下，用了一个月的时间完成。

　　冯玉祥赴苏前曾多次召集高级将领研究作战计划，据时任第一混成旅旅长徐明山的回忆：

　　"在冯尚未出国，南口尚未开战的时候，我曾应冯召由驻地怀来到张家口。见面时冯同我谈到今后的作战计划。他估计京张路以南，可能是吴佩孚指挥；东北方面，可能是奉军担任。

我以前在三家店驻的时候，曾在西山南北七八十里，东西四五十里的万山重叠的地区，画了六个月的地图。对于那里的地形，我是比较熟悉的，根据这个情况，冯给了我一个任务。他说南口战争一开始，吴的指挥部离不开京汉线，估计不外长辛店、良乡一带。他让我慎密隐蔽行动，利用娴熟的地形，把吴佩孚抓住，这样对于整个战局都有好处。

我接受了这个密令，安排了精锐的部队三个团，准备了四天的干粮，打算分三路进袭：一路直取长辛店；一路奔良乡，截断吴的北上退路；一路在卢沟桥截击。布置已定，待命出发。不料忽然接到总退却的命令，所有这一切计划，都算白费。"①

冯玉祥临出国赴苏前，曾拟定了一套退出北京，保存实力的计划。内容如下：

一、将所部改编为六个军及两个骑兵旅，统归代理西北边防督办张之江指挥，准备对奉、直、鲁、皖、晋联军作战。

二、以鹿钟麟为察哈尔都统，指挥孙连仲的第一军、郑金声的第二军，徐永昌的第三军，张成德骑兵旅坚守察哈尔，迎击奉直军。

三、以热河都统宋哲元移驻察西丰镇，指挥方振武的第四军，石友三的第五军，韩复榘的第六军和马步元的骑兵旅向雁北晋军攻击，维护京绥铁路交通，巩固右侧背的安全。

四、以刘郁芬为甘肃督办，李鸣钟为绥远都统，协助巩固后方，接济前线军事补给。

五、进一步要求苏联接济械弹，派督办公署副长官张允荣驻库伦，运输苏联接济的械弹、器材到张家口。

六、派闻承烈为兵站总督，办理后方勤务。

这是一份全面的战略计划，地区、部队配置，主要任务都作了安排。督办公署参谋处据此拟定具体计划：

一、敌情判断：奉、直、鲁、晋联军总兵力20万，可能分两个方面向我进攻，奉直联军向察哈尔正面突击，晋军出大同向我侧背夹击。

---

① 徐明山：《我和冯玉祥相处二十年的经过》《文史资料存稿选编》《军事派系》上17页，文史资料出版社2002年版，第37页。

二、我军作战方针：应分两方面作战，以主力坚守察哈尔，置重兵于南口；以一部坚守多伦，掩护我军之右侧安全，另以有力部队迅速夺取雁北地区，巩固军之右侧，确保后方安全。

三、兵力部署：（1）鹿钟麟为东路军总司令，辖第一、二、三军及一个骑兵旅；（2）宋哲元为西路军总司令，辖第四、五、六军及一个骑兵旅。东路军坚守察区。为此，第一军应集结于宣化、赤城一带；第二军集结于怀来、延庆、南口一带；第三军集结于多伦、沽源、马拉庙一带。西路军应迅速歼灭大同晋军，进入雁门关。为此，第四军应集结于天镇、阳高；第五军集结于左云、右玉；第六军集结于大同附近地区；骑兵旅控制处于东西两路军之间的地区。

东西两路军的具体任务：

（1）东路军南口方面，将南口、居庸关长城至东流编成数道阵地，构筑坚固集体工事，右翼依托凤凰墩南端高地的南麓，左翼依托关公岭，构筑坚固阵地，编成严密的火力网，并构筑轻重迫击炮、山炮、野炮、重炮掩体，形成阵地分散、射击集中的炮兵火力网及步炮协同，发扬火器威力的阵地。关公岭为南口阵地的锁钥，必须固守。南口侧翼右至安家漩，左经延庆至独石口，凡通敌要道，均依山作壁，因地设堡，封锁扼守。多伦、沽源及其以西至张北之间的居民地环设外壕，以外壕掘土筑壁，设置有枪眼的壁下掩体部及壁上掩体，以步兵扼守。骑兵以其特长，对敌侦察、袭扰，开展运动战。

（2）西路军对雁北地区作战，以坚强部队迅速扫荡大同西北孤山及镇川堡之敌。分区协力，运用炮击和坑道联合，攻占敌军坚守的雁北各城，严定攻城时限，未攻下者留一部兵力监视、轰击，主力向雁门关推进。第五、六军重叠配置，第四军协助之。迅速攻占雁门关及其左右隘口，以固军之右侧。

这个具体计划实际是冯玉祥作战的细化，贯彻了冯的战略意图。

计划拟定后，经苏联总顾问亚历山大·林中将研究审核，冯玉祥批准，以西北边防督办张之江的名义发给鹿钟麟、宋哲元。

1926年3月中旬，国民军和直鲁联军在津南激战，在京奉线上的奉军借机先后占领了卢龙、乐亭、龙山等地，20日攻下滦平。4月6日，汤玉麟占热河，15日，奉军占领通州，吴军进抵西苑，国民军决定按冯玉祥方案退往南口，凭险固守。

5月初，阎锡山出兵晋北，将天镇以西至大同的铁路拆毁，截断了国民军后路。18日西路军总司令宋哲元受命对晋军攻击，至雁门关受阻。在南口，正面原由吴佩孚担任主攻，奉军配合作战。7月19日后，改由奉军担任主力，进攻日趋激烈，8月1日下总进攻令，张学良、张宗昌都到前线督战，吴佩孚也到三家店督促所部向青白口进攻。晋军在晋北配合反攻，而国民军第五军石友三、第六军韩复榘、甘肃骑兵旅却都发生军心不稳，向阎锡山私通款曲现象。此时察东失利，7月21日多伦失守，守军退往张北。南口处于三面受敌。在这危急时刻，李大钊派人送来建议：南口大战人员伤亡大，又腹背受敌，再坚守意义不大。而北伐军正顺利向北进攻，不如放弃南口，"平甘援陕，联晋图豫"，出潼关配合北伐。8月13日，张之江、宋哲元、鹿钟麟等举行会议，决定放弃南口，派石敬亭前往多伦，电促冯玉祥回国。

冯玉祥在莫斯科得到南口败退的消息，匆匆回国。9月15日到达五原，召集残部，就任国民军联军总司令。17日宣誓就职，誓词为："国民军之目的，以国民党之主义唤起民众，铲除卖国军阀，打倒帝国主义。求中国之自由独立，并联合世界上以平等待我之民族，共同奋斗。特此宣誓，生死与共，不达目的不止。"同时全军加入国民党，参加北伐，在中国的大西北举起武装讨逆的大旗。

作者简介：
杨若荷，中国人民大学档案系教授。

国民军"南口大战"的战场选择与陷落原因

马　沈　白宏发

　　1924年10月原属直军的冯玉祥部于第二次直奉战争正酣之际的关键时刻回师北京，发动"首都革命"，成立国民军。1925年10月，受到重创吴佩孚系的直军东山再起，成立了"十四省讨贼联军"。1925年底，直奉两系军阀宣布捐弃前嫌，组成"中国反赤大同盟"，称孙中山为"南赤"，冯玉祥为"北赤"，联合采取军事行动。1926年1月5日起，由张作霖、吴佩孚、阎锡山、张宗昌等军阀组成的"讨赤联军"即向国民军发动了大规模的军事进攻。国民军作战失利后，渐次退出河南、石家庄、天津等地，于3月份退守北京。如何抵御直奉鲁晋等军阀的进攻，成了国民军的重大战略问题。

　　任何战争都是在一定的战区内采取行动，通过一定的战场进行战斗，最后达成军事政治的目的。正确地利用地理环境，往往可以以少胜多、以弱胜强。起初，国民军的初定战略是，希望实现停战和谈，如果必须一战，尽可能在战略上不放弃北京，先在廊坊、杨村附近作保卫北京的最后一战，如果抵挡不住，再全力据守南口以北。

一

　　选择南口作为抵御直奉鲁军阀的预设战场，是经过深思熟虑的考量。早在1926年1月冯玉祥宣布下野前，苏联驻张家口的顾问组组长普里马科夫就向冯玉祥提出未来发展的战略方向。他说："趁着前线的仗打得顺利的时候，加固南口山道的防御设施，我们可以长期守住这个山口，至少守上半年。当广东人民实现孙中山博士的伟大计划，开始北伐的时候，您就与广州建立同盟，向南攻打，与他们会师。"[①]与此同时，国民军第十师刘汝

---

　　①　向青：《苏联与中国革命》，中央编译出版社1994年6月版，第161页。

明部第三十旅旅长王书箴也提出建议在南口构筑预设阵地，以便御敌。①

在苏联工兵顾问谢尔盖的指挥下，"三个工兵营修筑了南口工事，整整修了一个月，山道变成了坚不可摧的堡垒"。②南口、居庸关至东流编成数道阵地，南口侧翼右至安家漩、左至毛司台经延庆至独石口，凡通敌要道，均依山作壁，因地设堡，重重封锁扼守。右翼依托凤凰墩南端高地的南麓，左翼依托关公岭，构筑了坚固阵地，编成严密的火力网。③关公岭为南口阵地锁钥，作为主阵地来固守。除加固了南口古要塞一线的阵地外，还在要塞南一公里处的南口车站处构筑了第二线阵地，"车站前面修筑了一些射击阵地，可以控制六公里的正面。射击掩体挖成卧射和立射两种"。④构筑轻重迫击炮、山炮、野炮、重炮掩体，形成阵地分散、射击集中的炮兵火力网及步炮协同。筑有坚固的机枪堡垒，良好的射击面，构成了正射、斜射、侧射等多方向的火力交织的密集火网，有的阻击阵地前还安置了层层电网，埋设了地雷，南口东河套还挖了一条八米宽、七米深的壕沟。⑤各掩体间的交通沟把二线阵地连成一片。南口车站附近的工事，均修建在缓坡之上，因如此没有死角，敌人不易靠近。这样一个具有一定纵深，射击、指挥、观察、隐蔽、机动功能完备，要塞与防步兵火力配系、障碍物配系相结合，堑壕与支撑点相结合的防御阵地构成了。这几乎是中国进入近现代以来，采用现代方法构筑的第一个大型水泥混凝土坚固阵地防御体系（当时称"洋灰石子"），在军事筑垒学与现代防御作战上都具有重大的意义。

中国古代伟大的军事家孙武早在两千多年前就说过："地者，远近、

---

① 丁中江：《北洋军阀史话》（四），中国友谊出版公司1992年12月第1版，第357页。

② 刘秉荣：《北伐大战》，中国社会出版社2010年4月版，第66页。

③ 文闻编：《西北军集团军政秘档》，中国文史出版社2009年1月版，第115页。

④ 刘秉荣：《北伐大战》，第66页。

⑤ 段柄仁：《南口·北京地方志·古镇图志丛书》，北京出版集团2010年10月。

险易、广狭、死生也。"①"夫地形者，兵之助也。料敌制胜，计险阨远近，上将之道也。知此用战者必胜，不知此用战者必败。"②普鲁士国王腓特烈大帝在给将军的指示中说："地理知识，对于一个将军来说，犹如步枪之对于步兵，数学公式之对于几何学家一样重要。他如对地理一无所知，非铸成大错不可。"③不同的地理环境，对于军事行动产生不同的影响。正如十八世纪英国的将军罗伊德所说："地形这是一部伟大的、独一无二的兵书。无论什么人，如果他不会读这部兵书，那么他充其量也只是一名勇敢的士兵，而绝对不可能成为将军。"④

战争是敌我双方在一定空间的角逐，不能脱离特定的地形和地幅条件。战场的选择是战争双方物质客观条件对比的重要组成部分。地形条件在决定胜负的天平上，是一个不容忽视的砝码。弱者可以凭其而为强，因为占有地利而挫其精锐；强者可能因失其势转弱，由于失却地利而陷身危途。南口地区是华北平原与燕山交界处，地处居庸关以南。顾炎武在其《昌平·山水记》中载："南口有城，南北二门，《魏书》谓之下口"，金代时改称南口。在南口平地上耸立起的是一座座几乎没有山麓的高山，前面是一望无际的平原，通过望远镜可以清楚地看到远处的整个北京城。从昌平南口到延庆八达岭脚下岔道西村的关沟，沿途地势雄险、地形复杂、多高山峻岭，关隘重重，自古以来是太行八陉之一，作为北京通往西北高原的交通要道已经达三千年以上，是中国北方的著名天险，屏蔽北京的重要锁钥，素有"绥察之前门，京津之后户，华北之咽喉，冀西之心腹"之谓。八达岭城门上提额为"北门锁钥"，南口城门上提额是"关南锁钥"。李自成进攻北京，攻居庸关未下，迂回南口进入北京。进入近代之后，北京连接察北张家口、绥远以至包头、晋北大同的京绥铁路纵贯其狭窄的山路之间，无论从战略还是战役战术上，更加凸显出其重要的军事经济价值，成为兵家必争之地，京师安全的生命线。正因为如此，昌平南

---

① 《孙子兵法·计篇》，吴九龙《孙子校释》，军事科学出版社2000年9月版，第7页。

② 《孙子兵法·地形篇》，同上书178页。

③ 陈建安：《军事地理学》，解放军出版社1988年5月底1版，第8页。

④ 孔令铜：《俯拾与守望》，国防大学出版社2009年2月版，第224页。

口地区的山水对自明以来中国的军事、政治与历史走向，一再产生了难以估量的影响。1926年，国民军选择南口地区作为与直奉鲁军阀作战的主战场，又一次把它推到风口浪尖之上。

是时，国民军虽然尚有十一个师的部队，北京地区有七个师，但如果在廊坊、杨村一线先组织防御，没有地利优势，面对强势的对手，必将付出重大的牺牲。届时再退守南口，部队疲惫，自身的力量已经是强弩之末了。1926年3月起，国民军第十师刘汝明部一万五千人即开到南口地区继续加强工事。接着，国民军于1926年4月15日作出了放弃廊坊、退出北京，集中兵力据守南口的决定。这是非常英明及时的正确之举。

著名军事学家克劳塞维兹曾断言："只要防御者的阵地选择得当，在大多数情况下他可以确信敌人是会来找他的。"南口地区居高负险瞰制北京城，占据此地，第一是可以以逸待劳，利用险要地形进行扼守，逼迫直奉鲁军阀沿着预知的轴线进攻，在防御中达到重创敌军的目的。第二是如果敌军不来进攻，随时可以长驱直入对北京形成战略威胁。第三是自己可以随时沿京绥路后撤，为退却准备了便利的条件。奉鲁军阀进占北京之时，也完全看清了这一点，兼派出骑兵部队绕道京北，企图采取快速机动的奇袭行动，抢占南口，由于刘汝明师早已提前进入而没有得逞。

1926年6月底，国民军又调整了在南口地区的部署，派佟麟阁的第11师进驻康庄车站以东延庆至得胜口一线，陈希圣的第三师进驻康庄以西地区，防守居庸关右侧的长城各口。形成了近七十余里长的防线，使南口主阵地的左右两翼得到加强。此举，大大加宽了国民军南口大战的防御正面，注重了结合部的安全，使直奉鲁联军从侧翼迂回进攻南口的计划与行动因提前防范遭到坚决地遏制，也使南口大战从战术级别提升到战役级别。

至此，南口防线完全形成，一场大战恶战势不可免。

二

国民军南口阵地从选址到构筑都如此精心，原定战略预想是坚守半年以上。为什么只守了不到两个月就失守了呢？

1926年6月初，吴佩孚和张作霖的代表在天津会晤，协调吴佩孚、张作霖、阎锡山等部的军事行动，决定张作霖的奉军主攻多伦方向，阎锡山的晋军在晋北大同一线，吴佩孚的直军主攻南口一线，张宗昌的直鲁联军为预备队，以南口为主战场，总兵力三十余万人。国民军分为东西两路军，东路军集结于宣化、赤城、怀来、延庆、南口一线，另以一个步兵师一个骑兵旅集结于多伦、沽源、马拉庙一带，以坚守南口为作战目标。西路军集结于天镇、阳高、左云、右玉、大同一线，以歼灭大同之敌，进入雁门关为作战目的。6月28日，吴佩孚和张作霖在北京会晤，商谈各方对国民军的战事。6月29日，吴佩孚偕田维勤至前线视察，称"旬日攻下南口，两旬攻下怀来"。①随即命王为蔚、高汝桐、阎日仁、马吉弟等五个师约五万人的兵力，集中火力用其野炮、重炮、山炮、轻重迫击炮和轻重机枪等对南口阵地进行了轰击，步兵多次发起冲锋，与国民军进行了反复拼杀，终因国民军阵地工事坚固，步炮火网严密，激战竟日不能攻击前进，部队受到重大伤亡，不得不告停。直军陈鼎甲旅、贾自温团、马宗融团分别于7月12日和20日在战场归顺国民军。战役第一阶段结束。

吴佩孚在直军已经无力攻下南口的形势下，不得不同意从7月19日起，开始改由张宗昌部由青龙桥进攻南口正面，张学良部进攻左翼，吴军调至南口右翼，由三家店沿永定河进攻。战役发起后，张宗昌的直鲁联军连续进攻三天，毫无进展。奉军三百多人乘夜从南口东至得胜口之间的空隙处，爬山绕道居庸关东七八里企图进行偷袭，也遭国民军手枪团季振同部歼灭。此后，战势呈胶着状态。直奉军一度攻占关公岭阵地被国民军拼死夺回。后奉军一部向关公岭西面的毛司台进攻，企图占领南口东侧的延庆，被佟麟阁部击退。期间张学良出昌平东门登龙山制高点，用望远镜观察国民军阵地督战时，遭到国民军炮火的袭击，一颗炮弹落在张学良的身后十米处，幸而没有爆炸才使张幸免脱险。至7月底，奉鲁军的进攻也无大进展。战役进入第三阶段。前两个阶段，南口阵地经受住了考验。

8月1日起，直鲁军开始转变战略战术，加强攻势。首先是调整兵力部署，奉军的第三、四军团主力一部绕至永宁一线，向延庆进攻，抄袭八达岭国民军后路。晋北的阎锡山部队以及察东的奉军也加强了进攻。其次，加强了炮火密度。奉鲁军排列在十三陵石像生至奤夿屯数里长的弧形阵地的各式火炮一齐向南口发射。第三，奉军将新组建的坦克部队调至前线。奉军的飞机数架飞临南口阵地实施轰炸，刘汝明的指挥所亦被炸，险些遇

① 李新《中华民国大事记》1923—1929卷，中国文史出版社1997年版，第455—493页。

难。

8月3日晚，奉军占领永宁后，前锋至长城外延庆附近，开始向八达岭至居庸关北口发动进攻，国民军南口阵地面临腹背受敌的局面。至夜半，奉军占领南口至得胜口之间的虎峪村，并向葵花峪发动猛攻，南口阵地防线开始出现被割断的情势。

8月6日，奉军右翼攻占南口险要二道关，中路由得胜口北三里，深入国民军阵地。

8月7日，双方发生激战，张学良亲赴昌平下达总攻击令，张宗昌抵昌平前线督战。是时，南口一线直奉鲁联军进攻兵力达10万以上，国民军三万余人。直奉鲁联军于铁路以东选择了六个突破点，每个点均以一个旅的兵力，采取宝塔式的进攻。铁路以西以五个旅的兵力，发动进攻前先集中排炮轰击，随即用坦克掩护步兵冲锋。国民军全线告急，兵力火力均不足迎敌。

8月8日晚，居庸关的国民军阵地遭到奉军第十七军胡毓坤部的进攻。

8月9日，奉军第八骑兵旅占领营子城、偏坡峪，第九军高维岳部占领铁卢沟，第十军于珍部占领毛司台、落马坡，奉军铁甲车队破南口阵地外壕，南口国民军陷于三面包围之中。

8月12日，奉军坦克九辆，将关公岭东沙河滩的石墙撞倒，所有副防御工事被毁，发电厂停止发电，电网失去防御功能。但在整个阵线上，国民军仍然在坚持防御。

8月14日，上午直鲁联军由后桃洼占领马家湾，中午占领南口车站。下午二时，南口镇被联军攻克。同时，奉军第六军团亦在占领多伦后，迅速向张家口挺进，国民军亦无力据守，南口阵地后方受到威胁。

8月15日下午三时，南口正面国民军第十师第二十八、二十九、三十旅阵地均为直鲁联军攻破。是夜，国民军从南口仓促撤退。南口失陷。

三

国民军南口大战战场的选择从战术上说是准确的，充分利用了南口的地势地貌，在工事建构、火力配系上都下了很大的工夫。虽然没有实现战略预期滞敌半年的目的，但仍然为广州国民政府的北伐战争赢得了可贵的时间，达到了重创敌人的目的，吴佩孚的直军经此一战，已经几乎锐气丧尽，不堪一战了。

国民军与南口大战

南口大战的战场选择从战役上说是有缺陷的，由于整个战线过长而缺乏防御纵深，没有战役防御的第二梯队。一旦当面阵地被突破和后防线受到危及，只有撤退一途。

南口大战的战场选择从战略上说是正确的，能从中国当时的政治军事形势全局出发，它迫使直奉鲁军阀与其决战，大大消耗了直奉鲁军阀的实力，拖住了直系军阀的主力，为广东国民革命军北伐赢得了宝贵的时间和难得的机会。正如冯玉祥所言，国民军"在南口苦战时，吴佩孚倾巢北上，而南方革命军得以乘虚袭取湘鄂，打倒军阀，铲除万恶势力。及南口失守，吴佩孚为救援后路计，转而图南，对于我军，未得穷追，使得从容转进整理。是北伐军如无我军在北，故一时未必得胜；而我军如无北伐军在南，亦早已葬于五原黄沙蔓草中无今日矣。"[①]国民军南口大战基本实现了倾向于进步力量南北配合的战略预期，为国民革命大形势下的北伐战争走出了第一步棋，对改变中国当时军事上的战略格局发挥了重要作用，自身也乘势最终成长为完成北伐战争的重要军事力量之一。北伐战争没有选择一个好的战略时机开始是不行的，没有几方力量的配合，单靠广东国民政府的势力也是难以取得胜利的。

南口大战南口阵地失陷的重要原因还在于：阵地构筑之初就没有考虑防坦克火力配系，国民军配属的火炮、埋设的地雷对坦克不产生任何威胁，新研制的毛瑟反坦克枪（时称战防枪）尚没有进口中国。同时没有防空火力配系。一旦出现坦克和飞机作战，缺乏有效的抵御手段，阵地被攻破在所难免。

南口大战是中国近现代战争史上，具有承前启后价值的一场阵地防御战，对后来的抗日战争产生了重要的借鉴和影响，也对今后利用阵地战改变敌方的战略方向具有借鉴意义。

作者简介：

马　沈，中国人民革命军事博物馆研究员。

白宏发，中国人民革命军事博物馆政治部副主任，大校。

---

① 冯玉祥《在南口战役阵亡将士追悼会上的讲话》，《冯玉祥选集》上卷，人民出版社1985年10月版，第70页。

共产国际、苏联对国民军的援助

黄 黎

1924年10月23日，直系将领冯玉祥发动政变，推翻了曹锟、吴佩孚把持的北京政府。北京政变以后，冯玉祥把自己的部队改称为国民军。冯玉祥部为国民军第一军，驻察、绥；胡景翼部为国民军第二军，驻河南；孙岳部为国民军第三军，驻陕西。冯玉祥通电请孙中山立即北上，共商全国统一大计。

北京政变以后，共产国际和苏联对于冯玉祥采取了联合、支援的方针[①]。在他们看来，援助冯玉祥国民军，反对奉、直军阀，必然会削弱帝国主义在中国的统治势力。从1924年秋起，共产国际和苏联，对冯玉祥及其国民军，进行了积极的接触和援助。

一、共产国际、苏联与国民军的初步接触

国民军是由直系军阀分化出来的武装力量，他们发动北京政变的原因之一，就是在直系中的"待遇差"、"饷项不足"、装备奇缺，发展受到限制，不赞成北洋军阀间连年征战。据苏联顾问普里马科夫观察：国民军"大都是用1898年和1901年出厂的老式德国步枪装备的，最新的步枪是1902年造的，步枪的质量很坏，全是用过的"[②]，而且数量不足。在帝国主义和敌对势力的联合压力下，国民军被排挤到贫瘠荒凉的西北和落后的河南地区，远离出海口，难以购买武器装备。国民军要想保存发展自己的力量，只有北方的苏联和南方实行国共合作的国民党能够帮助它走出困境。

与此同时，20世纪20年代初的苏俄外交政策发生重大变化，开始与各

---

① 苏俄是指从1917年的"十月革命"到1922年底苏联成立这一阶段。苏联是苏维埃社会主义共和国联盟的简称，指1922年底到1991年间执政的政权。

② ［苏］维·马·普里马科夫著，曾宪权译：《冯玉祥与国民军》，中国社会科学出版社1982年版，第203页。

国发展正常外交关系，出现了旨在促进国家关系的正常交往与以输出革命为目的的俄共（布）和共产国际对外方针并存的特殊现象。这种双重政策在对华关系上的表现就是，在与中国进行恢复外交关系谈判之时，苏俄又出兵占领并分裂中国外蒙古。

1922年8月13日，斯大林致电加拉罕，要他在同中国谈判时，"从1919年和1920年的总宣言中得出直接指示是不能允许的，当时中国对这个宣言并未作出相应的反应。"①这就是说，当时苏俄宣称放弃沙俄侵华所得的一些侵略权益、废除不平等条约的宣言一概无效了。在该电文中，斯大林具体地指示加拉罕要坚持使蒙古从中国分裂出去和维护在中东铁路的特权。这表明，苏联在发展与中国国家关系中，已暴露出其大国沙文主义政策。为了维护两个首要战略目标，一是中东铁路权益；二是分裂并占领蒙古。苏俄努力发展与蒙、俄相连地区地方军事实力派的关系，以保证其安全。当时，直、奉矛盾开始尖锐，苏俄之所以千方百计与吴佩孚拉关系的目的也在于此。

在很长一段时期内，苏联对华援助的中心是南方的国民党，但在1924年10月北京政变以后，苏联加强了对北方的冯玉祥及其国民军的工作。10月27日，冯玉祥与加拉罕举行了会谈。从1924年11月到1925年2月，加拉罕、鲍罗廷、维经斯基及国民党领导人在北京不止一次地讨论国民军与国民党和苏联的相互关系。

国民军成立后不久，国民军第二军司令胡景翼便向苏联提出援助请求。1924年11月，胡景翼在屈武的陪同下从通州去北京，与李大钊会晤。胡景翼提出向苏联请求援助的问题，由李大钊转告加拉罕大使。

12月底，胡景翼邀请加拉罕到开封他的官邸，此后又派出由刘允臣、于右任、李大钊组成的代表团同加拉罕、格克尔谈判军援问题。"过一段时间，胡景翼没有等到苏联政府的答复，就向大使请求暂时给他派一些军事顾问，因为预料邻近的军阀即将向他的部队发动进攻。"②

---

① 《联共（布）中央政治局会第24号记录》（1922年8月31日），黄修荣主编：《共产国际、联共（布）与中国革命档案资料丛书》第1册，北京图书馆出版社1997年版，第115页。

② ［苏］维·马·普里马科夫著，曾宪权译：《冯玉祥与国民军》，中国社会科学出版社1982年版，第5页。

鉴于胡景翼的进步表现，苏联决定首先向他的部队派遣顾问。1925年2月27日，苏联顾问从北京去郑州，"帮助领导和运用胡景翼的军事力量"。顾问们帮助胡景翼拟订了战略计划，并成功攻占了洛阳。"洛阳的胜利是中国军队在苏联军事专家的协助下，在华北取得的首次胜利。胡景翼及其他参加进攻的将领，兴高采烈地评价了苏联军事专家的工作。"①

从表面上看，国民军与苏联建立军政关系的过程，是胡景翼首先向苏联提出要求援助，继而冯玉祥也提出同样的要求。但实际上是苏联主动向国民军提出援助的，是通过李大钊、徐谦等人以建议的形式向胡、冯等人提出的。苏方认为，"在加强北方战线方面，我们对他的援助就是接近冯玉祥。"②

1925年2月，应李大钊的请求，国民党人毛以亨去张家口通知冯玉祥，苏联有兴趣对他提供援助。冯当即让毛以亨以自己秘书的名义回京邀请李大钊。两天后，毛以亨陪李大钊、徐谦来到张垣，冯派副官张允荣到车站迎接。经过会谈，冯玉祥向李大钊明确了要求苏联援助的内容，并派参谋长刘骥、外事处长唐悦良到北京与加拉罕会谈。3月29日，鲍罗廷应加拉罕之请由苏联驻华武官格克尔陪同来到张家口。经过谈判，冯玉祥与鲍罗廷达成了有关协定。从冯玉祥后来的言论中可以看出，他应该接受了苏联的全部条件，包括有关外蒙古问题的条款。因为他在这以后的言论中不仅再也没有对苏联分裂外蒙古不满的表示，反而说："蒙藏脱离中国而独立，固然各有其政治背景，但我国政治未上轨道，不足以获得蒙藏人民的信赖，却是个主要的内在因素。"③这些言论大体上和苏联当时在外蒙古问题上的宣传口径是一致的。

1925年3月13日，俄共（布）中央政治局召开会议，专门研究孙中山逝世后的中国局势，并决定给国民军提供援助，认为"用我们的经费在中国

---

① ［苏］维·马·普里马科夫著，曾宪权译：《冯玉祥与国民军》，中国社会科学出版社1982年版，第6页。

② 《鲍罗廷给加拉罕的书面报告》（1925年3月14日），黄修荣主编：《共产国际、联共（布）与中国革命档案资料丛书》第1册，北京图书馆出版社1997年版，第587页。

③ 冯玉祥：《我的生活》，上海教育书店1947年版，第556页。

（洛阳和张家口）由我们建立两所军事学校是适宜的"①，"可以根据对方的支付能力立即拨给加拉罕一定数量的外国武器弹药。"②

二、苏联对国民军援助的主要内容

自从苏联决定援助国民军以后，它的对华工作就更加繁杂了。

过去，苏联只需向广州供应武器装备，工作相对简单；现在却要根据广州和北方三个国民军的行为以及迅速变化的中国军事政治形势在它们之间进行分配，工作的难度当然增加。此外，当时共产国际和苏联各人民委员部都设有在华工作的机构，它们互不从属，难以协调。在这种情况下，急需设立一个统一的机构，来研究并确定苏联对广东政府和国民军的援助方式及规模，同时集中领导和协调共产国际及苏联各部门的在华活动。这就是直接隶属俄共（布）中央政治局的中国委员会。

1925年3月19日，俄共（布）中央政治局决定成立中国委员会，主要任务是，"监督日常援助国民党和同情它的团体的措施的执行情况。"③该委员会主席为苏联革命军事委员会主席伏龙芝和军事委员会委员温施利赫特，其他主要成员分别是：苏联外交人民委员契切林、俄共（布）中央政治局候补委员莫洛托夫、共产国际执委会东方部部长彼得罗夫、共产国际执委会东方部远东处处长维经斯基、工农红军政治部主任布勃诺夫等。从这份名单可以看出，中国委员会由俄共（布）中央、苏联各人民委员部以及共产国际负责中国方面工作的人员组成，既保证了委员会在协商中国事务时能充分听取各方面的意见，又保证了委员会的决议能顺利地为各部门

---

① 《俄共（布）中央政治局会议第52号记录》（1925年3月13日），黄修荣主编：《共产国际、联共（布）与中国革命档案资料丛书》第1册，北京图书馆出版社1997年版，第582—583页。

② 《俄共（布）中央政治局会议第52号记录》（1925年3月13日），黄修荣主编：《共产国际、联共（布）与中国革命档案资料丛书》第1册，北京图书馆出版社1997年版，第583页。

③ 《俄共（布）中央政治局会议第53号记录》（1925年3月19日），黄修荣主编：《共产国际、联共（布）与中国革命档案资料丛书》第1册，北京图书馆出版社1997年版，第589页。

所贯彻执行。

中国委员会的主要任务是研究中国的军政形势，为俄共（布）中央政治局的决策提供建议和具体的计划、预算。实际上，委员会的大多数决议就是俄共（布）政治局的决议。4月17日，中国委员会的第一次会议便规定：除了重要的人事和财务问题需提交政治局批准外，"所有决定都是最后的必须执行的"①。10月15日，俄共（布）中央政治局进一步批示："委员会意见一致时，其决定就算是最后决定"②，不再需要政治局核准。中国委员会不只具有决策权，还拥有集中领导对中国的一切军政工作和统一发放经费的权利。在共产国际和苏联制定对华政策和指导中国革命的过程中，中国委员会是仅次于俄共（布）中央政治局的第二中心。

俄共（布）中央政治局中国委员会的出现，意味着苏联大大加强了对中国革命的领导。此前，它只能通过共产国际及其派遣到中国的代表来贯彻自己的意图，有了中国委员会之后，它的领导就非常直接化、具体化了。

从1925年4月开始，苏联军援就开始源源不断地运到国民军。从1925年3月到1926年7月，苏联所提供的军火数量如下："步枪三万八千八百二十八支，日本步枪一万七千零二十九支，德国子弹约一千二百万发，七点六毫米口径步枪子弹四千六百二十万发，大炮四十八门，山炮十二门，手榴弹一万多枚，配带子弹的机枪二百三十挺，迫击炮十八门以及药品等等。到1926年10月底，国民军根据协议又从苏联得到了三千五百支步枪、一千一百五十万发子弹、三架飞机、四千把马刀、十支火焰喷射器等等"③。

---

① 《俄共（布）中央政治局中国委员会会议第1号记录》（1925年4月17日），黄修荣主编：《共产国际、联共（布）与中国革命档案资料丛书》第1册，北京图书馆出版社1997年版，第604页。

② 《俄共（布）中央政治局会议第83号记录》，黄修荣主编：《共产国际、联共（布）与中国革命档案资料丛书》第1册，北京图书馆出版社1997年版，第715页。

③ ［苏］维·马·普里马科夫著，曾宪权译：《冯玉祥与国民军》，中国社会科学出版社1982年版，第10页。

值得注意的是，苏联的军火援助并非是无偿的援助，虽然由于历史的原因，国民军后来并没有偿还上述债务。1925年4月17日，俄共（布）中央政治局中国委员会召开会议，决定向国民军提供的援助附带下列条件："（1）提供的援助应当是有偿的，或全部用货币偿还，或部分用货币、部分用原料偿还，支付的方式和条件根据主要的政治协定确定。运费在任何情况下都应立即算清。（2）在冯玉祥、外蒙古和苏联之间订立三方友好互助口头协议，冯玉祥作出关于接受我们对蒙古的计划和关于他的势力范围内向外国人提供任何租界的单方面书面保证。"①

在军事援助的同时，苏联还向国民军派遣军事顾问。1925年4月，张家口顾问团成立，团长为普特纳将军。刚来到冯玉祥部队时，苏联顾问对冯玉祥的政治立场作了两种评判："一、冯氏为关联中国北部举行反抗帝国主义之国民革命运动之表现者。二、或为普通之军阀，因情势及所占地盘关系必须暂时为有利于苏联之动作，因苏联为希望帝国主义各国衰弱之国家（尤以对于日本为最）"②。事实上，冯玉祥当时既不是坚定的革命者，也不是普通军阀，而是介于革命力量与反动军阀之间的中间势力的代表人物。他有进步的一面，反对帝国主义，但此时还没有走上革命的道路。由于对冯玉祥政治立场认识的不清楚，苏联顾问团的工作缺乏指导方针，没有明确的方向，影响了工作的展开。

苏联顾问在冯玉祥部队开展工作，主要是从以下几方面进行的：一、培训并考核冯军官兵的军事知识及技能。二、协助国民军接收军火。三、帮助生产武器弹药并提供武器和其他物资援助。四、协助国共两党在国民军中展开政治工作。

虽然冯玉祥及其将领以怀疑的眼光看待顾问，与顾问之间存在着严重的隔阂，但对于苏联顾问在冯玉祥部队的工作，应当给予积极的肯定。一方面为冯玉祥部队改善了装备，提高了军官的理论水平和军事技术，增强

---

① 《俄共（布）中央政治局中国委员会会议第1号记录》（1925年4月17日），黄修荣主编：《共产国际、联共（布）与中国革命档案资料丛书》第1册，北京图书馆出版社1997年版，第603页。

② ［美］薛立顿：《冯玉祥的一生》，浙江教育出版社1988年版，第212页。

了军队的战斗力，为中国北方反帝反军阀力量的壮大做出了巨大贡献；另一方面，对冯玉祥的思想转变也产生了影响，使他的思想和许多政治方面的见解开始发生变化。

三、苏联在南口大战前夕对国民军的帮助

苏联政府虽然做出了援助冯玉祥国民军的决定，也相继输送了武器弹药和派遣了军事顾问到国民军中工作，但苏联方面仍然对冯玉祥国民军的情况了解不多。而冯玉祥及其他国民军将领对于世界上第一个社会主义国家苏联的情况也不甚了解，认识难免有误，冯玉祥的参谋长熊斌就强烈反对过苏联顾问。于是，苏联顾问要求冯玉祥派熊斌赴苏考察，以获得有关苏联的正确认识。

为了获得对苏联的正确认识，冯玉祥接受了苏联顾问的建议，派参谋长熊斌率团级军官鲁崇义等赴苏考察。熊斌此行还有一个更重要的目的，那就是争取军火援助。

1925年10月，冯玉祥派熊斌率代表团赴苏考察，并从学兵团选了15名优秀的连排长，送到苏联基辅军官学校学习。熊斌代表团访苏，一方面密切了冯玉祥国民军与苏联的关系，加强了苏联方面对冯玉祥国民军的军火援助；另一方面，冯玉祥及其将领对苏联也有了进一步的了解。

1925年末至1926年初，中国的国内形势发生了巨大变化。1925年11月22日，冯玉祥与郭松龄签订密约，主张"排除军阀战争，永远消除战祸"，支持郭松龄倒戈反奉。11月23日，郭松龄在滦州举兵倒张。12月22日，张作霖在日本关东军的支持下击溃郭军，郭松龄反奉失败。12月底，吴佩孚、张作霖双方代表在大连、汉口、奉天等地进行多次接触，"大体上达成了谅解"，决定联合进攻国民军。他们把冯玉祥所领导的国民军看作是北方的"赤化"势力，把广州革命政府看作是南方的"赤化"势力。他们的策略是先北后南，即先消灭北方的国民军，再推翻南方的广州政府。

于是，吴佩孚、张作霖纠集四十多万人的军队，汇集直鲁联军共计八十多万，从南北两线夹攻国民军。由于敌众我寡，国民军处境艰难。

为了转移视线，保存实力，1926年1月1日，冯玉祥发出下野通电："值此千钧一发之机，彻底澄清之会，仍宜本和平之初衷，但愿战事从此

结束，人民得资休养，玉祥个人应即日下野，以卸仔肩。"[1]

冯玉祥通电下野后，为了实地考察华北和华南的政治经济军事情况，以及广东和冯玉祥部队中苏联顾问的工作情况，苏联派出以布勃诺夫为首的代表团来华。

1926年2月初，联共（布）中央委员，苏联工农红军总政治部主任安·谢·布勃诺夫化名为伊万诺夫斯基率团抵达北京。使团成员有苏共中央委员、远东地区委员会书记库比亚克，全苏工会中央理事会主席列布什等。苏联驻华大使加拉罕、武官叶戈罗夫及其助手特里冯诺夫也参与了使团的工作。

2月下旬，布勃诺夫结束了在北京的工作。经过实地考察以及与冯玉祥本人的交谈，布勃诺夫和加拉罕认为，"革命阵线争取冯玉祥是值得的，于是，他们确定了对国民军施加影响的几条最重要的渠道。"[2]第一，力争给冯玉祥派一位像鲍罗廷那样有经验的人担任政治顾问。加拉罕原则上同意布勃诺夫的意见，但指出这存在实际困难，并不止一次地电告莫斯科，要求立即给冯派一名总顾问，但没有找到合适的人选。第二，通过国民党对冯玉祥国民军施加影响。加拉罕认为，国民党对待冯玉祥不够策略，不善于找到共同语言，中央执委会给冯派去的人威信也不够高。虽然冯玉祥在谈到国民党和政治工作时含糊其辞，但布勃诺夫认为，冯玉祥"在一定程度上接受了国民革命运动的思想。这是无可争辩的"[3]。布勃诺夫还认为，国民党中央执委会应当专门为冯玉祥培养一批年轻的革命军事干部。第三，采取措施促使冯玉祥尽早回来直接领导军队。

1926年4月，联共（布）中央政治局召开会议，做出了一个重要决定：继续援助冯玉祥国民军。这样，冯玉祥与苏联的关系就进一步密切了。

与此同时，国民军与奉、直、晋三系军阀之间进行了一场持续四个月之久的大规模的战争。这场战争绵延数千里，因其主要战场在北京南口，

---

① 内蒙古政协文史资料研究委员会：《冯玉祥五原誓师》，第59页。

② ［苏］亚·伊·切烈潘诺夫：《中国国民革命军的北伐》，中国社会科学出版社1981年版，第330页。

③ ［苏］亚·伊·切烈潘诺夫：《中国国民革命军的北伐》，中国社会科学出版社1981年版，第331页。

故一般称之为南口大战。

南口大战是第一次国内革命战争时期北方阶级斗争发展的产物，也是国民军在北京政变后，进一步靠拢进步势力的结果。苏联顾问在南口战役中起过重要作用。早在1925年夏季，冯玉祥接受了顾问团团长亚历山大·林的建议，选定南口作为防御战的基地，并在苏联工兵顾问谢尔盖的指导下，依靠南口的有利地形，修筑了十分坚固的防御阵地。苏联顾问还帮助制定了防御计划，曾参与此项工作的普里马科夫回忆："我们拟订了南口作战方案，元帅完全采纳了，并付诸实践。"[①]

战役开始后，苏联给国民军运来了大批武器弹药，苏联士兵也与国民军并肩战斗。那时传闻苏联人及经苏联训练的蒙古人加入国民军战斗行列的达数千。实际上，"至1926年夏，与国民军一起浴血奋战的苏联人约有四百名，大部分充当技术指导，如指挥炮兵作战，等等。"[②]

1926年8月，国民军在南口大战失败，部队被打得七零八散，处于危难之中。虽然失败了，但南口战役仍具有伟大的历史意义，它牵制了吴佩孚的全部兵力，使北伐军得以顺利取得两湖的胜利。南口大战的意义还在于，它标志着冯玉祥和国民军与北洋军阀集团的彻底决裂，为日后的"五原誓师"，乃至直接参加北伐打下了坚实的政治基础。

四、冯玉祥在思想上的转变

冯玉祥本以为自己宣布引退，会转移敌人对国民军的威胁。而事实上，帝国主义和封建军阀对冯玉祥的"赤化"甚为担忧，他们组成"讨赤"联军，必欲置之于死地而后快。

适逢熊斌代表团访苏回国，冯玉祥听取了他的报告后，决定亲赴苏联学习访问。冯玉祥之所以下野出国，前往苏联，是有深刻的政治原因的。首先是因为形势对他不利。冯玉祥的下野实际上是一种以退为进的策略。其二，冯玉祥赴苏是为了学习政治理论，增进革命知识，通过去苏联考察

---

① ［苏］维·马·普里马科夫著，曾宪权译：《冯玉祥与国民军》，中国社会科学出版社1982年版，第210页。

② ［美］薛立顿：《冯玉祥的一生》，浙江教育出版社1988年版，第241页。

学习，探究救国救民的道路，找到自己的奋斗目标。第三，冯玉祥访苏还有一个更为重要的目的，那就是争取苏联的军火援助。

1926年3月22日，冯玉祥一行抵达库伦。时逢鲍罗廷、徐谦取道海参威去广州，途经库伦。他们积极对冯开展争取工作，劝其加入国民党，并回国参加北伐。徐谦告诉冯玉祥："我们的党，决不是你心目中所想的那个党。这个党是有组织，有主义，有纪律的一种政党。是以国家民族的利益为前提，决不是所谓'君子群而不党'的党，也更不是'营私结党'的党"①。在各方面的影响下，冯玉祥由徐谦介绍加入国民党，成为他政治生涯的转折点。当然，冯玉祥之所以在赴苏途中加入国民党，也与国民军南口战事吃紧，急切需要苏联的援助有着密切的关系。

5月9日，冯玉祥一行抵达莫斯科。在苏联逗留的三个月期间，冯玉祥会见了契切林、加里宁、李可夫、托落斯基等政界要人，还会见了共产国际领导人季诺维也夫、拉狄克等人。

在莫斯科期间，冯玉祥广泛考察了苏联社会的各个方面，从政治制度、政策法令、军队建设、经济文化建设到人民群众的生活水平等方面，还请专人讲解革命理论，思想上发生了很大的转变。第一，冯玉祥对政治理论问题较之前有了新的认识。第二，冯玉祥对政党问题有了新的认识，那就是革命要成功，必须有鲜明的主义与参加为行动中心的党的组织不可。第三，冯玉祥认识到了军队政治工作的重要性，访苏回国后便请共产党人刘伯坚、邓小平帮助他的军队开展政治工作。冯玉祥的这种转变不仅影响了他以后的政治军事生涯，而且对中国大革命运动产生了良好的影响。

访问苏联，是冯玉祥政治生活中的一件大事，是他一生中思想转变和政治生活进步的转折点，也是他摆脱旧三民主义束缚，开始接受新三民主义的转折点。他在政治上确立了奋斗目标，找到了革命方法，坚定了革命信念，这一切为五原誓师做好充分的准备。

当得知国民军已从南口撤退时冯玉祥心急如焚，遂于8月17日晚上乘火车离开莫斯科。9月16日，冯玉祥一行抵达五原。次日，他在五原誓师，发表了著名的《誓师宣言》。

在这篇长达三千多字的宣言中，冯玉祥明确宣布奉行孙中山的主张，服从国民党，拥护政府。他回顾了自己的经历，说明了自己"倒戈"的正义性

① 冯玉祥：《我的生活》，上海教育书店1947年版，第566页。

和进步性，同时深刻地批评了自己以往的政治主张，阐明了联苏反帝的必要性。他还指出国民军应与民众结合，贯彻孙中山的扶助农工政策。冯玉祥在在宣言中强调，"玉祥本是一个武人，半生戎马，未尝学问，惟不自量，力图救国，怎奈才识短浅，对于革命的方法不得要领。及至走到苏联，看见世界革命，起了万丈高潮，中国是世界的一部分，受国外帝国主义与国内军阀双重压迫，革命运动早已勃兴；又受世界的影响，民族解放的要求，愈加迫切。孙中山先生的三民主义与所领导的国民革命即由此而生。我的热血沸腾起来，情不获已，遂赶紧回国，与诸同志上革命前线，共同奋斗。"①

五原誓师是一个反对帝国主义，反对封建军阀的革命行动，是冯玉祥戎马生涯的转折点，也是中国近代史上的一次重大事件，对中国政局和北伐战争产生了巨大影响，具有重要的历史意义：第一，五原誓师是冯玉祥国民军转败为胜的重大历史事件，挽救了国民军。在共产国际与苏联的帮助下，国民军获得了新生，并迅速发展壮大了起来。第二，五原誓师标志着冯玉祥正式走上国民革命的道路。第三，五原誓师"扩大了共产党在西北地区的影响，为党在西北地区的发展创造了许多有利条件。还宣传了苏联的革命经验，促进了马列主义在中国的传播"。第四，五原誓师培养和造就了人才，为后来中国革命的发展积蓄了力量。

五原誓师后，冯玉祥正式宣布接受孙中山的联俄、联共、扶助农工的新三民主义政策，组成了国民联军，就任国民联军第二方面军总司令，率部进驻陕西，正式加入了北伐军的行列。在共产国际、苏联及中国共产党的帮助下，冯玉祥积极开展政治工作，聘请共产国际代表乌斯曼诺夫担任政治顾问，在总司令部下设政治部，共产党员刘伯坚、邓小平在其中担任了重要工作。

随着革命形势的发展，在共产国际和苏联的援助下，国民军从困守转入进攻，不但解除了吴佩孚所部围攻西安、包围兰州的威胁，并且从潼关出兵，进攻河南，有力地配合了北伐的胜利进军。

作者简介：

黄　黎，国家博物馆副研究馆员，主要从事中国近现代史研究与展览工作。

---

① 冯玉祥：《我的生活》，上海教育书店1947年版，第613页。

冯玉祥与国民军南口大战失败之缘

梁澄宇

1926年4月至8月，在华北发生了一场规模宏大的南口大战，是在冯玉祥为首领的国民军与直奉鲁晋军阀联军之间展开的。这场战争，是在辛亥革命15年以后，国共两党实现第一次合作，把推翻北洋军阀的反动统治作为中国民主革命首要任务的背景下发生的。冯玉祥说："我们这次革命，是拥护中山先生主义"；"中山先生所领导的党叫国民党，所以我们的队伍也就取名国民军。"因此，国民军自当成为与国共两党领导的大革命力量的重要组成部分。因此，国民军不应是孤立的，在国际上有共产国际和苏俄政府的支持，在国内有共产党和国民党的帮助。

但是，战争还是以国民军的失败而告终。

战争胜负乃兵家常事，原因往往是多方面的、很复杂的。有主观的，也有客观的。仅就主观而言，有物质因素，也有精神因素。而只从精神因素看，有领导者的情况，也有军队整体的情况。

而在整个国民军生涯中，冯玉祥则是一个具有决定性作用的人物。南口大战发生在冯玉祥开始倾向革命而尚未完成转变的时期。

（一）

1924年10月，原直系将领第三军司令冯玉祥率部从热河滦平秘密回师，联合直军第三路援军司令胡景翼、京畿警备副司令兼陆军第十五混成旅旅长孙岳，推翻了直系军阀曹锟、吴佩孚把持的北京政权。这就是著名的北京政变。

冯玉祥，河北人。1905年同盟会成立后，冯玉祥即追随进步人士。辛亥革命期间，冯玉祥参加了滦州起义。1914年4月，冯玉祥出任新军十六混成旅旅长，先后参加过护国讨袁（世凯）、反对张勋复辟等战役。1917年9月，孙中山发动护法运动，讨伐段祺瑞，开展了"护法战争"。1918年2月，冯玉祥奉命率部增援福建、湖南，两次发电提出"惟望国会早开，民气早申，罢兵修好"的主张。此后，冯玉祥对孙中山频频投送书信，表示敬仰之意。1920年9月，孙中山亲笔信予冯玉祥，表示"北方革命事业，惟冯是赖"。此后，冯玉祥更加坚定了发动北方革命的决心。这是一方面。

另一方面，冯玉祥与吴佩孚之间矛盾已久、裂痕日深。河南一向为吴佩孚之主要根据地，当1922年5月，冯玉祥受命为河南督军向河南进军时，即受到吴佩孚的仇恨和牵制，甚至还阴谋夺取了冯玉祥的督军之职，使冯玉祥陷于极其困难的境地。1924年9月，直奉战争开始后，吴佩孚更是借机给冯玉祥制造困难，欲置冯玉祥于死地。在此情况下，冯玉祥决心伺机发动北京政变。冯玉祥乘吴佩孚出兵山海关之机，回师北京，政变成功。时为1924年10月22日。吴佩孚见大势已去，只好仓皇逃往南方，退到长江流域。

10月24日，冯玉祥向全国通电，发表"建国大纲"五条："（一）打破雇佣式体制，建设极清廉政府。（二）用人以贤能为准，取天下之公材，治天下之公务。（三）对内实行亲民政治，凡百设施，务求民隐。（四）对外讲信修睦，以人道正义为根基，扫除一切攘夺欺诈行为。（五）信赏必罚，财政公开。"以供"邦人君子，共同讨论"。25日，冯玉祥等举行会议，决定正式成立中华民国国民军（简称国民军）：下分为三个军，冯玉祥为总司令兼第一军军长，胡景翼为副司令兼第二军军长，孙岳为副司令兼第三军军长。从此，中国北方出现了一支从直系军阀中分化出来的开始倾向革命的军队。

（二）

冯玉祥发动北京政变的成功，主要依赖于其他军阀之间的矛盾关系。政变前，冯玉祥与奉系张作霖相互约定，奉军不得进关。同时，冯玉祥表示倚重段祺瑞掌握政事，段祺瑞即表示支持和配合冯玉祥的行动。这是冯玉祥得以顺利驱逐直系军阀吴佩孚出北京的重要条件。

北京政变成功后，冯玉祥驱逐溥仪出宫，继续和发展辛亥革命的成果，从根本上清除了封建皇权的象征。但是，冯玉祥却借重段祺瑞掌握政事，驱赶了吴佩孚，实际就是脱离虎口，又进狼窝。它完全没有改变北京政权的军阀性质。此乃冯玉祥为国民革命军又埋下了一个失败的种子。

虽然，冯玉祥急切盼望孙中山主政，于11月1日联名致电孙中山正式邀请孙北上，云："盼早日莅都，指示一切，共策进行，无任叩祷之至"；3日，又电"一切建设方略，尚赖指挥，望速命驾北来，俾亲教诲，同深企盼"；4日、6日再电。但是，冯玉祥与孙中山在思想追求和理想目标上相距甚远，完全是霄壤之别、冰炭之分。

11月10日，孙中山发表《北上宣言》，重申国民革命之目的在于：造成独立自由之国家，以拥护国家及民众利益，主张对内结束军阀割据、专制统治的局面；召开国民会议，对外废除一切不平等条约，争取国家的和平统一。宣言最后特别指出："国民之命运，在于国民之自决。本党若能得国民之援助，则中国之独立、自由、统一诸目的，必能依于奋斗而完全达到。凡我国民，盍兴乎来。"

11月19日，孙中山途经上海。他举行记者招待会再次强调："我们这次来解决中国问题，在国民会议上，第一点就要打破军阀，第二点就要打破援助军阀的帝国主义。打破这两个东西，中国才可以和平统一，才可以长治久安。"孙中山的立场和态度非常明确和坚定。这实际就是告诉和要求冯玉祥，既要革命，就必须与段祺瑞、张作霖等军阀脱离干系。在此情况下，冯玉祥不是积极而坚决地响应孙中山，而是居然热烈欢迎和急切邀请段祺瑞进北京，于11月24日成立了中华民国临时政府。拱手让段祺瑞就任"临时执政"。所谓临时执政，实际就是总统而兼内阁总理。段祺瑞集大权于一身，掌控了北京中央政权；并立即在当天颁布了《中华民国临时政府制》。中国军阀割据专制的政治局面丝毫没有改变。

北京政变出现这样的结局，令孙中山极其失望和愤慨。12月1日，孙中山途经日本，他与新闻记者谈话再次表明自己的革命立场和态度。他说："如果北方有胆量，能够赞成南方的主张，废除那些不平等的条约，于中国前途有大利益，南北才可以调和。若是北方没有这个胆量，来赞成南方的主张，中国不能够脱离奴隶的地位，就是南北一时调和，于中国前途，只有害而无利，南北又何必要调和？何必要统一？"

12月5日，孙中山抵天津。然而，12月7日，段祺瑞竟然继续发表宣言，表示要"外崇国信"，尊重与列强签订的不平等条约。孙中山盛怒之下，郁郁难解，病倒了。18日，孙中山在病榻接见段祺瑞代表叶恭绰、许世英，大骂段祺瑞所谓之"外崇国信"的胡言乱语。孙中山气冲冲地质问道："我在外面要废除那些不平等条约，你们在北京偏偏要尊重不平等条约，这是什么道理？你们要升官发财，怕那些外国人，为甚么还来欢迎我呢？"气愤之下，孙中山肝病加剧。

12月31日，孙中山扶病入京，即发表《入京宣言》："此次来京，曾有宣言，非争地位权利，乃为救国。"孙中山卧病协和医院。

　　冯玉祥虽然很关心孙中山，每天都从张家口打长途电话问讯，并命令鹿钟麟要想尽一切办法抢救。1925年2月27日，冯玉祥还派夫人李德全持他的亲笔函来京问候，信中说："兹闻尊体违和，至深系念，久拟躬深趋候，藉聆大教，并慰下怀。抵以适染采薪，未能如愿，私表抱歉，……兹嘱内子赴京代齐居，务乞为国珍重，善自调摄，……是所至祈。专此布肃，敬请痊祺"。特送中山先生一部圣经，请其日日诵读、祈祷。而此时的冯玉祥已对段祺瑞执政府失去影响力，皖、奉军阀以召开"善后会议"来反对孙中山召开"国民会议"的主张。孙中山回赠冯玉祥六千册《三民主义》，一千册《建国大纲》后，终于撒手人寰。时为1925年3月12日9时30分，年仅五十九岁。

　　孙中山在最后遗嘱里说："余致力于国民革命凡四十年，其目的在求中国之自由平等。积四十年之经验，深知欲达到此目的，必须唤起民众及联合世界上平等待我之民族，共同奋斗。现在革命尚未成功。凡我同志，务须依照余所著《建国方略》、《建国大纲》、《三民主义》及《第一次全国代表大会宣言》，继续努力，以求贯彻。最近主张开国民会议及废除不平等条约，尤须于最短期间，促其实现。是所至嘱！"

　　对冯玉祥来说，将旧军队改名成国民军是一回事，而真正割断同军阀的联系，理解国民军的真正内涵及其历史任务却是另一回事；对孙中山的敬仰和关照是一回事，而是否懂得孙中山的救国大纲基本精神，决心走上革命道路则又是另一回事。冯玉祥基本还没有脱离前者，几乎是停留在原地。因此，冯玉祥脑子里也只是把孙中山北上简单地看作为他们二人之间的交情，而没有领会其中更大的意义在于造成全国民众革命的形势，与广州国民政府紧密地联合起来，团结成一股力量，统一部署、联合行动，打倒军阀和帝国主义。在很长时间里，冯玉祥与广州革命政府双方的联系并不密切。

　　这就是冯玉祥为首的国民军不能不处于军阀的围剿之中，孤立无援，走向失败的重要原因之一。

（三）

　　在冯玉祥看来：革命无非就是夺取中央政权而已，只要孙中山主政，召开几方元老的善后会议，中国的政治问题就可以解决了。所以，冯玉祥始终在孙中山、段祺瑞、张作霖之间盘桓，企图搞孙、段、张"联盟"。

在孙中山还没有到达北京时，冯玉祥已经急于成立新政府。1924年11月24日，中华民国临时政府在北京成立，段祺瑞就任"临时执政"，掌控了北京中央政权。

　　早在孙中山北上意图产生之初，中国共产党就十分重视。为了把革命的声势和影响扩大到全国，中共中央对孙中山北上的意义给予充分的肯定，坚决支持孙中山北上的决定。1924年11月12日，蔡和森在中共中央机关刊物《向导》周报上发表《孙中山先生离粤来沪》一文。他指出：中国共产党"赞成全国的舆论及民众的后援，庶几进可制胜军阀，退可扩大宣传。"11月19日，中共中央发表《中国共产党第四次对于时局的主张》，认为："挽救此迫在目前的危机之方法，不是各省军阀的和平会议或国事会议，也不是几个元老的善后会议，乃是去年本党北京政变时所主张的及中国国民党现在所号召的国民会议，只有这种国民会议才可望解决中国政治问题；因为它是由人民团体直接选出，能够代表人民的意志与权能。"11月30日，赵世炎发表《中山先生北来之意义》一文，亦指出：我们要"站在革命的立场上，热诚的表示欢迎，并愿谆切报告于大众以孙中山先生北来之意义。"中国共产党领导的中国社会主义青年团的机关刊物《中国青年》亦发文指出："国民会议运动，确是目前一个重大的政治斗争，并且是我们接近群众、宣传群众、组织群众的最好机会"，"所以我们青年在尚未组织国民会议促成会之各地方，应即速联络人民团体组织之，其已组织者，应更谋充实之内容。……纵然有促成会非我们所组织者，我们也应设法加入活动。"

　　冯玉祥邀请和欢迎孙中山，与国共两党理解和支持的孙中山北上的意义大相径庭。冯玉祥更多地忙于对军阀张作霖、段祺瑞的依靠、联络、纠缠，而远离国共两党和广州革命政府，也没有发动民众。因此，国共两党对冯玉祥的支持就必然十分有限，一般性的空洞的宣传声势比较大，而实际作用很少。这样，冯玉祥的国民军就仍然是与广大工农民众之间隔着巨大的不可逾越的鸿沟。国民军的任何行动必定是单纯的军事性、流寇性的行为，不会对社会产生深刻的影响和革命的意义，仍然只能是为军阀政治服务的一股力量。这样，它对广大民众没有任何吸引力，因而不可能得到下层社会运动响应和配合，不可能有稳固的根据地，不可能有广大的回旋余地，也就很难运用机动灵活的战略战术，很难主动寻求"天时、地利、人和"的战机出奇制胜，而只好被迫无奈地死守阵地和临时仓促地应付来敌。如此，失败的几率必然很高。

（四）

段祺瑞控制北京政府后，即在暗中与吴佩孚勾结起来。段祺瑞发表一系列外媚列强的言论，反对孙中山废除不平等条约的主张，以"善后会议"否定孙中山的"国民会议"。他继续一意孤行，召开没有国民党参加的国民会议。与此同时，张作霖对冯玉祥背信弃义，自食其奉军不入关的诺言，率十万大军，长驱入关，进驻天津，并沿津浦铁路大举南下，先后抢占了直、鲁、苏、皖、沪等地，大有席卷华北、华东之势。在这期间，奉军自冀东继续向西推进。于是，北京政权遂完全被段祺瑞、张作霖所掌握。他们当即就排挤冯玉祥，令其驻守西北边防。

1924年11月24日，冯玉祥向全国通电辞职下野。12月9日，他致电段祺瑞，不是与段祺瑞分道扬镳，而是妥协，提出取消国民军名义，并自行解除总司令职权；同意把国民军改称西北边防军（简称西北军）。

这时，共产国际和国共两党，从中国整个革命事业大局出发，及时下定决心，大力争取和扶持冯玉祥继续革命。李大钊是冯玉祥老朋友，也是中国共产党内较早认识武装斗争重要性的领导人，与冯玉祥联系较多。在中共李大钊和苏联驻华大使加拉罕秘密表示支持和帮助的情况下，徘徊中的冯玉祥精神又振作起来。1925年2月初，冯玉祥向段祺瑞政府表示接受任命，赴张家口上任西北边防军领督办之职。

中共北方区委根据国内革命斗争形势和冯玉祥的态度，加强了在国民军第一军中的工作。1925年3月，李大钊派共产党员以国民党员的身份到国民军第一军中。他们一面与冯玉祥及其上层军官频频来往，一面利用办俱乐部、图书馆、训练班、军官学校等形式，上课、讲演、教唱歌曲，广泛接触国民军官兵，秘密宣传马列主义，发展党的组织。随后，中共中央局和北方区委又先后从北京等地选派许多人到国民军第一军。在共产党人的帮助下，国民军第一军革命气氛开始活跃起来。5月，在李大钊建议和苏联顾问组的指导下，冯玉祥在国民军第一军中建立两个俱乐部，作为政治工作基地。同时，共产党人在张家口还为国民军创办了《察哈尔国民新报》，在包头创办了《西北日报》（后改名《中山日报》）。7月，冯玉祥成立西北军干部学校，设政治课，讲授内容包括新三民主义以及"帝国主义对中国的侵略"、"中国的军阀统治"等专题；经常邀请一些知名的进步人士如李烈钧等到校演讲。国民党在军中公开活动，在干部学校设立了国民党支部。

同时，共产国际和苏联政府也给予冯玉祥大力支持。1925年2月14日，加拉罕、鲍罗廷、维经斯基等人参加国民党中央政治局会议，专门讨论研究如何对胡景翼的国民军第二军实施紧急军事援助问题。3月13日，俄共（布）中央政治局召开专门会议，研究孙中山逝世后的中国局势，决定给国民军提供军事援助，认为"用我们的经费在中国（洛阳和张家口）由我们建立两所军事学校是适宜的"、"用我国的主要型号武器装备同情国民党的中国军队是可行的"，并决定派出军事顾问团。3月19日，俄共（布）中央政治局决定，"成立由伏龙芝、契切林、莫洛托夫和彼得罗夫同志组成的委员会，监督日常援助国民党和同情它的团体的措施的执行情况"，此乃俄共（布）中央的中国委员会。3月21日，苏联政府"决定满足冯玉祥和其它将军的请求"。4月17日，俄共（布）中央中国委员会确定苏联政府向国民军提供援助的条件和决定了有关事项。5月，在苏联顾问的指导下，冯玉祥在军队里建立了炮兵、步兵、工兵、骑兵学校以及反间谍学校，小型通讯学校等。苏联专家主持全部教学过程，编写教学大纲、制作教材教具、亲自授课等。苏联专家帮助重新装备一些修理厂，在厂内安排弹药的生产，培养技师；指导和帮助中国工人建造了第一批装甲列车，成长起来一批铁甲车官兵和技师。在张家口、丰镇、平地泉设立三个训练基地，由苏联专家帮助训练部队。

据不完全统计，1925年10月1日至1926年4月1日半年度，苏联在华军政费用的预算共计为三十八万三千九百三十三美元，其中国民军第一、二、三军用费就达二十九万零七十美元。截至1926年7月，国民军从苏联得到步枪三万八千余支、日本步枪一万七千余支、大炮四十八门、山炮十二门、手榴弹一万多枚、机枪二百三十挺、迫击炮十八门及弹药等。10月底，国民军又从苏联得到了一批步枪、子弹、飞机、马刀、火焰喷射器等。与此同时，苏联也向国民军第二、三军提供了军事援助。

共产国际和国共两党热情地与冯玉祥密切频繁合作，以及对冯玉祥大力支持和帮助，一方面明确表达了对冯玉祥倾向革命寄予的厚望，期待冯玉祥能够早日诚心诚意投入革命，坚决积极地反对军阀和帝国主义；另一方面，也充分说明，共产国际和中国共产党，对中国国情和当时的革命与反革命力量对比的政治形势缺乏实际了解；过高地估计了北京政变、国民军出现，以及蒋（介石）冯（玉祥）南北军事协同之可能性等，而对于中国革命的形势发展前景和军事力量的作用，估计过于乐观；忽视了冯玉祥的军阀思想及与旧军阀的关系，小看了中国旧军阀联合的力量，对内外反革命势力纠集起来镇压国民军的严重危险缺乏应有的思想准备。同时，军事顾问团毕竟对中国政治、经济、文化、社会等各方面情况和具体特点，缺乏了解和深刻认识；即使能够帮助制定战略战术，也不能知己知彼。

1925年6月25日，俄共（布）中央政治局召开会议，斯大林在会上所作关于中国问题的报告认为，在当时的军事政治形势下，推翻靠张作霖军队支撑的北京政权只能由国民军来实现。在"驱散"现时政府后，建立"有国民党人参加、依靠冯玉祥军队和国民党军队的新政府"。《联共（布）、共产国际与中国国民革命运动（1920—1925）》写道："1924年底和1925年，中国发生了重大事件，明显改变了该国军政力量的配置和总的政治气氛。国民军成了中国军事政治斗争中新的独立因素。冯玉祥的政变、国民军的建立和孙逸仙的北上，以及伴随这次北上广泛开展的在民主和反帝口号下的宣传运动，惊动了中国舆论界，动摇了军阀制度。以冯玉祥的国民军为代表的北部军政因素开始被提到首位。……从1925年起，苏联领导人越来越坚持下述看法：中国国民革命的决定因素是军事力量，而工人、农民、城市小资产阶级和知识分子的群众运动则是起辅助作用。"1926年2、3月间共产国际执行委员会第六次扩大会议在《关于中国问题决议案》中指出："国民军在华北之成立及其反对封建军阀之斗争，乃是民族解放运动的重大成绩，它们与广州军队共同成为建立中国民族革命民主军队之基础。"

在共产国际的指示和苏联专家的积极推动下，国共两党加强了对国民军声援和帮助。1925年10月，中共中央扩大执行委员会做出《中国现时的政局与共产党的职任决议案》指出："最近一年来，中国发现所谓国民军，他们与国内解放运动发生关系，一方面可见他们有反帝国主义情绪，另一方面他们为民众运动所推引参加反帝国主义斗争运动，产生了军队力量对于革命运动的作用。所以冯玉祥等国民军与奉系军阀之间的冲突，当然与最近将来中国民众争取政权的革命运动有直接的关系。"1926年1月1日，李大钊也指出："近人评论现代的中国军人，每把"北冯"与"南蒋"并举，说中国军人以他们俩为最有希望，亦惟他们最易有走入歧途的危险。他们所谓"歧途"即是赤化。……赤化不是旁的，就是民众化，就是武力的民众化。"2月，中共中央在北京召开特别会议，专门作出了《关于北方区政治军事工作问题》的决议案，认为："现在北方的国民军，便是从旧军阀分化出来的左派，在近数月中的事实上，已颇表现其反帝国主义反对反动军阀之倾向，并能相当接近民众，给以人民以相当的自由……。所以在北方目前的军事工作，唯一是在帮助国民军。所以须加紧在国民军中的工作，帮国民军成为民众抵抗帝国主义与反动军阀之有力的武装，并须从中造成一部分真正的国民革命的武装势力"。3月20日，中共中央又指出："冯玉祥所领导的国民军是帝国主义的工具张吴两派军阀统治中国之障碍，冯玉祥之失败即是帝国主义的工具张吴之胜利，这正是此时中国民众应该对冯军表同情的缘故。""真正爱国民众尤应集中于广州国民政府革命旗帜之下，助成他的北伐使命，同时亦不惜以重大牺牲，实际援助冯玉祥所领导的国民军。"

　　1926年初，国民党及广州国民政府也行动起来，对严峻形势作出反应。1月4日，"致电冯玉祥等劝勉其为国民利益奋斗"。1月25日，电劝冯玉祥"时事多艰，请消隐退"。1月27日，召开军事会议并决议："预备北伐"、"与冯玉祥、岳维峻、孙岳国民军合作"。2月23日通电声讨奉直军阀，援助国民军。次日，蒋介石提出早定北伐大计，应援国民军案。4月1日，蒋介石邀冯赴黄埔会谈。4月10日，广州国民政府致函冯玉祥，表示要与他"期于相当时期会师中原，共赴国难，打倒帝国主义，完成国民革命。"5月，蒋介石电邀冯玉祥来粤共商大计。

　　相反，共产国际和国共两党对国民军的声援和支持，引起了中外各种势力对其在中国政局中的地位和作用的高度关注和惊恐，在客观上成为军方与帝国主义加强协调、联合、结盟的催化剂。事实证明，"同国民军作战的不仅是中国国内反革命的统一战线，登上舞台公开反对国民军的还有国际帝国主义的统一战线。"英国帝国主义曾供给吴佩孚一万五千支枪。"给予张作霖五百万英镑的军用贷款。"1925年和1926年头两个月，日、法、美三个帝国主义大国供给奉系集团二十万四千支步枪，一万五千支马枪，七千万发子弹，四架飞机及其其他武装"。此时奉系军阀张作霖，有二十个师，八个旅，总兵力达三十余万。直系军阀吴佩孚，号称二十万人马的军事集团，无论在总兵力上，还是在武器装备和资源配置等方面都大大超过国民军。在反对"南北二赤"的目标下，直奉军阀制定了"先北后南"的战略方针。在广州国民政府尚未发动北伐战争的情况下，实际上形成各派军阀及帝国主义势力协同行动、四面合击国民军的严重形势。

在这样的重要关头，冯玉祥面对强敌虎视眈眈和内部矛盾重重，仍然没有激发起革命和应战的热情。他不是迅速加强内部统一和团结，制定战胜敌人的战略战术，加强战前动员和做好充分的物质准备，不是鼓舞国民军战斗士气，而是选择了临阵退却和脱逃。

1926年元旦，冯玉祥通电下野。他说："玉祥既无学识，复乏经验，以之治国无益苍生，以之治军空累胞泽，与其遗误将来，见讥国人，莫若早日引退，庶免咎戾。除另呈辞职外，当即时解任，还我初服。所有国民军名义早经通电取消，此后咸属国军，不再沿用国民军名义。并声明自电达以后，凡以政事而见教之宾客，一律敬谢，凡以职位而惠赐之电文，恕不作答，以示决心。"同时，冯电呈段政府，辞去本兼各职，赴平地泉休养。随即，冯玉祥将军权交付给张之江，并通过段政府任命张之江为西北边防督办兼察哈尔都统，李鸣钟为甘肃督办，李云龙为陕西督办，刘郁芬为绥远都统，井岳秀为陕西帮办。

冯玉祥的下野，这对国民军来说，等于给国民军头上浇了一盆冷水，严重打击了国民军的士气。它不仅不能使国民军逃过内外交困、四面楚歌的厄运，反而助长了奉直军阀的反革命气焰和加速了奉直军阀联合消灭国民军的步伐。国民军等于被逼进一个进退维谷、被动挨打的危险境地。南口战役的实际情况和结果都证明，这种想法是幼稚可笑的。

1926年1月1日，直鲁联军正式组成，1月10日，李景林与张宗昌率直鲁联军十万人，分十路进攻国民军。2月2日，吴佩孚、肖耀南、齐燮元联名发电，正式宣言讨伐冯玉祥。9日，张宗昌、李景林二人联名通电讨伐冯玉祥，推吴佩孚为各省讨冯领袖。可见，不仅国民军没有减小目标，反而敌人以为有机可乘，越发如虎添翼、肆无忌惮，战争更加惨烈。

在国民军面对直奉联军疯狂进攻的危急关头，无论如何不能群龙无首。可是，冯玉祥不仅依然置身事外于平地泉，而且，于3月20日，竟然赴苏联考察了。

4月6日，直奉鲁晋联军联合下达对北京总攻击令，分兵五路进攻国民军。此时，国民军第一、二、三、五军，共二十余万人，拱卫北京，处境险恶，终不能支。4月15日，直奉军阀向北京发动猛烈进攻。4月18日，奉军及直鲁联军开入北京。国民军的总部设在张家口，对敌防御的中心在京西南口。至此，国民军结束了北京政变以来对北京地区的控制，直奉军阀重掌中央政权。国民军迫不得已由苏联顾问临阵决策退守南口。

1926年4月下旬，直奉鲁晋军阀组成"讨赤联军"，从察北多伦至直隶易县并延伸到晋北的近千里的战线上，向国民军联合发起进攻。因其攻击的中心在京西南口，故称"南口大战"。直奉鲁晋联军参加作战的有四十二个师，四十七个旅，总兵力五十九万，机枪九百四十六挺，大炮八百九十门。直奉联军主力集中于南口，分五路进攻国民军。而国民军方面，参加作战的兵力有十八个师，二十五个旅，约二十二万人，机枪六百二十五挺，大炮四百门。张之江为全军总司令，坐镇张家口指挥。

正当国民军在南口疲惫酣战不可开交之际，冯玉祥到达莫斯科，参观访问。1926年5月10日，在中国共产党的帮助下，经徐谦介绍，冯玉祥加入了国民党。

7月5日，奉、直、鲁联军下达对南口总攻击令。7月24日，奉军和直鲁军以猛烈炮火轰击南口国民军阵地。大兵压境，力量悬殊。8月1日，奉、直、鲁联军向南口展开全线总攻击。联军仗恃兵多势重、枪械充实，每次攻击，先以密集炮火猛轰，继以坦克车、步兵轮番冲锋。8月5日，奉直鲁联军再次下达进攻南口之总攻击令。9日，南口陷于奉军三面包围之中。国民军同敌军持续恶战，白刃肉搏百余次。14日，战事尤为激烈，伤亡惨不忍睹。

尽管国民军将士英勇抗击、不屈不挠，殊死搏斗、浴血奋战，但终因孤军作战、缺乏外援，南口及其附近粮草供不应求，服装、弹药等接济困难，难以持久。国民军不得不在作出重大牺牲的情势下，失败退却了。奉军终于占领南口、居庸关等地。

至此，南口大战宣告结束。

※　　　　　　※　　　　　　※

南口国民军总退却时，甘肃方面的国民军先后攻克了天水、平凉，稳定了甘肃局面，这就使得南口国民军有了一个相对稳定的后方根据地。

1926年8月17日，冯离苏回国。在国共两党和苏联顾问的帮助下，冯玉祥和国民军重新进行休整，总结了经验教训，精神面貌焕然一新；同仇敌忾，士气高昂，军威大振，取得了援陕大捷。

9月16日，冯玉祥等到达五原。9月17日，在中国共产党及苏联顾问团的帮助下，冯玉祥在绥远五原誓师。将国民军改为国民军联军，冯任总司令。宣布国民军联军全体将士集体加入国民党，参加国民革命。冯玉祥发表了《五原誓师宣言》。他说："现在我所努力的，是遵奉孙中山先生的遗嘱，进行国民革命，实行三民主义。所有国民党一、二两次全国代表大会宣言与决议案全部接受，并促其实现。今后将国民军建在民众的意义上，完全为民众的武力，与民众相结合。……至于政治主张，我是一个国民党员，又是国民政府委员之一，一切由国民政府主持。我惟有与诸同志用集体的力量履行就是了。"

可以这样说，冯玉祥公开加入国民党及国民军集体加入国民党的意向，彻底改变了冯玉祥及国民军与国共两党及广东国民政府的关系。冯玉祥及国民军不再视国共两党和广东国民政府为"远交"的盟友，国民军已经变成和国民革命军一样的革命军队，而冯玉祥本人则把自己变为国民党党内的"同志"。

从此，冯玉祥和国民军在中国革命的道路上迈出了非常重要的一步。

作者简介：

梁澄宇，全国政协研究室原巡视员。

李大钊与南口战役及其前后

吴家林

作者简略并明确地讲述以下四个问题：

一

对"中华民国国民军"性质的界定。1924年10月中下旬，冯玉祥将军发动了"首都政变"，并成立了中华民国国民军（简称国民军，后改称西北边防军，简化为西北军）。国民军的性质是什么？必须界定，否则一切无从谈起。作为中国共产党人，只有确定这支军队的性质，才可以采取正确的方针；才能决定是支持呢，还是反对呢，还是联合呢等等。当时中共领导人，对此认识很不一致。国民党政要也不一致；例如在北方工作的国民党左派徐谦，认识则清楚一些。苏联援华军事及外交人员认识也是参差不齐。例如驻华大使加拉罕，由于较早接触冯玉祥，加之受李大钊的影响，思想认识算跟得上的。故而能较早联系国内派军事顾问组进入国民军二军，支援国民军的枪炮弹药等。各派地方军阀头面人物对国民军的看法，只是从他们各自利益及其相互冲突关系来看待他。他们骂国民军领导人冯玉祥是"活妖怪"；是"孤雁出群"。至于北方民众对国民一军的看法，直观印象为"守纪律，不扰民"。对胡景翼，岳维峻率领的国民二军，则是"军纪涣散，士兵放任，行为不检，无异于敌军"。

最要紧的是中共内部认识不一致。中共中央总书记陈独秀认为，冯玉祥与吴佩孚是"一丘之貉"。"此次北京政变，显然是英美帝国主义者抛弃了一个旧工具——吴佩孚，另换一个新工具——冯玉祥，这个新工具比旧工具更柔顺服从一点，更得中国的所谓'舆论'赞助一点。"A直到1925年6月，宣侠父被李大钊派到冯玉祥在张家口新村，做国民一军政治宣传工作时，仍对冯氏评价为，"对于革命的态度，颜色灰暗，乃是当然的事

---

① 注释《陈独秀文章选编》（中册），生活、读书、新知三联书店1984年6月版，第598页。

实，虽然他对于三民主义，也有浅薄的了解，但是在这时，如果有人，竟希望冯氏为主义来奋斗，这只可说是一种童騃之见。他只是在基督教义的菜羹上，想撒上一点三民主义的'味之素'罢了"。A另外，再看看苏联军事顾问如何看法。A．B．勃拉戈达托夫明确地说："如果抛开不谈冯玉祥的革命词藻和他的民主主义的、蛊惑性的姿态的话，他的军队同军阀的军队毫无两样"。又说"国民军对待群众的政策同军阀们的政策没有多大的区别"。"照样向人民征收重税，大搞强迫劳动，降低工资等等"。B

中共中央特别会议认为："中国的封建军阀，已逐渐崩坏，在崩坏的过程，逐渐分化一部分左倾的武装势力"；"北方的国民军，便是从旧军阀分化出来的左派"。"在近数月中的事实上，已颇表现其反帝国主义反对反动军阀之倾向"。国民军"并能相当接近民众，给与人民相当自由——尤其是其中之更左派"。又说，现在奉系军阀与直系军阀组成"联合战线进攻国民军之时"，"所以在北方目前军事工作，唯一是在帮助国民军"。在帮助过程中"从中造成一部分真正的国民革命的武装势力"。③中央特别会议于1926年2月，在北京召开。总书记因病未出席。参加会议共12人，中央委员7人，北方区与粤区负责人各2人，青年团代表1人。其中包括李大钊、张国焘、瞿秋白、陈延年、任弼时、谭平山等。鄙人斗胆分析，无论就会议出席成员、会议讨论内容，还是会议通过的专题决议，以及文字表达方式等，主要思想与精神皆出自李大钊本人。他明确认定冯将军率领的北方国民军为倾向革命，倾向人民及进步的性质，此种认识乃是国共两党领导人中较早的一位。

这是为什么？其原因有以下五点：其一，李大钊与冯玉祥，皆生长于华北（冯比李大7岁，青少年时在保定生活），对劳苦民众生活实境深有体会。其二，对帝国主义侵略，尤其是日本之侵略身影，时时处处皆见。

---

① 宣侠父：《西北远征军记》，文史资料出版社1982年2月第二版，第4页。

② A．B．勃拉戈达托夫：《中国革命纪事》（1925—1927年），生活、读书、新知三联书店出版社1982年版，第55、57页。

③ 中央档案馆：《中共中央文件选集》第二册（1926），中共中央党校出版社1983年5月版，第33、34页。

其三，李在天津念法政专科学堂时，就因其地理学老师白雅雨参加冯玉祥领导的滦州起义失败而牺牲，则"悲愤不已"。其四，袁氏称帝，张勋复辟，他俩各自选用枪杆子和笔杆子来加以制止和反对。其五，最重要一点，南苑会面，多次交谈，相互了解，心灵沟通。1922年10月底，冯玉祥调任北洋政府陆军检阅使，使署设在北京南苑。此时李大钊已是北大著名教授，创建中共有两年以上时间。冯氏回忆，"我在南苑期间，与北京社会亦多接触。北京那时为中国的首都所在，各国都有外交人员驻节与此。那时苏联公使为加拉罕，因王正廷与徐季龙俩先生介绍而相识"。①鄙人着重提出，余华心在一篇文章中这样描绘：李大钊是北大著名教授，冯将军对他品德敬慕。李不止一次去南苑。他针对当时北京政界关注的问题，向冯氏介绍苏联十月革命情况，谈到列宁于1919年废除沙俄与中国签订之一切不平等条约，并宣布同中国建立平等的外交关系的情况。同时还谈论到南方革命的形势和策略，赞扬了孙中山的奋斗精神，介绍孙中山在苏联十月革命影响及中共的帮助下，终于认识到中国革命必须联合工农大众的经过。上述言谈，使冯氏大为感动，并兴奋地说，"教授一夕谈，胜读十年书"。②此次南苑会见，对他俩皆是人生中一件重大事件。对于冯玉祥将军来说，此次会见为两年后发动"首都政变"，组建国民军提供了思想准备。对于李大钊教授而言，为今后帮助与改造国民军，并支援北伐战争奠定了坚实的政治基础。

二

亲自并选派干部帮助与改造国民军。冯玉祥发动"首都起义"，驱逐清废帝，邀孙中山北上共商国是，并成立国民军。中共中央第一反应是急召在苏联访问的李大钊回国，帮助做好国民军的工作。

第一，首先在北方区委干部中统一思想认识。这已是李大钊的工作惯例（如国共两党合作）。李大钊回国不久，召集京区及地委负责人会议，

---

① 冯玉祥：《我的生活》下册，黑龙江人民出版社1981年3月第1版，第378页。又徐季龙即徐谦。

② 余华心：《冯玉祥与共产党交往片段》，解放军出版社1980年10月版，《红旗飘飘》，第27集。

有赵世炎、高君宇、范鸿劫、陈为人、李国暄以及铁总负责人张国焘等十多人，在家中开会。他分析了北方日趋复杂化之形势，指出段祺瑞在日本帝国主义支持的背景下，勾结张作霖，从而排挤冯玉祥。强调国民军的革命性、人民性及进步性，希望全力帮助国民军，并制定反对段祺瑞和张作霖的方针。① 赵世炎则"认为国民军的兴起并未改变军阀统治北京的形势。从冯玉祥的表现看来，他并不是进步军人，只是投机的军阀"。赵强调冯氏邀中山共商国是，并不是由孙中山"来执掌国政"。则"主张从委员制来执掌国政，拟由孙中山、段祺瑞、张作霖、冯玉祥再加上几位名流共组委员会"。而"他请孙先生北上的用意，就是希望孙先生参加这个委员会"。赵"因此主张孙中山应谢绝北上，并拒绝参加这个委员会"。② 后来他仍接受李大钊分配的赴天津迎接孙中山进京之任务。

第二，在帮助国民军的工作方式上，强调"须经过国民党或国民党的左派领袖们"。"使国民党或国民党中之左派领袖，能多影响于国民军，渐进于能指导国民军"。③ 国民党"一大"后，李大钊不仅是中共中央负责人，北方地区工农运动指导者，而且是国民党中委、国民党北京执行部负责人之一。因此，李大钊与冯玉祥相处、对话，是以国民党左派领袖人物名义。李大钊与北京执行部的丁惟汾、王法勤先生关系融洽，与国民党中央派到北方工作的徐谦、顾孟余以及吴稚晖等关系比较好。不像上海、广州，"国共组织都发生摩擦"。冯氏对李大钊教授是"共产派"，则"心知肚明"的。

第三，首先抓工作基础差，士兵素质差及兵员规模较大的国民二军工作。国民二军原是陕西靖国军，其成分复杂，多数由土匪嬗变而来，军纪很坏。然而调河南后扩军近二十万。其军长胡景翼系同盟会老会员，思想进步，倾向革命。他对自己率领的军队心中有数，主动要求，中共北方负责人李大钊教授，能够帮助他改造队伍，并通过教授与俄使馆加拉罕公使联系，像南方国民军一样得到苏联军事援助并派遣专家顾问组进驻国民二

---

① 参见彭建华：《一九二四年秋李大钊出席共产国际五大后对北方工作的部署》。

② 张国焘：《我的回忆》（第一册），第368页。

③ 《中共中央文件选集》第二册（1926年），第34页。

军。经过李大钊多方努力，上述要求皆得到满足。李教授专程赴开封，与胡景翼会商，时间在一周以上。1925年5月，李大钊通过中央，急调王若飞赴河南，帮助国民二军创立"北方联合军校"，培养大批基层骨干。

第四，选派优秀青年党员干部到各军去开展宣传工作。李大钊最早派宣侠父和陶新畲两人，不久增加到10人（如濂卿、钱清泉、江风、延国符、耿炳光、黄日葵等）到冯玉祥国民一军工作，地址在张家口新村。当时基督教在西北军中影响特别深。冯玉祥号称"基督将军"，夫人李德全是一位虔诚基督教徒，新村里有一个面积很大的讲堂，到了礼拜天就变成教堂，徐香圃牧师领着到教堂来的连长或营长以上军官及其家属，做礼拜、唱赞美诗等。然而宣侠父等克服种种困难，利用办军人俱乐部（10个）、图书室及训练班等形式，上课演说，教唱歌曲，广泛接触广大官佐，向他们宣传革命道理，尤其是孙中山的三民主义，大大提高了基层官兵的思想认识水平。[①]李大钊还派遣了刘天章、孔兆林、赵荣桢、王泰吉等，赴国民二军做政治工作。还选派魏野畴、刘含初、吕佑乾、高克林等去国民三军中去工作。

第五，在派遣政工干部上，强调质量；在数量不够的情况下，必须集中使用。李大钊对陈乔年说：目前政治工作人才既十分的少，不必各师、旅、团、营均设政治部，只由总政治处集中所有宣传人员分组宣传队，轮流在各营讲演，并且当选择最有希望之部分，集中力量去作工。[②]在给刘伯坚的信仍强调此问题："在冯军中的政治宣传工作，须量力举办"。"不必各师、旅、团均有固定的政治工作人"，"只是把这批政治宣传人组成宣传队，轮流至各师、旅、团讲演"。[③]

对于政工人员质量，李大钊特别指出，"冯之左倾，却是我们不可放弃的机会"。"我们派同志去国民军中工作，重在慎重。现在冯虽饥不择食，我们固然不能使他失望，如果不慎重，派许多的较弱的分子去工作，不但使冯不信任，并必引起国民军一般将领的恶感。""因国民军的思想

---

① 参见宣侠父：《西北远征记》，第14—19页。

② 中国李大钊研究会编著：《李大钊全集》第五卷，人民出版社2006年3月第一版，第145、146页。

③ 《李大钊全集》第五卷，第149页。

较广东军中将领更弱，这是我们应该注意的"。[1]

第六，在政治宣传教育工作内容上，李大钊指示在国民军中的宣传员，要宣传孙中山的革命策略，如联俄、联共；宣传拥护工农利益的民生主义。打倒帝国主义的民族主义，以及尊重人民集会，结社，言论出版自由的民权主义等。此外，要着重宣传近代中国被帝国主义侵略和奴役的历史，揭露军阀、官僚的政治腐败和工农群众的痛苦，并介绍苏联及其他国家的无产阶级的革命。[2]有时还借用"中国耻辱图"，来形象地解释中国如何具体被外国帝国主义国家瓜分的情形。政治宣传工作一定要看准其宣传对象。李大钊指出：对国民二军"不过是减少其反动程度而已"。至于政治工作的内容，比一军的更要浅显，首先要使他们明了"不搅民"三个字，切忌空谈"打倒帝国主义"、"打倒军阀"的抽象名词。[3]

三

建议固守南口，总结其失败原因。冯玉祥在第二次直奉战争中倒戈，使吴佩孚在战争中失败。吴佩孚为报复冯玉祥的倒戈之仇，便与奉系张作霖军阀勾结，实现讨伐"南北二赤"（即南方广州革命政府与北方冯玉祥）为目标的反革命联合。他们策划首先消灭北方国民军，然后推翻广州革命政府。1926年初，军阀张宗昌、李景林及靳云鹗在山东举行会议，形成直鲁联军，发动了对直隶地区国民军的进攻。奉军也利用大沽口事件与直鲁联军勾结。此时阎锡山的晋军也加入直奉联军，出兵大同，威胁国民军后方。当时奉军十五万人，鲁军十二万人，吴佩孚和靳云鹗的直军十三万人，晋军五万人，共计五十余万人。而国民军在军阀军队的重重包围下，处境十分困难。

在此之前，冯玉祥因内外交困，采取了个人引退，通电下野之办法，然后赴苏联考察。这是冯氏采取的以退为进的策略。其实这样做，并没有减轻国民军的外部压力。在赴苏途中之库伦（今之乌兰巴托），经国民党

---

① 《李大钊全集》第五卷第143页。

② 见《中共中央关于国民军中工作方针的决议》，1926年11月。

③ 《李大钊全集》第五卷，第160、161页。

左派领袖徐季龙几次劝说，遂加入国民党。①

3月19日，李大钊通过国民党北京执行部向国民军将领建议："4月以前，至迟4月中旬以前，国民军应退出北京，撤到南口山口，在那里加紧修筑防御工事。要在军队撤退之前，赶走段祺瑞，粉粹"安福俱乐部。"②国民军接受李大钊建议，于3月20日布置有计划有秩序地撤退。3月24日，国民军一夜之间撤出了天津，退到京东、京南一带。4月15日，国民军又撤出北京，各主力部队沿京绥铁路退往南口附近。

在国民军撤出北京之前，根据民众反映及李大钊等的建议，撤换了在"三·一八运动"中表现不好的北京警备司令李鸣钟的职务，由鹿钟麟替代。鹿于4月9日用军队包围了执政府，准备逮捕段祺瑞；并将前总统曹锟（吴佩孚的傀儡）从狱中释放出来。而段已于事先避入东交民巷某使馆。国民军放弃这个城市的目的：一是收缩兵力；二是把北京交给张作霖和吴佩孚这两个军阀，"北京和总统宝座"，会使两虎相争，激起军阀内部矛盾。③

国民军退守南口后，即派兵扼守东、西、南各处要隘。南口是国民军长期经营的阵地，由多道防线和各种掩体以及机枪、火炮堡垒所组成。尤其是有苏联顾问的帮助，并拥有近十万军队。4月下旬，张作霖、吴佩孚、张宗昌等联合向南口进攻；而阎锡山晋军在大同及晋北地区与国民军展开激战。另外，吴佩孚所属的镇嵩军向陕西国民军进攻。

南口及晋北战役开始，国民军依靠坚固的攻势进行顽强抵抗，使奉、直、鲁、晋军遭受惨重损失。战役从4月15日到8月15日，国民军失败撤出南口。战争失败了，但意义重大。其一，北方国民军把军阀百分之八十的军队，拖住在南口战场，从而减轻了南方国民革命军的压力，为广州国民政府出师北伐造成极有利的条件。其二，国民军在北方拖住军阀的大部分力量，尤其是直系军队，为南方国民革命军的进军，赢得了整整四个月的宝贵时间。这种"兵贵神速"的年代，是不可多得的机会。其三，吴佩孚因

① 冯玉祥：《我的生活》下册，第453页。

② （苏）维·马·普里马科夫著：《冯玉祥与国民军》——一个志愿兵的札记（1925-1926），中国社会科学出版社1982年10月第1版，第177页。

③ 参见《冯玉祥与国民军》，第182、183页。

为指挥南口战役，直到8月25日才率部南下。北伐军叶挺独立团于8月27日占领了汀泗桥、咸宁城。"当叶挺进入敌人司令部时，电话铃还在响，他拿起听筒一听，原来是贺胜桥打来的电话，说吴佩孚已经到了贺胜桥，向这里询问汀泗桥方面的情况"。"叶挺立即摔下听筒，令城内部队全部出城"迎敌。①此前，南方直系将领已在催促吴佩孚南下，吴回电表示，"南口一日不下，则本总司令一日不能南下"。吴佩孚处于顾此失彼，南北夹攻的局面。吴佩孚紧急赶到贺胜桥，虽增加兵力，利用险地和湖塘为依托，准备死守，但为时已晚。勇猛善战的独立团，很快于八月"卅日十一时左右占领了贺胜桥，打开了武汉最后一道大门"。②其四，李大钊在南口失败后，对国民军作了全面深刻的评价："我们为国民革命的前途，未来北伐的前途计，国民政府必须维持国民军能在西北存在和发展"。"现时可以威吓奉军不敢南下，使北伐军能保住长江已得的胜利"。"未来北伐，对奉若没有国民军之骑兵、炮兵参加，实难望驱逐奉军出关"。③

李大钊还总结了国民军在南口失败的原因，计有以下九点：

第一，张之江破坏战争。国民军初进天津，他"争地盘，要地位"。以后退至北京及南口后，"他更一意以投降张作霖或吴佩孚为事"。李甚至以为"张之江作奸细"；但迄今尚无材料证实。

第二，指挥官的指挥失误。"十二日运动，张之江本已与奉联后方友军约定于当夜八时，由国民军冲出发动，但其命令前方则谓：俟奉联后方友军发动后再行冲出，以致该项计划根本贻误，南口失败于功在垂成之时"。④

第三，前线军事信息不灵。"在奉联方面，则因飞机探得国民军后方空虚，故移动正面部队向南口后方作迂回战争"。"延庆失守，国民军前方尚未全知"。⑤

第四，孤军深入作战。"多伦、沽源因宋哲元部反攻深入，被奉军包

---

① 《周士第回忆录》，人民出版社1979年4月第1版，第71、72页。

② 《周士第回忆录》，第76页。

③ 《李大钊全集》第五卷，第147页。

④ 《李大钊全集》第五卷，第139页。

⑤ 同上。

围而再次失守，遂使南口之兵势不能不退"。

第五，被敌军截断水源。"龙虎台失陷，使奉联向南口攻击，居高临下，并截断国民军水源"。

第六，没有实行有效的退兵策略。"张之江坚持退兵，不于南口作数日之支持，以于奉联后方共同举动，以至牵制"。

第七，子弹供应不上。因库伦与张家口交通不便，故子弹接济不上。

第八，国民军与地方工人关系不甚好。"因国民军平昔对工人之仇视，工会之破坏与对交通系之勾结，遂使工人于国民军撤退时无法帮助"。①

第九，此次南口战役失败，与中共地方组织负责人"工作不努力，以及行为极为浪漫"；"国民党指导太不得力"，个别人作风不好，多少有些关系。

李大钊以上几点总结，是比较符合当时实际的。然而最重要一点，是敌我力量悬殊过大，军阀军事势力对国民军军事力量，超过两倍以上。此点，李大钊在《南口陷落后的北方形势》一文中并未谈到。然而南口固守战早晚都要失败，冯玉祥与李大钊皆估计到了。由于"战争进行的顺利与防御工程的坚实"，李大钊对"南口陷落"较感突然矣！

至于南口失败后，国民军今后怎么办？李大钊认为："其出路或不免于向甘、新垦殖边陲与占领陕西，东出潼关与中原友军会合，以与国民革命军相呼应"。"前者迟慢而且敌之随踪追来，并未能安以垦殖，后者，则虽有几分冒险，但国民军唯一有希望的出路，却不离乎此"。②

四

由南口失败，转变为会师中原的胜利。南口失败，国民军向河北、内蒙、绥远等地溃逃。李大钊连发三次电告，要于右任催促冯玉祥回国主持军务。8月17日，冯玉祥率领徐季龙、刘骥、何其巩、张允荣及苏联顾问乌斯曼诺夫、留苏生刘伯坚等多人，由莫斯科登上去乌金斯克的火车。后来乘汽车经库伦至包头，一路风寒露宿，缺食少穿，十分辛苦。在旅途中乌斯曼洛

---

① 《李大钊全集》第五卷，第139页。

② 《李大钊全集》第五卷，第139、140页。

夫忽然问冯玉祥说："冯先生，你的部队这回在南口一败涂地，投降的投降了，溃散的溃散了，现在你带着我们回去。究竟怎么办理呢？"冯很自信地回答他道："只要我们能遇着一两股，有三、二百人，我就有办法。就算跑到山上当大王，我也一定有把握将原有队伍慢慢招集起来"。①9月14日下午，冯玉祥等到达绥远五原。眼前一片"空落落的一个土围子，人烟稀疏，荒凉冷落得赶不上内地一个较大的村镇"。"官兵们服装五颜六色"，"破鞋破袜"，"器械皆不全"，枪支弹药，"真是七零八落"。②

9月16日，冯玉祥发出一个自我述怀决心献身革命的宣言；次日，在五原举行就职誓师授旗典礼。改西北国民军为国民军联军。总司令一职由冯氏担任。联军下辖第一、第二、第三、第五和新编第六军。总司令部内设两部、两厅、八司及两处。"此外，又聘乌斯曼诺夫等为政治法律顾问，任石敬亭为政治部长，刘伯坚副之。同时遴派党政工作人员分赴各军，成立政治处，担任全军党务政治训练宣传工作，并从事民众工作，以收军民合作之效"。③

国民联军组成后的进攻方向问题，在国民军将领中存有两种不同意见：一种意见是，部队仍由原路回去收复南口，占领北京，再沿京汉铁路南下；另一种意见，是从五原挥师西征，占据陕西，出兵潼关，与北伐师会师中原。经过全面研究，认为夺取北京的方案困难更大。以国民军联军仅有5万残军，如由南口进攻北京，将与张作霖驻扎在津、京等地的30万奉军作战，必然造成南北革命军陷入孤军作战的境地，是难以取胜的。

正当冯玉祥举棋不定的时候，"李大钊先生派人送给我密件，建议我们出长安会师郑州，我们加以研究，乃决定采用李先生的计划。当定方针为'固甘援陕，联晋图豫'八个大字。"④该密件的具体内容，可以从9月1日北方区政治通讯里与9月8日守常给中共中央的政治报告中了解到。李大钊在给中央报告中写道："此间国校政委曾以个人联名方式致电于冯，请即出兵陕西，经富谷县、葭县、延川、洛川、耀县攻取同州直赴潼关，一

---

① 冯玉祥：《我的生活》下册，第484、485页。

② 冯玉祥：《我的生活》下册，第490、495页。

③ 冯玉祥：《我的生活》下册，第495页。

④ 冯玉祥：《我的生活》下册，第495、496页。

则可以阻吴败退入陕之路，一则可以解西安、三原之围"。①此具体行军路线与后来冯氏实际行军路线稍有差异，但不影响会师中原大方向。战局的发展，证明这个策略方针是完全正确的。

9月下旬，冯玉祥在巩固甘肃的同时，派出七路"援陕军"去解西安之围。任孙良诚和方振武为援陕正副指挥。孙良诚率部自甘肃平凉出发，沿邠州大道日夜兼程，向西安出发。此时西安城已被围8月之久（自本3月至11月）；城内只有国民二军李虎臣部及国民三军杨虎城部，官兵总数5000人，而在城外的围城敌军——刘镇华率领的镇嵩军有8万之众。"西安城中军民吃食无着，饿毙者狼遍市巷"；"一切可以食用的动植物、皮革制品、药材乃至油渣，均收罗殆尽，情况十分严重，先后冻饿而死的军民近五万人"（当时城关居民有十余万人）。②11月下旬，国民军赶到西安城下，恰好孙连仲、刘汝明两个师也相继赶到，26日全线开始总攻，激战一昼夜，两翼抄后路成功，镇嵩军见后路被袭，全线动摇，遂自潼关败退，事前约定好的守城部队，开城夹击，镇嵩军大败。27日，国民军解围西安城。

1927年春，冯玉祥又根据李大钊"出长安会师郑州"的建议，5月1日于西安举行东征誓师大会。接着，冯玉祥亲赴潼关指挥。5月6日，"噩耗传来"，李大钊等二十人"被秘密绞杀"，"总司令冯玉祥哭之甚哀。""并电令各部队、各地方机关举行大规模的追悼运动"。冯氏在电令中特别指出："李同志因地域的关系，与本军在南口转进以后，发生最密切的关系，李同志一死，北京革命工作，失了领袖，本军亦受极大的影响"。③5月26日，大败奉军，占领洛阳。5月底又攻占郑州，与北伐军唐生智部在郑州胜利会师。至此，李大钊关于北方国民军与南方革命军会师中原计划之遗愿，得以圆满实现。

作者简介：

吴家林，中共北京市委党史研究室，原副主任、教授。

---

① 《李大钊全集》第五卷，第134页。

② 米暂沉：《杨虎城传》，陕西人民出版社1979年8月第1版，第32页。

③ 北京大学图书馆，北京李大钊研究会编：《李大钊史事综录》，第889—890页。

李大钊与国民军

聂月岩

李大钊是中国共产主义的先驱、伟大的马克思主义者、杰出的无产阶级革命家、中国共产党的主要创始人之一。中国共产党成立后,李大钊代表中共中央指导北方地区党的工作,领导宣传马克思主义,开展工人运动,发展党的组织。在国共合作的北伐战争时期,李大钊以极大的热情从事对冯玉祥及国民军的工作。在中国共产党成立90周年和辛亥革命100周年到来之际,探讨李大钊对冯玉祥及国民军的统一战线工作,具有特殊的意义。

一、正确认识和评价冯玉祥及其国民军

正确认识和评价冯玉祥及其国民军,是李大钊与国民军建立统一战线策略的思想基础。1924年10月,在第二次直奉战争中,冯玉祥、胡景翼、孙岳等率部反戈倒直,举行了著名的北京政变,组建中华民国国民军。为阻挡直系军阀北上,冯玉祥请皖系军阀段祺瑞出来暂时维持政局,奉系军阀张作霖乘机率十万大军入关,随之,北方呈现出错综复杂的政治局面。在这种形势下,如何评价北京政变,正确认识冯玉祥及其国民军,对他们应采取何种策略,就成为当时中国共产党面临的一个重大问题。

对此,中国共产党内存在不同的认识。陈独秀认为北京政变不过是"英美更换新工具","必然是帝国主义和军阀结合起来,更加紧他们对于中国人民之枷锁"。蔡和森、赵世炎等也撰文指出:冯玉祥是"英美帝国主义的宠儿",北京政变,是代替帝国主义执行"预定之计划","一面固然是倒吴自建,别面却是替天(帝国主义)行道"。"这个局面的结果将来真正是'后患无穷'"[①]。1925年1月下旬,在中国共产党的"四大"宣言中仍然把冯玉祥与段祺瑞等不加区别地同等看待,认为"他们自己仍旧要着军阀的老把戏"。由此可见,中共中央"对冯玉祥倒戈后革命

---

① 《向导》89期、《政治生活》1924年11月7日。

意义估计不足"未能及时提出对国民军的正确策略。

李大钊对国民军的认识比较客观。首先他认为，国民军与其他军阀部队既相联系又有区别。冯玉祥现在还不是一个"当真有志于革命活动"的革命家；但他"可能是孙中山所提倡的中国民族解放运动热烈的信徒"，"是有激进情绪"的军人。[1]国民军，主要是冯玉祥的嫡系部队，"训练有素，遵守纪律"，[2]与其他反动军阀的部队有不同之处。首先，北京政变后，冯玉祥一再表示倾向革命，以期借助民众的帮助而巩固自己的地位。其次，李大钊认为，可以利用冯玉祥与皖系段祺瑞、奉系张作霖之间的矛盾，打击最反动的势力，以发展北方革命势力。第三，李大钊还从当时中国革命的全局出发，评价国民军的地位以及争取国民军的重要作用。当时张作霖的军队约有25万人，占据满洲、直隶和山东；吴佩孚占据着汉口地区；广东革命军集中于华南，加之广东革命根据地尚未统一，处境极为不利。而新建的国民军，拥有近20万人，且占据直、察、绥、陕、甘、豫数省，争取国民军并努力使其进一步倾向革命，以与南方相呼应，形成对直、奉军阀南北夹击之势，对中国革命具有重大的战略意义。

北京政变后，李大钊和北方区委及时制订了争取国民军，打击段祺瑞、张作霖的革命策略。为此，李大钊积极投入到争取冯玉祥及国民军的工作中去，并以此来影响和推动党中央的认识。1925年10月在北京召开的中共中央扩大执委会，改变了"四大"前后对冯玉祥及其国民军的看法。会议决议指出："最近一年来，中国发现所谓国民军，他们与国内解放运动发生关系，一方面可见他们有反帝国主义的情绪，另一方面他们为民众运动所推引参加反帝国主义斗争运动，产生了军队力量对于革命运动的新作用"。[3]

二、开创国民军政治工作的新局面

北京政变后，李大钊派其他共产党员向国民军解释和宣传中国共产党打倒帝国主义、打倒封建军阀等政治主张。为了使冯玉祥同意在国民军官

---

① 纳乌莫夫：《在冯玉祥的军队里》，见《在中国的土地上》。

② 普里马科夫：《冯玉祥与国民军》。

③ 《中共中央文件选集》1集。

兵中普遍开展政治工作，李大钊多次与冯玉祥畅谈当时的政治形势，还建议苏联顾问参与对国民军的政治工作。

1925年5月上旬，李大钊专程前往张家口，就开设政治俱乐部和派宣传员问题，与冯玉祥和苏联顾问会晤。他亲自为国民军拟订了详细的政治工作计划，即"预定成立十个政治俱乐部，俱乐部应该成为国民军政治工作的基础，要在俱乐部周围建立各种政治与文化教育组织，在俱乐部里开设研究政治经济学小组和研究孙文主义"。[①]在李大钊等人的耐心引导下，冯玉祥批准了这个计划，并由李大钊和徐谦负责领导国民军的政治工作。不久，李大钊派共产党人宣侠父、陶梁等人前往国民军，分别主办十个政治俱乐部。同时，李大钊还指示北方区委，陆续派出一批共产党员、青年团员直接深入到国民军中去，在下层军官和士兵中工作。到1926年9月五原誓师前，在国民军中工作的共产党员"有一百七八十人"。[②]

李大钊在开创国民军的政治工作时，针对当时冯玉祥及国民军的思想状况，严格掌握政策，稳步推进。在国民军中开展革命政治工作决非易事，因为当时有一大批牧师还在国民军中传教，讲解圣经。李大钊和北方区委预见到有可能同牧师们发生冲突，导致冯玉祥的反感而使政治工作夭折。他们在北京时，就拟定对基督教采取"置之不论，不反对，也不赞成"的态度。因此宣侠父等共产党员到国民军后，工作非常谨慎，面对牧师的挑战，也能应付自如。

李大钊亲手开创的国民军早期的政治工作，虽然起点低，但其成效显著。不仅俱乐部取得"可喜的进展"，而且他还以办图书馆、训练班、教唱歌曲等多种形式，接近官兵，进行宣传，向国民军注入了新的革命思想，部队面貌开始逐渐发生变化。这一切，使冯玉祥对政治工作的重要性有所认识，对李大钊也更加敬重。1926年初赴苏前，冯玉祥曾决定在国民军中设立总政治部。五原誓师后，在李大钊的领导和刘伯坚、邓小平等共产党员的主持下，国民军的政治工作发展到一个新阶段。

---

① 普里马科夫：《冯玉祥与国民军》。

② 《中央北方区对三特区及西北军工作的意见》，《中央政治通讯》第10号，1926年11月。

三、帮助冯玉祥及其国民军实行联俄政策

北京政变后，李大钊多方奔走，力促国民军联俄政策的实现。他多次与冯玉祥、胡景翼等交谈，促使他们通过苏联驻华使馆与苏联政府建立联系，以取得苏联政府的援助和苏联顾问的指导。李大钊亲自参加了国民军一、二军的代表团，就提供援助问题与苏联驻华大使加拉罕、武官格克尔等人举行谈判。

李大钊还向苏联同志详细介绍国民军的情况，以中国共产党的名义要求苏联政府对国民军给予指导和帮助。《冯玉祥与国民军》一书的编者米罗维茨科，根据苏联国防部档案材料在书中写道：李大钊"对国民军指挥人员的外交路线"有很大的影响。他们正是"根据李大钊等人的建议，向苏联政府提出派遣专家和援助武器的请求"。格克尔在给加拉罕的报告中也讲到："1925年1月29日，国民军第二军司令胡景翼将军的代表刘将军，及其驻北京代表于将军，以及北京大学李教授（共产党员）来到我这里。将军的代表宣称，来访目的是谈判援助革命军的问题"。苏联政府"在决定满足冯玉祥和其他将军请求的问题时"，"也考虑了中国同志的意见"。这主要是指李大钊的意见。

经李大钊、徐谦与加拉罕多次会商，就苏联政府援助国民军问题取得一致意见后，李大钊亲自来往于北京、张家口之间，安排双方在北京会谈，商定了苏联援助国民军的具体内容和措施。"苏联政府于1925年3月21日通过了援助国民军武器和弹药并派遣顾问和教官的决议。"[①]在苏联的军事援助下，国民军的条件逐步得到改善，部队的素质和战斗力也得到提高。

为了巩固实行联俄政策的成果，李大钊于1925年建议冯玉祥派干部赴苏联学习。冯玉祥接受了建议，并派参谋长熊斌率团以上军官代表团到苏联参观，从学兵团挑选25名优秀连排长送往苏联基辅军官学校学习。冯玉祥在归国列车上，给李大钊写了亲笔信，"谓此次归来，系要革命"[②]，措

---

① 普里马科夫：《冯玉祥与国民军》

② 《守常政治报告》，见《中央政治通讯》第3号，1926年9月25日

词极其恳切。赴苏之行，是冯玉祥政治上的一个重要转折点。回国后，他举行五原誓师，带领全军集体加入国民党，参加国民革命。至此，冯玉祥领导的国民军在国共合作的国民党旗帜下，在苏联政府的大力援助下，以新的姿态参加了北伐战争。

四、以正确的战略和策略指导和帮助国民军

1926年初，英日帝国主义策动奉、直、晋、鲁军阀，组成所谓"反赤"联军，妄图一举扑灭中国革命。当时占据京、津等地的十几万国民军，成为心腹之患。因此，他们集中六十万大军，直指国民军。同年2月，中共中央在北京召开特别会议，充分估计了国民军的存亡对北伐战争影响的严重性。如果"国民军在北方失败，将给中国国民革命的发展以重大的打击。国民军若能守住北方，待至数日后广东政府北伐，必能造成国民革命胜利的局面。所以目前的战争，是国民革命的生死关头"。因此，会议指出："目前在北方的军事工作，唯一是在帮助国民军。"[1] 同年3月19日，由李大钊主持的有苏联顾问参加的北方国民党领导人会议，认为国民军必须退出京、津，将主力撤至南口修筑防御工事。李大钊指出："国民党当前的任务就是帮助国民军保存有生力量，虽说国民军只不过是国民党的友军。"[2] 国民军司令部接受了李大钊和苏联顾问团的意见，4月15日前将主力撤至南口。从4月15日到8月15日，"反赤"联军六十余万人，由三面围攻国民军。南口大战持续四个月之久，国民军既保存了兵力，又将直、奉军阀的主力吸引牵制在华北北部，从而有力保证了南方国民革命军北伐战争的胜利。

在南口激战之时，李大钊曾多次领导策动直系军阀内部倒戈。如1926年7月，李大钊派马文彦前往田维勤部三十九旅，指示共产党员、团长许权中"相机而动，举行起义。"许权中率该部于同年7月中旬在门头沟起义，加入国民军，给敌以极大打击。

总之，李大钊在与国民军建立统一战线过程中大力开展的争取和联合国民军的工作，成效显著，为中国共产党开展统一战线工作创造了极为有

---

① 《中共中央文件选集》2集

② 普里马科夫：《冯玉祥与国民军》

利的条件，从而使中国北方呈现出蓬勃发展的革命局面。李大钊当时的工作作风、工作方法和工作经验，对今天中国共产党开展统一战线工作，具有重要的现实意义和借鉴作用。

作者简介：

聂月岩，女，汉族，法学博士，教授、博士生导师、首都师范大学中国特色政治发展研究所所长、政法学院政治学系主任。

主要参考文献：

1．王若飞：《关于大革命时期的中国共产党》，见《近代史研究》1981年第1期。

2．《中央政治通讯》第10号，1926年11月。

3．《守常政治报告》，见《中央政治通讯》第3号，1926年9月25日。

试析苏联对国民军的援助

于兴卫

1924年9月，第二次直奉战争爆发。正当直奉军阀尽遣精锐进行最后决战的时刻，10月23日，直系第三路军司令冯玉祥突然从前线回师北京，发动军事政变推翻了直系军阀领导的中央政府，时称北京政变。随后，冯玉祥及参与政变的胡景翼、孙岳所部合组为国民军，以冯玉祥为国民军总司令。从此，国民军成为当时中国政治舞台上一支重要力量。国民军的出现立即引起了苏联的关注，他们迅速与国民军进行接触，并给予了国民军大量援助。

一、苏联对国民军的认识

要研究苏联对国民军的援助，必须首先要弄清楚苏联对国民军的认识。因为苏联对国民军的援助是建立在对国民军认识的基础之上的。

1. 对冯玉祥的基本认识

苏联对国民军的认识，是从国民军统帅冯玉祥开始的。北京政变前，苏联国内一般舆论认为冯玉祥在政治上有美国背景。如拉狄克在北京政变后不久《真理报》的一篇评论中说："所谓的'基督将军'冯玉祥在此前一直被人看成是美国的一个普通走卒。"[①]该报发表的另一篇署名穆辛的文章也说："这位'基督将军'本人不仅和美国传教士，而且还和美国的银行家和外交家保持有非常密切的关系。"[②]虽然如此，但作为直系的重要将领，苏联有关人员在北京政变前与冯玉祥还是建立了联系。在冯玉祥部队驻扎南苑期间，经李大钊、徐谦、王正廷等人介绍，苏联第一任大使加拉

---

① 拉狄克：《中国的夺权斗争》，《苏联〈真理报〉有关中国革命的文献资料选编》第1辑，四川省社会科学院出版社1985年版，第63页。

② 穆辛：《评中国最近的事态》，《苏联〈真理报〉有关中国革命的文献资料选编》第1辑，出版社第65页。

罕与冯玉祥建立了联系。当时，有一个叫鲍维尔的人，在冯和加拉罕之间充当联络员，与之保持着工作联系，每天晚上由冯处到苏联大使馆去，传递有关消息。[①]

经过与冯玉祥的多次接触，苏联方面对冯玉祥还是基本认可的，其中1926年5月17日布勃诺夫使团提出的对冯玉祥的看法最具有代表性。他们认为："冯玉祥是中国北方和中部国民运动最著名的军政人物。他不同于中国的那些只把军队看作是有利可图的商业企业的平庸军阀，但是他的意向不明确：他与国民革命运动有联系，但他对国民党持怀疑态度，对军队中的政治工作也是一样。虽然冯断定国民军第一军是统一的，但不符合实际；他的右手张之江（张家口督办）是个敌视政治工作以及我们教官工作的反动分子，此人被牧师包围，吸引着部分将领。"[②]

1926年3月26日，冯玉祥踏上了访苏的路途。途中在鲍罗廷等人的再三规劝下，冯玉祥加入了国民党以加强同苏联的关系。苏联对冯玉祥有了新的认识。苏联对冯玉祥及其国民军寄予厚望。斯大林决定向其提供比原定数字高八倍的装备，以振兴国民军。

2. 对国民军的基本认识

北京政变后，拥有十几万军队的国民军成为中国军事政治斗争中一支崭新的不可忽视的重要力量。国民军在政变后的某些政治主张也颇引人注目，如邀请孙中山北上等。一些苏联在中国的重要人物，如苏联驻华大使加拉罕、共产国际驻华代表维经斯基和广州国民政府总顾问鲍罗廷对北京政变的正面作用和国民军的地位都给予了充分肯定，他们都主张同国民军合作。1924年11月，维经斯基在给共产国际负责人季诺维也夫的信中指出："直隶集团的失败意味着美国试图把中国变为殖民地的计划遭到破坏，使中国新兴的民族军事力量得到解脱，这些力量暂时可以不受帝国主义压力的左右而独立行动。"他批评"错误评估了战胜直隶集团的意义"的人，

---

① 中共中央党史研究室第一研究部译：《联共（布）、共产国际与中国国民革命运动》（1926—1927）上，北京图书馆出版社1998年版，第73页。

② 《联共（布）、共产国际与中国国民革命运动》（1926—1927）上，第254页。

是"没有看到新的形势为深入开展中国民族解放运动创造的条件"①。鲍罗廷认为："吴佩孚军队的垮台导致由国民党的拥护者和还未完全下决心的冯玉祥组成了所谓的人民军。我们所持的观点是，这个人民军要支持国民党代表团采取旨在把中国所有民族力量团结起来的实际措施。"②因此，鲍罗廷、维经斯基等人极力主张孙中山北上，联合冯玉祥，积极参与全国性政治活动。

苏联国内舆论对国民军发动北京政变也给予了充分肯定，他们认为北京政变对南方革命政府有利。作为苏联党报的《真理报》发表多篇对国民军和北京政变正面评价的文章。拉狄克说："冯玉祥将军和倒向他一边的直隶省督军一起共拥有三万人的军队。吴佩孚要对付这两支军队也不那么容易。这样一来，孙中山就能有一个相当长的喘息时间以巩固自己的地位。"③穆辛则进一步认为，北京政变"使民族解放运动政党国民党及其领袖老革命家孙中山登上了中国全国性政治生活的广阔舞台"。④

经过长期的观察和交往，苏联方面认为，国民军有如下特点：一是在政治上是一支独立的反帝的军队。如：加拉罕在联共（布）中央政治局使团会议上的报告中又指出："我们拥有一支反帝的力量——国民军。"⑤1926年5月17日，布勒诺夫使团在关于中国问题的报告中认为："国民军是一支独立的军事力量和政治力量，它客观上扮演着国民革命运动一个因素的角色。一年来，在同奉直反动联盟的冲突中，它扮演了这个角色，表明了自己的作战

① 中共中央党史研究室第一研究部译：《联共（布）、共产国际与中国国民革命运动（1920—1925）》（1），北京图书馆出版社1997年版，第556页。

② 《联共（布）、共产国际与中国国民革命运动（1920—1925）》（1），第566页。苏联当时称国民军为人民军。

③ 拉狄克：《中国的夺权斗争》，《苏联〈真理报〉有关中国革命的文献资料选编》第1辑，第64页。

④ 穆辛：《中国的转折时刻》，《苏联〈真理报〉有关中国革命的文献资料选编》第1辑，第73页。

⑤ 《联共（布）、共产国际与中国国民革命运动》（1926—1927）上，第70页。

能力并且现在仍保持着这种作战能力。"①二是在军事上，国民军是一支战斗力较强的军队。1926年7月7日，索洛维约夫向联共（布）中央政治局中国委员会提出的关于中国形势的书面报告中指出："国民军第一军的状况普遍反映是完全令人满意的，它从直隶撤退和放弃北京确实进行得很有秩序，没有任何损失。它驻北京代表唐悦良当着我的面不止一次地谈到这一点，亲英和亲日的报纸也都对形势作了这样的评价。"②

苏联在基本肯定国民军的同时，也认为国民军自身有许多局限性。如1926年2月10日，共产国际驻中国代表维经斯基在莫斯科召开的共产国际执委会主席团会议上的报告就认为："国民军和中国的所有军队一样都是雇佣军。谈不上人民将同情国民军并向它们提供兵员以便把它们动员起来的问题。"③即使对国民军赞誉有加的布勃诺夫使团对"国民军的内部状况，特别是它的政治面貌"也不是特别满意，认为"它的领袖缺乏明确的政治纲领，它的将领和军官的政治立场摇摆不定，不能使人认为它是符合国民革命运动武装力量的所有要求的。此外，目前国民军正处于很困难的战略地位，没有很广泛的物质基础。"④

二、苏联对国民军的援助

1924年10月27日，也就是北京政变后的第四天，苏联驻华大使加拉罕即与冯玉祥会谈。冯玉祥被排挤到张家口后，加拉罕和跟随孙中山北上的苏联顾问鲍罗廷又经常找冯玉祥谈话，试图影响冯玉祥。随着接触的增多，双方感到"越来越亲密，越谈越接近"⑤。当时，冯玉祥领导的国民军要

---

① 《联共（布）、共产国际与中国国民革命运动》（1926—1927）上，第254页。

② 《联共（布）、共产国际与中国国民革命运动》（1926—1927）上，第330页。

③ 《联共（布）、共产国际与中国国民革命运动》（1926—1927）上，第64页。

④ 《联共（布）、共产国际与中国国民革命运动》（1926—1927）上，第254页。

⑤ 冯玉祥：《我的生活》，黑龙江人民出版社1983年版，第421页。

想和其死敌奉系军阀抗衡，必须寻找适当的外援以增强国民军的实力。因为冯玉祥国民一军所在的西北地区边远贫穷、人烟稀少，胡景翼二军所在的河南也远不如奉军所在的东北富庶，扩充实力没有强大的经济后盾，而且，西北与河南都没有出海口，外援物资经过其他军阀把持的地区时很可能被截留，唯一的出路是借助西北邻近苏联的有利条件，通过陆路运输苏联援助的军火。于是，冯玉祥在李大钊等人的建议下，向苏联提出请求，请苏联向国民军提供武器弹药和派遣军事顾问。

1925年1月，李大钊应胡景翼的邀请前往开封，就共产国际、俄共（布）和苏联政府对国民军第二军武器装备援助、派专家顾问、整肃军队和培养军事政治工作人员等问题同胡进行会谈。1月29日，李大钊安排并陪同胡景翼的代表到苏联驻华武官处，就军事援助的具体问题进行谈判。随后，共产国际派了由斯卡洛夫为团长的四十三人组成的军事顾问团，到达开封。

1925年2月底，李大钊和徐谦应邀到张家口与冯玉祥会商苏联援助问题，会议初步讨论了苏联对国民军军事援助的协议框架，并拟定了援助的范围。接着，冯玉祥派国民军参谋长刘骥、外事处长唐悦良、外交专员包世杰为代表，在北京与苏联驻华大使加拉罕进一步会谈协议的具体内容。①4月，为落实苏联对国民军的援助，鲍罗廷在苏联驻华武官格克尔陪同下，专程由广州到北京，与冯玉祥在张家口直接会谈，顺利地达成了苏联对冯玉祥部队军事援助的协议。为了做好接受军援工作，冯玉祥派副官长张允荣等为驻外蒙代表，在库伦建立接运军援的办事处。同时又通过临时政府外交部长王正廷，任命国民军总部秘书毛以亨为中国驻苏联上乌金斯克领事，以合法的官方使节身分，做接收军援工作。

1925年3月13日，俄共（布）中央政治局召开会议，专门研究孙中山逝世后的中国局势，决定给国民军提供军事援助，认为"用我们的经费在中国（洛阳和张家口）由我们建立两所军事学校是适宜的。""用我国的主要型号武器装备同情国民党的中国军队是可行的。装备应是有偿的。""可以根据对方的支付能力立即拨给加拉罕一定数量的外国武器弹

---

① 毛以亨：《俄蒙回忆录》，第2—8页，转自［美］盛岳：《莫斯科大学与革命》，第149页；陈天侠：《共产党对冯玉祥将军的影响》，《河北文史资料选辑》第2辑，第3页。

药。"①

在此之前，苏联的武器装备只是供应广东革命政府，而现在对国民军的援助又成为一项重要工作。为协调对中国各种军事力量的援助，1925年3月19日，俄共（布）中央政治局决定，"成立由伏龙芝、契切林、莫洛托夫和彼得罗夫（后由维经斯基取代）同志组成的委员会，监督日常援助国民党和同情它的团体的措施的执行情况"。②这就是鲜为人知的直属俄共（布）中央政治局的权威部门中国委员会。3月21日，苏联政府"考虑了中国同志们的意见"，"决定满足冯玉祥和其他将军的请求"，通过了"援助国民军武器和弹药并派遣顾问和教官的决议。这表明了，现在重要的问题不只是给予某些将军以技术上的援助，而是按照广州的实例建立起对革命运动的实际支持。"③4月17日，俄共（布）中央政治局中国委员会召开会议，确定苏联政府向国民军提供援助的条件："（1）提供的援助应当是有偿的，或全部用货币偿还，或部分用货币、部分用原料偿还。支付的方式和条件根据主要的政治协定确定。运费在任何条件下都应立即算清。（2）在冯玉祥、外蒙古和苏联之间订立三方友好互助口头协议，冯玉祥作出关于接受我们对蒙古的计划和关于他的势力范围内向外国人提供任何租界的单方面书面保证。"会议还听取了隆格瓦关于在北京组建领导中心问题的报告，决定"为了领导中国的整个军事工作，在北京成立由苏联全权代表加拉罕同志（主席）、军事领导者格克尔同志和军政工作领导者沃罗宁（成员）组成的中心。"④

5月，苏联政府派远东军区总司令任江为首的军事顾问团三十人，经由

① 《联共（布）、共产国际与中国国民革命运动（1920—1925）》（1），第583页。

② 《联共（布）、共产国际与中国国民革命运动（1920—1925）》（1），第589页。

③ 苏联国防部档案，转引自维·马·普里马科夫：《冯玉祥与国民军——一个志愿兵的札记（1925—1926）》，中国社会科学出版社1982年10月版，第8页。

④ 《俄共（布）、共产国际与中国国民革命运动（1920—1925）》（1），第603—604页。

外蒙到达张家口。苏联顾问到达后，立即展开对国民军第一军官兵的培训工作。在苏联顾问的帮助下，国民军中建立了炮兵、步兵、工兵、骑兵学校以及反间谍学校，小型通讯学校等。苏联顾问编写教学大纲，制作教材教具等，全部教学过程由苏联专家主持，并亲自授课。苏联顾问在国民军中的另一项重要任务，是帮助国民军建立生产武器、弹药的工厂。苏联顾问帮助国民军建造了第一批铁甲车，培养了一批铁甲车官兵和技师，重新装备军械修理厂。此外，苏联顾问还在张家口、丰镇、平地泉设立三个训练基地，帮助国民军训练部队。

5月29日，俄共（布）中央政治局中国委员会召开会议，决定进一步扩大该委员会的权限："中国的一切军政工作和经费的发放统一集中于中国委员会。"会议听取了有关中国工作的报告，决定在中国设立三个军事顾问组，即南方广东一个，北方冯玉祥（张家口）和岳维峻（开封）处各一个。张家口顾问组普特纳为组长，普里马科夫为副组长；开封顾问组配合张家口组工作。会议认为在冯玉祥（张家口）和岳维峻（开封）处各建一所"黄埔式的军政学校"是适宜的，学校完全由中国委员会管理。除四千支步枪和四百万发子弹已正在运输途中外，会议打算给冯部二至三辆小坦克、九千支步枪和九百万发子弹。还准备在适当的情况下给冯部一千把军刀和五百支长矛。所运物资在外蒙古境内由蒙古人民军护送，在内蒙古境内及取道库伦至张家口，则由冯玉祥部队护送。会议还决定拨款十万卢布组建混合运输公司来为库伦至张家口的军援物资提供运输服务。[①]

苏联军援物资源源不断地运达冯玉祥军中。从1925年3月至1926年7月，国民军从苏联得到步枪三万八千八百二十八支，日本步枪一万七千零二十九支，德国子弹约一千二百万发，七点六毫米口径步枪子弹四千六百二十万发，大炮四十八门，山炮十二门，手榴弹一万多枚，配带子弹的机枪二百三十挺，迫击炮十八门及药品等。这部分军火有一部分是无偿的。到1926年10月底，国民军根据协议又从苏联得到了三千五百支步枪，一千一百五十万发子弹，三架飞机，四千把马刀，十支火焰喷射器

---

① 《俄共（布）、与中国革命运动（1920—1925）》（1），第623—627页。

等。①与此同时，苏联也向国民军第二、三军提供了军事援助。

　　1925年6月5日，俄共（布）中央政治局中国委员会会议还建议，在蒙古境内组建一支国际部队，以便在战争爆发时支援冯玉祥。该部队总的构成：一个骑兵团（三千名骑兵），包括四个马刀队、一个机枪骑兵连、一个马力牵引炮排、一支由装甲汽车组成的队伍。部队组建期限为二至三个月，组成后转为冯玉祥负担费用，作为中国军队的组成部分存在和活动。该部队的组建及其军事器材和马匹的供给由苏联方面负担，费用为一百五十万卢布，并立即预支二十五万卢布交军事委员会主席伏龙芝支配，其余款项由伏龙芝与索可里尼柯夫协商进一步拨给。中国委员会和伏龙芝批准了该建议，并提交指挥机关核准。②8月21日，俄共（布）中央政治局中国委员会召开会议，研究了有关中国的形势。会议认为"张作霖和人民军（即国民军，下同）之间的冲突不可避免，应在未来的冲突地区做好政治上的准备。"③9月28日，俄共（布）中央政治局中国委员会决定，帮助国民军建立一支空军飞行中队。会议记录写道："满足为广州、冯玉祥和岳维峻提供三十五架飞机的申请。责成工农红军空军局尽快准备十二架飞机，给广州六架，给冯玉祥六架。为飞机配备必要的飞行员，使每个机组在派出时自成一个完整的飞行中队。"④虽然这些援助计划，由于种种原因，有的没有付诸实施，但从中可以看出，共产国际、联共（布）和苏联政府对国民军在中国政治军事中的地位和中国革命进程中的作用的重视程度。

---

　　①　［苏］维·马·普里马科夫：《冯玉祥与国民军——一个志愿兵的札记（1925—1926）》，中国社会科学出版社1982年版，第10页。

　　②　《联共（布）、共产国际和中国国民革命运动（1920—1925）》（1），第630—631页。

　　③　《联共（布）、共产国际与中国国民革命运动（1920—1925）》（1），第664—665页。

　　④　《联共（布）、共产国际和中国国民革命运动（1920—1925）》（1），第684—685页。

三、苏联对国民军援助的评价

苏联对国民军的援助,既有积极的一面,也有消极的一面,其消极的一面虽然不是主要的,但其不良影响也决不可忽视。

1. 推动中国革命发展

苏联的援助在主观和客观上都有推动中国革命的客观效果。1926年2、3月间召开的共产国际执行委员会第六次扩大会议在《关于中国问题决议案》中提出要把国民军改造成为一支革命的武装力量。决议指出:"国民军在华北之成立及其反对封建军阀之斗争,乃是民族解放运动的重大成绩,它们与广州军队共同成为建立中国民族革命民主军队之基础。中国共产党和国民党的任务,应该是对于这个组织民主革命的军事力量的事业予以最坚决的维护,而同时又应该在军队本身的内部关系(它的编制、挑选和改造干部,严正的组织工作),以及在其与经常或临时驻扎区域的民众之相互关系上,进行革命化的最坚毅的和坚决的工作。"[1]苏联在对国民军进行军事援助的同时,也力图促使国民军与国民党合作,尤其是南口大战后,苏联把推动国民军策应北伐放在突出重要位置,实现了国民军向国民革命武力的转化,为国民革命作出了贡献。

苏联的援助大大增强了国民军的实力。国民军是由直系军阀分化出来,他们倒戈的原因之一,是他们在直系中的"待遇差","饷项不足",装备奇缺,发展受到限制。据后来苏联顾问观察,国民一军"大都是用1898年和1901年出厂的德国步枪装备的,最新的步枪是1902年,步枪质量很坏"[2],而且数量不足。二军、三军的情况比一军还糟。北京政变后,国民军的财政来源也远逊于奉系军阀和其他对手,所以这种状况并没有多大改观。这使国民军在与奉系军阀及其他对手的作战中始终处于下风。为提高国民军的装备水平,苏联专门提供了许多援助。1925年10月13日,苏

---

[1] 《共产国际与中国革命资料选辑》(1925—1927),人民出版社1985年版,第109页。

[2] [苏]维·马·普里马科夫:《冯玉祥与国民军》,中国社会科学出版社1982年版,第203页。

联军事委员会主席伏龙芝在《向俄共（布）中央政治局提出的关于中国军事政治形势的报告》中，对中国军事政治集团的现状作出了分析，认为在近期冯玉祥的军队与张作霖、吴佩孚势力"必然导致武装冲突"，而"冯玉祥军队的目前状况不能保证他一旦同张作霖发生冲突能够取胜。我们在第二、第三人民军中影响的扩大和他们同冯玉祥的联合行动，在很大程度上取决于我们向他们提供他们所需要的援助。""中国委员会1925年9月30日向政治局提出的对人民军的第031334/C号物资支援计划，我来后已看过，这个计划正是根据对形势的这种估计和实际需要提出的，满足这些实际需要可以加大人民军在行将到来的冲突中取胜的可能性"[1]。正是苏联的援助，才使国民军的装备和训练水平上了一个台阶，作战能力明显提高。冯玉祥的部将孙连仲回忆说："当时的武器以东北军最好，我们西北军第二，吴佩孚比我们差。"[2]这种惊人变化是在接受苏联援助后短期之内实现的，对国民军取得反奉战争的胜利具有重要意义。

2. 苏联援助的局限性

苏联对国民军的援助也是从苏联本国的民族利益出发，扩大苏联对中国政局的影响。因此，在苏联援助国民军的过程中，苏联与国民军的合作目标不能完全一致，这使他们之间充满了矛盾。

苏联对冯玉祥的援助是有偿的，而且还附有一定的政治条件。1925年4月17日，中国委员会成立后的第一次会议，就提出在下列条件下，可以向冯玉祥提供援助："（1）提供的援助应当是有偿的，或部分用货币偿还，或部分用货币，部分用原料偿还。支付的方式和条件根据主要的政治协议确定。运费在任何情况下都应立即算清。（2）在冯玉祥、外蒙古和我们之间订立三方友好互助口头协议，冯玉祥要作出接受我们对蒙古的计划和关于在他的势力范围内向外国人提供任何租界的单方面书面保证。"[3]第一项

---

[1] 《联共（布）、共产国际和中国国民革命运动（1920—1925）》（1），第712—713页。

[2] 刘凤翰编著：《孙连仲先生年谱长编》第一册，台北，国史馆1993年版，第75页。

[3] 《联共（布）、共产国际和中国国民革命运动（1920—1925）》（1），603页。

条件中，"中国委员会"在规定有偿支付的方式和条件要根据"主要政治协议确定"。第二项条件更让人感到苏联似乎在利用中国的分裂，借助对冯玉祥的援助，谋取利益。在1924年5月中苏两国签订的《中俄解决悬案大纲协定》中，苏联明确表示："承认外蒙为中华民国之一部分及尊重在该领土内中国之主权。"并作出了从外蒙古撤出苏军的承诺。然而事隔不到一年，苏联不仅没有遵守协定，从外蒙撤军，反而继续扩大苏联的影响，支持蒙古人民党从事外蒙独立。现在又通过冯玉祥谋取利益。苏联甚至要求只有在加拉罕"得到有关租界的答复后才能继续发运武器"[①]。

苏联的援助主要是为围绕苏联的紧迫国家利益展开。苏联之所以援助国民军，是因为北京政变后，日本及亲日的奉、皖军阀势力急剧膨胀。共产国际驻中国代表维经斯基认为："反直系的胜利同时把日本帝国主义巩固了"。日本帝国主义的阴谋目的就是要在中国"创立一个忠于日本帝国主义者的政府"[②]。日本是苏联在远东的主要敌人，曾出兵干涉苏联十月革命。两国在中国问题上尖锐对立。奉、皖军阀控制中央政府。苏联与长期与日本关系密切的奉系军阀也存在深刻矛盾，双方在中东路等问题上时有摩擦；而张作霖以反共著称。因此，苏联急欲寻找一支可与奉系军阀抗衡的力量。苏联希望通过军事援助加强对国民军的影响，以达到巩固和扩大苏联在华北地区影响力的目的。苏联对国民军的援助标准，是使国民军具有能够同奉军抗衡的实力。随着国民军和奉系军阀关系日趋紧张，苏联援助武器数额也不断增加。

苏联援助国民军的局限性在苏联推动国民军和吴佩孚合作的过程中表现得淋漓尽致。1925年8月，奉军在第二次直奉战争后，大举南下，进占苏、沪等地。伺机待起吴佩孚乘势打出了讨贼反奉的旗号，以吴佩孚、孙传芳为代表的直系势力重新崛起。吴佩孚的复出，使苏联看到了"新的希望"。苏联和吴佩孚早年就建立过较为密切的关系。由于吴佩孚在中国

---

① 《联共（布）、共产国际和中国国民革命运动（1920—1925）》（1），第604页。

② 中共中央党史研究室第一研究部译：《共产国联、联共（布）与中国革命文献资料选辑（1917—1925）》（2），北京图书馆出版社1997年版，第622页。

军政界的地位和影响也远远超过冯玉祥，苏联开始把联合抗奉的目标转向吴佩孚，并试图推动吴、冯联合。随着吴佩孚影响的扩大，苏联的这种态度日益明朗。苏联革命军事委员会主席伏龙芝认为，中国事态的发展"已越来越把吴佩孚和他所领导的直隶集团推到首要地位"。吴佩孚正在成为"核心政治人物"，同时"好像也在成为民族运动重新爆发的中心"。他甚至认为国民军以及冯玉祥的"作用和意义正渐渐消失"[1]，苏联甚至警告冯玉祥，对吴佩孚采取任何行动，"都可能是一个在战略上错误的和对反奉斗争事业有害的步骤"[2]。因此，苏联的主张一开始便遭到冯玉祥的反对，冯玉祥不能同意把自己辛辛苦苦建立起来的军队重新交到吴佩孚的手里，况且吴佩孚的崛起，已经严重损害了国民军的利益。但由于苏联方面的坚持，求援无路的冯玉祥也只好委曲求全。但吴佩孚坚决拒绝了苏联的建议，使苏联无功而返。

作者简介：

于兴卫，法学博士，军事科学院战争理论和战略研究部助理研究员，《中国军事科学》编辑部编辑。

---

① 《联共（布）、共产国际与中国国民革命运动（1920—1925）》（1），第713页。

② 《联共（布）、共产国际和中国国民革命运动（1920—1925）》（1），第735页。

《南口大战》研究中的几个问题

周振刚

　　由北京市昌平区政协主编，中国文史出版社出版的《国民军与南口大战——大革命的北方战场》一书，主要是为了纪念即将到来的中国共产党成立90周年、辛亥革命100周年和南口大战85周年。另一方面，我们也想借此机会，对中国近代史上的这场主战场在北京昌平地区的著名大战，从史实考订和史料整理两个方面作一番梳理，以期能够在学术上起到填补这方面空白的作用。

　　第一，关于南口大战研究现状。

　　在做这项工作之前，我们没有见到关于南口大战方面较为全面的系统的研究，即尚未见到一部关于南口大战的学术专著。当时，摆在我们面前的有十本著作和十篇论文。这十本著作是：李泰棻《国民军史稿》（1930年北平铅印本）、简又文《冯玉祥传》（台湾《传记文学》第37期第6卷）、陈鑑波《中华民国春秋》（台湾三民书局1984年增订版）、王宗华、刘曼容《国民军史》（武汉大学出版社1996年版）、萧裕声《李大钊的军事活动》（军事科学出版社，1999年版）、来新夏等《北洋军阀史》（南开大学出版社2000年版）、王光远《冯玉祥与中国共产党》（中央文献出版社2004年版）、刘敬忠、田伯伏《国民军史纲》（人民出版社2004年版）、沙健孙主编《中国共产党史稿》（中央文献出版社2006年版）和郭剑林《吴佩孚传》（北京图书馆出版社2006年版）。另外，1981年文史资料出版社出版了冯洪达、余华心《冯玉祥将军魂归中华》一书，该书"尽可能简略地勾画一下冯玉祥将军前半生的轮廓"，但不知为什么对于南口大战竟只字未提。

　　这十篇论文是：李善雨、杨树才《李大钊与国民军》（《齐鲁学刊》1985年第2期）、邹孟贤《中国共产党与冯玉祥的国民军》（《华中师范大学学报》人文社会科学版1987年第4期）、史滇生《大革命时期党对国民军的工作》（《党史研究与教学》1989年第2期）、王承璞《李大钊与国民军》（《党史研究与教学》1989年第6期）、杨雨青《国民军与俄共（布）

中央政治局中国委员会》（《近代史研究》2000年第3期）、刘敬忠、王树才《试论冯玉祥及国民军1925—1927年的政治态度》（《历史研究》2000年第5期）、潘泽庆《大革命时期的中国共产党与国民军研究综述》（《学术月刊》2001年第8期）、刘敬忠、王树才《国民军在南口大战前与苏联的关系》（《中国社会科学院研究生院学报》2002年第2期）、黎世红《大革命运动北方战场研究》（《南阳师范学院学报》2003年第8期）以及冯文中《冯玉祥与国民军》（《武汉文史资料》2004年第8期）。如果算上陈铁健的那篇《国民军史纲·序》，当为11篇。陈《序》好像还在《中华读书报》上发表过。

在这些著作和文章中，最主要的有三本著作。李泰棻的《国民军史稿》，以其篇幅宏大、内容翔实，今天看来仍不失为国民军研究方面的奠基性著作。1925年8月，李应冯玉祥邀请到国民军中"聘讲史实"，并出任绥远教育厅厅长。其在国民军中讲授历史的同时，留心笔记，注意收集史料，撰成《国民军史稿》一书。有人评论说，李勤勉有加，灵性不足，故其著述纂集罗列比较有余，个人思辨不足。这个评论是中肯的。因其纂集排比较多，保存了大量这方面的史料，是我们研究国民军的主要参考资料。但李著对南口大战，则语焉不详。该书共69章，涉及南口大战的第39章"放弃北京及南口战役"，为该书最短的一章，总共不过1000字。顺便说及，李泰棻与李大钊同为北大教授，交情不错。据说李大钊就义后，无人敢出面料理后事，李毅然站出来为其收尸入殓，买棺治丧。当然，历史是复杂的，李泰棻后来出任伪职，亦是事实。近年来，王宗华、刘曼容的《国民军史》和刘敬忠、田伯伏的《国民军史纲》，也可称国民军研究方面的力作。这两部著作，各有特色，前者执著于排比史料，后者热衷于议论褒贬，虽然对于南口大战也用了一些笔墨，但是毕竟不是研究该大战方面的专著。

第二，《国民军与南口大战》一书主要解决了什么问题。

关于南口大战在北伐战争中的地位和作用，目前学术界已经有了一致的意见。中共中央党史研究室所著《中国共产党历史》[①]指出："1926年4至8月，国民军坚持了四个月的南口保卫战，最后撤退到绥远。南口战役不仅吸引了张作霖、张宗昌等属下的部队，而且长时间拖住吴佩孚部主力，对北伐军在两湖地区的胜利起到了重要的配合作用。"

《国民军与南口大战》一书由四个部分组成，全书约60万字。这是一个阶段性成果，也有一个愿望，想为南口大战的继续深入研究，提供一个平台。第一部分《南口大战始末》一文（约9万字），主要精力放在两个问题上。一个是弄清南口大战的来龙去脉，一个是深入发掘南口大战的社会背景，特别是苏联方面的背景。

关于前者，有一个从哪里说起的问题。比如，中国共产党历史从哪里说起？毛泽东认为，从党的成立说起，有的事情说不清楚，从辛亥革命说起差不多，从五四运动说起可能更好一些。同样，南口大战发生在1926年，但如果只是从1926年说起，恐怕有些事情就说不清楚。我们现在从北京政变和国民军建立说起，大致上就差不多了，比从辛亥革命说起，可能要好一些。现在这样的写法，从总体上看，我们觉得把南口大战的缘由、经过和结束的全过程基本上说清楚了。狭义上的南口大战，发生在1926年4至8月，除了南口正面战场外，还包括晋北战役、多伦战役、西安保卫战、甘肃保卫战等一系列的战事。《南口大战始末》一文，写这次大战的经过大约用了二万字，所占的篇幅不算小，但是如果平均到五个战役，每个战役的所用字数实在不能多。所以，《始末》一文对南口大战的描述，可以说是很粗放的。这当中，主要原因是国民军"军不置史，注记无官"，以至于造成过程靡书，行事多遗。然而，我们对《始末》"南口大战的经过"的预后，是很抱有希望的。现在的电视剧，抗日题材的很多，以大革命为题材的就很少。南口大战是一个很好的题材。我们搞得好，可以在尊重事实、尊重历史的前提下为这个题材的文艺作品包括电视剧的创作提供素材。我们希望这方面的知情者，无论史学界的，还是参与此次大战的国民军将领的后代，下点工夫，深入发掘一下，把这方面的材料提供出来。

关于后者，起初人们的认识并不一致。苏俄国内一般舆论认为冯玉祥在政治上有美英背景。如拉狄克在北京政变后不久《真理报》的一篇评论中说："所谓的'基督将军'冯玉祥在此前一直被人看成是美国的一个普通走卒。"[②]该报发表的另一篇署名穆辛的文章也说："这位'基督将军'本人不仅和美国传教士，而且还和美国的银行家和外交家保持有非常密切的关系。"[③]在国内，陈独秀认为，北京政变"显然是英美帝国主义者抛弃一个旧工具——吴佩孚，另换上一个新工具——冯玉祥。"[④]彭述之认为，政变"是英美帝国主义更换宰割中国、统治北京的'代办'。"[⑤]说冯玉祥是英美帝国主义的"走卒"和"工具"，在当时并无实在的证据，只不过是依据冯玉祥相信基督教并在其军队中推广基督教礼仪的一种推测。

有一种意见认为，冯玉祥有日本背景。有一个美国人，叫J.E.Sheriden（薛立敦），在其所著《Chinese Warlord：The Career of Feng Yu Hsiang》（《中国军阀：冯玉祥的经历》StanfordUniv.Press，1966）一书中，根据日本人松室孝良口述回忆录等资料认为，北京政变是由在中国的日本陆军和外交人员的积极帮助、资助，或者甚至谋划的，冯玉祥知道日本人在一定程度内是这次政变"sponsors（后台）"。[6]另有俞辛焞在其《日本对直奉战争的双重外交》[7]一文中，引用东亚同文会编的《续对华回忆录》的材料说，1924年第二次直奉战争即将爆发时，日本人寺西秀武到天奉劝张作霖联合段祺瑞打吴佩孚，并献计拉冯玉祥。而后，他转赴天津和段策划拉冯的计划，并决定由段给张写信。不久，段给张写信说，如出资100万元就能拉冯玉祥、胡景翼、孙岳等人倒戈。在日本军事顾问松井七夫和坂东的劝说下，张拿出了这笔钱。"经三井银行奉天支店长天野悌二之手，交到日本驻天津司令官吉岗显作，由吉岗交给段"，"段又派冯的日本人军事顾问松室孝良少佐和王乃模、段祺澍三人，交冯玉祥"。对于前一种意见，简又文在《冯玉祥传》中对薛的观点，逐条加以驳斥，认为北京政变不是日本人用金钱贿买的，"事前事后均与日本毫无关系"。[8]对于后一种意见，如果事情确实的话，最多只能说明日本军人曾劝张作霖出钱拉冯，而不能说明日本人直接参与了北京政变。

与上述意见相反，孙中山承认他和国民党对冯发动北京政变有影响。政变之后，孙中山说过："在两三年前，便有几位同志说：我们以后革命，如果还专在各省进行，力量还是很小，必要举行中央革命，力量才是很大。由于这个理由，那几位同志便到北京去进行。""这回变化（指北京政变）之中，有一部分是革命党的力量。"[9]

北京政变后，在国共两党的帮助下，冯玉祥和国民军与联共（布）、共产国际、苏俄政府建立了密切的关系，而且随着时间的推移，这种关系越来越深化。而后，苏俄政府对国民军进行了包括武器装备在内的大规模物质、经费和人员的援助。俄共（布）中央政治局为了加强对冯部的军事援助，为冯与国民军量体裁衣，成立了权威机构"中国委员会"。到1925年下半年，共产国际、联共（布）和苏联政府对国民军和广州革命政府的援助不仅大大超过了中共，而且在人员、经费和武器装备方面对国民军的援助也超过了南方国民政府。1927年4月，奉系军阀控制下的京师警察厅对苏俄使馆、远东银行和中东路办事处进行了大规模查抄，逮捕了藏匿在旧俄卫队兵营的李大钊和国民党人士，并截获了一大批来不及焚毁的秘密文件、旗帜印信以及枪支弹药。查抄搜捕后，奉系军阀公布过一批所谓的"苏联阴谋文证"。这个由京师警察厅编译会编的《苏联阴谋文证汇编》（1927年编印，线装本第1册），现存北京大学图书馆。所谓的"苏联阴谋文证"中所述的事，并非完全空穴来风。我们撰写《南口大战始末》，关于这方面的史料主要不是"苏联阴谋文证"，而是黄修荣主编的6卷本《共产国际、联共（布）与中国革命档案资料》丛书，因为这套丛书所公布的档案从内容上看已经大大超越了所谓的"苏联阴谋文证"。北洋军阀联军对国民军的进攻，南口大战的发生，都是打"讨赤"旗号进行的。这就是说，无论国民革命军，还是国民军，其国际背景都是共产国际、联共（布）和苏联政府。所不同的是，南方革命政府公开高举联俄、联共的旗帜，而国民军则是只做不说而已。《南口大战始末》用大量篇幅阐述这一背景，应该说是有说服力的。

第三，如何进一步深入研究。

1. 首要任务是努力把南口大战的事实本身弄清楚。当然，从学术上讲，我们不能为事实而事实，还要把研究引向深化。比如，在南口大战前，国民军为什么竭力否认所谓的"赤化"？国民军为什么要花大力气向北洋军阀特别是向吴佩孚求和等等。

2. 把南口大战研究与中共党史研究、李大钊研究结合起来。李大钊对于冯玉祥和国民军，以及南口大战介入得很深。现在我们知道，北京政变后，冯玉祥出任西北边防督办，冯与加拉罕、鲍罗廷等人的相识和会谈，苏联政府对国民军的军事援助，国民军退守南口的战略方针的制定，冯访问苏联和加入国民党，以及后来敦促冯由苏联回国和五原誓师等一系列重大事件，都是李或积极参与，或精心安排和组织的，其中有的事件李起到了关键的作用。从《李大钊全集》[10]和朱文通主编的《李大钊年谱长编》[11]得知，李在北京政变后已经基本上停止了学术活动，专门从事国共两党正在进行的政治军事活动。然而，我们现在对于李在国共两党党内是如何活动的知之甚少，更不要说在国民军中的活动了。著名史学家张静如先生曾号召"要继续努力挖掘李大钊的著述和活动史料"，我觉得李大钊生平的最后几年与冯玉祥和国民军休戚相关，发掘这方面的史实、史料和著述，意义是十分重大的。中国社会科学院的朱成甲先生受中国李大钊研究会的委托写了《李大钊传》（上），现已由中国社会科学出版社出版，质量很高。研究南口大战对于写下册，可能会有所帮助。我们请朱先生来参加会议，希望他能对南口大战的研究予以指导。不知朱先生下册写得怎么样了。从上册的情况看，下册一定是高水准的著作。我们预祝朱先生成功。

3. 把南口大战研究与中华民国史研究、徐谦研究结合起来。南口大战本身就是中华民国史研究中的题中应有之义。此次大战涉及众多民国历史人物，我们编撰《国民军与南口大战》一书，从中挑选出一些主要人物，写成附录"人物简介"，以期读者能够在对历史人物较为全面的把握中知人论世。我们研究南口大战，徐是一个重要人物。与李大钊一样，徐谦是位学者型的政治家，凡是李大钊与冯玉祥及国民军的关系而形成的事件中，几乎都有徐的身影。换言之，很多事情是徐与李大钊一起做的。当然，徐也有他突出的地位与作用，比如美国人包华德主编的《民国名人传记辞典》②说："政变（指北京政变）后，冯玉祥聘徐谦到北京当顾问。一些人说，此次事变乃由徐谦鼓动。"是不是这样，可以研究。关于冯玉祥访问苏联和加入国民党的事。1926年3月，冯玉祥由平地泉动身经库伦赴苏联考察。4月，徐和陈友仁、顾孟余、苏联顾问鲍罗廷等在库伦与冯玉祥举行了三天会谈。据冯自述，他是在和徐详谈后，决定加入国民党的。这当中有关情节，还鲜为人知，值得研究。1927年3月徐被选为国民政府委员会常务委员，后又被选为国民党政治会议常务委员、军事委员会成员。徐做了惊天动地的大事，权势亦达到了高峰。但是，"四·一二"以后，徐与武汉政府的另一些成员被蒋介石列入通缉的名单之中。大革命失败后，徐同时受到国民党、共产党的反对，两者都责备他出卖了他们。此乃后话。

作者简介：

周振刚，湖北襄阳市市委党校教授。

参考文献：

①中共党史出版社，第一卷上册第177页。

②拉狄克：《中国的夺权斗争（1924年10月26日）》，《苏联〈真理报〉有关中国革命的文献资料选编》第1辑，四川省社会科学院出版社1985年1月版，第63页。

③穆辛：《评中国最近的事态（1924年11月6日）》，《苏联〈真理报〉有关中国革命的文献资料选编》第1辑，四川省社会科学院出版社1985年1月版，第65页。

④《北京政变与中国人民》，载《向导》第89期。

⑤《北京政变与投机无耻的公团之请求》，载《向导》率89期）。

⑥见薛著第145页。

⑦《南开学报》1982年第4期。

⑧《传记文学》第37卷，第4期，第137页。

⑨《孙中山选集》第8卷第378页。

⑩最新注释本，人民出版社2006年3月版。

⑪中国社会科学出版社2009年12月版。

⑫《中华民国史资料丛稿·译稿》第九辑，中华书局1980年3月排印，第115页。

放弃北京及南口战役

李泰棻

国民军在四面楚歌之中，惟综计一、二、三、四、五军兵力尚有一二十万人。在热河方面者，为宋哲元等部；在京东北方面者，为孙连仲、刘汝明、郑金声等部；在京东南方面者，为韩复榘、石友三等部；在京汉线及京西南者，为陈毓耀、弓富魁、徐永昌、方振武等部；在晋北方面者，为石敬亭、张自忠、韩多峰等部；在京城内者，为门致中、许骧云、马鸿逵（字少云，甘肃）等部。国民军虽处极险恶环境，然万众一心，防守周至。故联军方面，初无若何之发展。且阎锡山虽增兵晋北，并无露骨表示。吴佩孚以请求释放曹锟，阳为谋和，亦未进兵。而奉张又以李景林，有助郭反奉嫌疑，意在使李军先与国民军交锋，俟李军牺牲至相当程度，再以重军乘国民军之敝，则北京可唾手而得。独李景林恃张宗昌之应援，觇知国民军有放弃北京之意，因尽驱精锐，于4月初旬，向黄村猛攻，以期捷足先得。而国民军则有韩复榘、石友三等与李对抗。在黄村一带，激战旬日。直鲁军屡进屡退，战事极为激烈。而奉军时以飞机在北京城内抛掷炸弹，市民恐慌不安。国民军为保全实力起见，乃决定向西北退却。

北京退却之情形

北京历辽、金、元、明、清，建都五代，时近千年。巍峨壮丽，阛阓殷阗，且各国使馆林立，商业繁盛。奉军竟乘战事吃紧之时，日派飞机，翱翔空际，向京城内外抛掷炸弹。国民军为顾全地方及避免外人之责言计，乃决定放弃北京，近畿一带部队，开始撤退。计主要各部，沿京绥线，退向南口附近。京东各部，退向怀柔、顺义、延庆等处。京西各部，退向斋堂、蔚县、涞源、桃花堡等处。同时热河方面，宋哲元等部，亦自动撤退多伦一带。以缩短战线，巩固防御。国民军因全部自动撤退，故迄未受丝毫损失。而撤退之神速，与纪律之整严，尤为中外人士所称道焉。时随一军西退者，二军仅弓富魁旅，三军则徐永昌师，刘廷森、胡德辅及武勉之各旅，以及黄德新团、续宝峰独立营（后改编为旅，以续不模为旅长）。五军则全部东退，于昌平、牛栏山间，掩护一军退却，抗战奉军，伤亡枕籍，尤著奇勋焉。

南口战役

南口位于居庸关与昌平之间，重峦叠嶂，鸟道崎岖，自昔称为天险。当国民军退出北京之前，以先布置防御工事。其方略：凡车马可行之路，均筑成深阔10余丈之壕沟，沟前设电网，沟后设地雷，更复为正式防线。铁路上，为钢甲车5辆，以备冲锋。山巅则架设大炮，俯瞰山下。铁路防线，左翼自龙虎台，经石门，至长城根之撞道口。右翼自石寨，经镇边城，至长城根之沼河口。蜿蜒约百十里，防备周严，殆罕其匹。其在南口正面者，为刘汝明师；左翼为佟麟阁师；右翼为陈希圣旅。鹿钟麟为总指挥。是为东路。又南口之极左翼直至多伦，为宋哲元、韩复榘、石友三、陈毓耀、王魁元等部。以宋哲元为总指挥。是为北路。南口极右翼直至蔚县，为弓富魁、徐永昌、方振武等部。弓富魁为总指挥，是为中路。此国民军布防之大概也。而反国民各军，以南口逼近北京，设有不备，则根本动摇。故最初计划拟分五路同时进攻，以期将国民军尽数消灭。以汤玉麟任第一路，由热河攻多伦；以万福麟任第二路，由怀柔攻独石口；以徐源泉任第三路，由昌平攻南口；以田维勤任第四路，由门头沟紫荆关攻桃花堡；以商震任第五路则由天镇攻张家口。对国民军取包围形势。第各路之指挥，既不统一，而各方将领，皆同床异梦，咸怀观望，不肯单独进攻。而南口一带，形势险要，防守完备，徐源泉等，无隙可乘。仅以重赏，挑选勇敢善战之兵士，及下级军官，仰攻附近山头。然以林木葱蒨，难以远视，往往于攀藤附葛，拾级猱升之际，辄被国民军狙击。能生还者百不一二。追后张学良部，亦加入此线，协助进攻，战事日激。然亦仅以重炮，日向国民军阵地频施轰击。所耗炮弹难以数计，伤亡官兵尸横遍野，然终不能越雷池一步，亦云难矣。

摘自李泰棻《国民军史稿》1930年北京铅印（竖字）本

南口之役

简又文

国民军自4月15日退出北京后，即分派重兵扼守东西南各要隘。是时，全军编制：张之江任全军总司令，鹿钟麟、宋哲元分任南路、西路总司令。刘汝明扼守南口，王镇淮、席液池守察东之沽源、多伦。韩复榘、石友三守平地泉、丰镇。各将领团结刻苦，誓死坚守，不肯撤兵。西北军已为张、吴集矢之的，又以负隅顽抗，逐使奉、直两方以同仇关系仍联合进攻。此时，在政局方面，奉张让吴氏操北京舞台。5月中，吴入京后首即释放囚居延庆楼之曹锟，并即与张作霖协商联合奉、直全军，进攻冯军。奉方之吴俊升、汤玉麟由热河攻多伦。鲁军张宗昌及直军攻南口，而以吴佩孚为总司令。复由阎锡山晋军攻丰镇。计三面攻军全部兵员50万人。西北军应战策略，最初在多伦、南口取守势，而对晋北则取攻势。

对晋之战，甚为重要，以其形势足以扰乱后方；若克敌制胜，不特巩固后防，而且可打通陕、甘直接联络线，又足以多取给养，更大可以控制北京、直隶、河南三地。前常战胜李景林后，俄人鲍罗廷即由粤北上谒冯氏，密献取晋之策，谓如不乘时攻晋，后必受其大患云。然冯氏当时正力主和平，不欲兴无名之师，轻启战端（其后果如鲍之所料，受晋威胁）。至是时，形势危急，三面受敌。雁门关以北诸县尽为西北军占领。张、宋等卒以战线太长，兵力散开，不敷分配，乃停止进攻。

南口、怀来方面，奉直军始以靳云鹗、田维勤、魏益三（两人时已投吴）进攻。各军虚与委蛇，不敢进兵，吴怒斩靳职。6月，张作霖至京。奉直联军乃猛攻各地。张宗昌、张学良、褚玉璞等，亲率精锐赴南口督战。西北军刘汝明、张万庆仅以第六师一万六千人守南口。防御工事极为坚固，鏖战数十日，战事极剧烈。奉直军死伤数万人，卒不得逞。

西北军战事，西、南两路俱严阵以待，屡获胜仗。唯多伦东面，密迩热河，敌军进攻不易，且以地势多山，险要易守，故守军无多。而奉方则令吴俊升、汤玉麟等暗率黑省精锐骑兵，劳师远征，越过热河荒漠苦地而猛攻沽源、多伦。王镇淮、席液池及民军蒙三点等坚守，黑军不得逞。

118

后以兵力单薄，张垣总部又以各路吃紧，无援兵之可调，多伦守军渐呈不支。此时王、席二人因事发生误会，席竟弃职逃去，黑军遂长驱直入。沽源、多伦一旦失守，张垣之后方藩篱尽撤，不得不放弃。8月14日，张之江乃急下令全军退却；南口刘汝明师亦退，计只余6000人耳。奉直军遂分占张垣、南口，且西进追击。

南口之役，为西北军战史中光荣之一页，能以极少数兵力抗拒奉方精锐大军至4个月之久。难因形势不佳，众寡不敌，卒至放弃，且蒙其大损失，然而是时南方国民革命军已长驱直入湘、鄂，估计南口全役之军事价值，则因西北军之牺牲，牵制吴之全师，使不能南下援鄂，遂使南军节节胜利。及南口退却，吴急回师赴鄂，则时机已过，败局不可挽回，终至一蹶不振，而国民革命军遂成大功。是故此役对于国民革命贡献甚巨也。

西北军之西退，以事起仓促，运输不灵；秩序凌乱，损失颇大。留驻晋北之韩复榘、石友三、张自忠等部，撤兵不及，乃与商震妥暂归晋方改编，一则以保存实力，二则以掩护退却，三则协助晋军扼守绥远以阻奉军之发展，亦计之得者。但军中有些同袍便以为他们背叛团体，变节投降，始终不能原谅了。其沿途西退之各部，因运输不利，或则徒步西行，或则流亡山野。迫在平地泉、五原等处集合，队伍凌乱，几不成军，军事之损失更无可计算了。加以塞外奇寒，食料不足，军衣粮食无法补充。困苦之状，难以笔述。此时也，西北全军合国民军一、二、三、五军之众，仅余数万人，乃随便拼集编成师旅，但饥寒交迫，敌军紧追，前路茫茫，而又无主帅，全军精神颓丧，希望断绝，士气不振，能力全消，环境恶劣，光景绝望，西北军生命危乎殆矣。（按：国民军第五军名号系方振武部脱离鲁张宗昌部投效改编。）

注：摘自简又文遗著《冯玉祥传》，载于台湾《传记文学》第37卷第6期。该书编者按云：旅港史学家简又文教授治太平天国史之余，著有《冯玉祥传》一稿。简先生与冯为旧识，且在西北军任职多年，以其亲身经历及治史修养，多方搜集资料撰成此稿，实为冯逝世后30年唯一之第一手传记。本稿部分曾在香港期刊连载，简先生将版权售与本社后（连同有关太平天国史各书版权），曾作大幅度修正与补充，并更名为《冯玉祥传》（原名《冯玉祥将军传》）。

述 评

陈鑑波

自民国十三年（1924）十月二十三日，冯玉祥倒戈联奉反击曹吴，与曹吴造成死敌。民国十四年（1925）十一月二十二日，冯玉祥又与郭松龄联合进攻奉军，致使奉军几频崩溃，张作霖对冯玉祥痛恨万分。因此吴、张利害相同，乃合作讨冯，进攻国民军。民国十五年（1926）四月三日奉军及直鲁联军围攻北京国民军，并以飞机向北京乱掷炸弹。九日北京政府发生政变，段祺瑞执政左右拟响应奉命，消灭国民军之阴谋败露。鹿钟麟乃派军包围执政府，并宣布段祺瑞之罪状。十二日吴佩孚部之先锋部队田维勤军进展至距离北京40里之长辛里，鹿钟麟乃于十五日下令，国民军整队退出北京，扼守南口。

吴佩孚的代表齐燮元于四月二十四日抵京后，连日与奉军将领商讨解决军事问题，举凡奉直军地盘问题及进攻南口问题。双方会商结果于二十七日决定如次：

一、京兆区域、北京城内，由直系王怀庆以所部毅军四旅，任卫戍之责。北京城外、京兆区域，归李景林所部驻军，负担防守战御事宜。

二、直隶全省，由双方共同驻兵，自津至榆，南至德州，为奉鲁联奉之防地，仍由褚玉璞部统辖。至畿南77县，则划为直军防区，由田维勤、靳云鹗两部分段驻守。

三、关于进攻南口国民军问题，决定以李景林为总司令，褚玉璞为总指挥，徐源泉为前敌总司令，张学良负责后方勤务。并请山西阎锡山策应，由大同方面出兵，以断绝国民军后路。

奉军除进攻南口外，并于五月十五日派吴俊升率骑兵进袭多伦之国民军。同月二十一日阎锡山电告，国民军八万人于十八日开始分六路进攻山西，在丰镇柴沟堡与晋军相持。并请联军速攻南口，以牵制国民军。六月三日，吴佩孚在保定召集会议，决定分三路前进，另以奉军攻多伦，直鲁军攻南口正面。二十八日吴氏对国民军下总攻击令。惟七月九日蒋中正已就任国民革命军总司令职，国民革命军第四军、第七军、第八军，已开始向湖南进军矣。八月一日吴、张联军及直、鲁各军，对南口、怀来、蔚县等地军，举行全线总攻击。八月十四日会南口有雷雨、山洪爆发，国民军之防御工程多被毁，战场亦被淹没。鹿钟麟乃率部撤退，奉军第十军于珍部即进占南口、居庸关，旋奉军乃占领青龙桥、康庄等地。而直系军队亦相继由田维勤部克怀来，王维蔚部克宣化，谭庆林部克延庆，旋又攻入张家口。同月二十一日，吴氏得湖南战事失利报告，乃召齐燮元至长辛店，代理讨逆军总司令职，而迅即南下应战。

北京国务院于同月十九日，依吴佩孚之电报，发表攻克南口之酬庸命令；张宗昌获义威上将军，并晋授陆军上将；张学良为良威将军，并加陆军上将衔；褚玉璞为璞威将军，并授陆军中将。二十一日任韩麟春为麟威将军；王栋为栋盛（威）将军；于珍为珍威将军；田维勤为勤威将军；王维蔚为蔚威将军；谭庆林加陆军上将衔；魏益三授为陆军中将。

注：摘自陈鑑波著：《中华民国春秋》，台湾三民书局印行，1984年增订版，第397—399页。

南口——晋北战役

王宗华　刘曼容

北伐战争前夕，直、奉、晋军阀联军为了先消灭国民军然后进攻广东革命势力，从1926年4月下旬起，向国民军发动了全面进攻。这样，国民军被迫在北方三个战场上与直、奉、晋等军阀联军作战，即南口——晋北战役、西安守城战和甘肃战役。

南口——晋北战役，是国民军与直、奉、晋军阀联军作战的关键战役。战前双方对峙形势是：4月中旬，国民军"二十余万"①从北京退守南口一线后，驻扎于北起多伦、沽源，经延庆、南口，西至晋北丰镇的长达两千余里的战线上，总部设在张家口。直、奉、晋军阀"综计兵力，几达50万，实数倍于国民军"，采取"以众制寡"、"分攻合进式"的作战方针，即"以进攻南口为正面，旁击多伦为侧面，而以阎锡山部出丰镇，以断其归路。②

根据这个形势，国民军退守南口，随即进行了行政、军事的重新安排和部署。在行政上，张之江在西北边防督办公署内设立了三个委员会：一是军事委员会，张之江自兼委员长；二是政治委员会，张秋白为委员长；三是财政委员会，魏宗晋为委员长。各设委员若干人，藉资研讨各方面问题。又聘请李烈钧、孙岳为高等顾问，刘骥为总参议。以鹿钟麟为察哈尔都统，方振武为口北镇守使，蒋鸿遇代理绥远都统。

在军事上，张之江任国民军总司令，国民一军以鹿钟麟、宋哲元分任东、北两路总指挥，国民二军北上部分由弓富魁率领，国民三军由徐永昌统率，国民五军仍由方振武统率。鉴于直、奉军阀主力集中于南口，晋北只有阎锡山的晋军，是其薄弱点的敌方态势，国民军制定了如下战略方针："对奉直联军取守势，坚守察东地区；对晋军取攻势，迅速攻夺雁门及其以北地区；另以一部进驻绥远、甘肃，作为根据地。"③这项战略方针，是建立在对当时客观依据周密分析基础之上的：其一，南口一带重峰叠岭，险由天成，易守难攻，敌军不易克之。其二，察绥交通梗塞。退者可预为计，进者不易追击，故必须力争晋北，确保京绥交通线，以防晋军威胁后方张家口和断绝退路。其三，陕西、甘肃、绥远以西为贫瘠区域，争之者寡，退亦不失立足之地。其后可出师甘、陕，再据中州，与国民革命军相声援。④

根据上述战略方针，国民军制定了具体的作战方针，并将军队重新编组，实行周密的军事部署。作战方针：分东西"两方面作战，以主力坚守察哈尔，置重点于南口；以一部坚守多伦，掩护军的左侧之安全；另以有力部队迅速夺取雁北地区，巩固军右侧，确保后方的安全。"⑤为此，国民军进行重新编组和部署：张之江为国民军全军总司令，坐镇张家口，总揽一切。全军分为东、西两路军，东路军总司令鹿钟麟，西路军总司令宋哲元，后防总司令石敬亭，驻平地泉。东路军辖郑金声第一军（陈希圣、刘汝明、佟麟阁3个师）、方振武第二军（所部一师、一旅）、徐永昌第三军（所部一师、二旅及弓富魁部）、王镇淮第九军（一旅、骑五旅及乐景涛部内蒙骑兵）；西路军辖石敬亭第五军（三旅）、石友三第六军（四旅）、韩复榘第八军（三旅）、赵守钰骑兵第一集团（骑兵二旅、一游击大队）、杨兆麟骑兵第二集团（骑兵三旅）；总预备队蒋鸿遇第七军（二旅）。此外，还有总部直属部队卫队旅等三旅、三团。

南口——晋北战役过程分为两个阶段：第一阶段，4月下旬至6月下旬，主要战场在西线晋北。

4月23、24日，直鲁联军向南口正面强攻。由于南口防御工事坚固，进攻受挫，损失惨重。直、奉、晋军阀于4月29日在北京举行军事会议，讨论进攻国民军的计划，决定分三路进攻：北路由奉军进攻多伦；中路由奉军、直鲁军及直军分三路进攻南口及其左右两翼；南路由晋军进攻丰镇。但由于直、奉、晋三方各怀异心，互推责任，因此，作战计划虽定，各军都未积极行动。

国民军遂抓住时机集中兵力向晋北进攻。4月下旬，阎锡山晋军已出兵攻占阳原、蔚县，并拆毁天镇至大同间的铁路，断绝了国民军后方联络线。随即，集结晋军8万于晋北，以商震为总司令，谢濂为前敌总指挥，设置两道防线：以右玉、左云、大同以北之孤山、阳高、天镇、阳原、蔚县等处为第一道防线；以平鲁、岱岳、应县、浑源、灵丘等处为第二道防线。国民军西路军对晋军作战计划："第一步先下大同，恢复京绥交通，第二步会师桑乾河左岸，以肃清雁门以北。"⑥在兵力部署上拟分三路进攻：中路韩复榘军攻孤山、镇川堡、大同；右路石友三军进攻左云，蒋鸿遇军进攻右玉、偏关、河曲、平鲁；左路方振武军及孙连仲部分向天镇、阳高、灵丘、广灵进攻。以石敬亭为后防总司令，驻守平地泉，维持后方交通。赵守钰骑兵第一集团配合右路行动，杨兆麟骑兵第二集团配合左路行动，并担任与南口方面东路军联络。宋哲元西路军总司令部设于丰镇。

5月18日，宋哲元下令各军向晋军进攻，晋北战争开始。

中路韩复榘军即于当日由丰镇进抵得胜口，与晋军接触，旋占得胜堡，经连日进攻，又于26日占领宏赐堡，继向孤山进攻。孤山为大同之北大门，其得失关系到晋北重镇大同的安危，故晋军深沟高垒，戒备极严。韩复榘督师猛攻，激战数日夜，前仆后继，终莫能下。晋军挺进队反攻突破了国民军阵地。宋哲元亲率卫队团乘钢甲车驰援，在大炮掩护下，国民军勇猛冲锋，血肉相搏，击溃晋军挺进队，于5月30日占领孤山。乘胜继向大同前进，同日占领大同车站及外城，京绥交通恢复。但大同内城环攻不克，晋军守军张汝萍、傅汝钧部顽强坚守。此时，晋军为保实力，除继续坚守大同外，主力隐向雁门关撤退。韩复榘遂留张自忠旅等部监视围困大同，自率主力向雁门关追击。

左路方振武军等部，战斗亦十分艰苦。在天镇与晋军傅作义部发生激战，攻城数次，始终未克。转继围攻阳高，激战七昼夜，卒克坚城。以后又顽强攻克应县、阳原，但浑源、蔚县屡攻不克。

右路石友三军、蒋鸿遇军等部相继攻克偏关、河曲、平鲁、右玉、怀仁、岱岳、左云等地。

至6月中旬，晋军两道防线均被击破，被迫退守雁门关。至此，晋北绝大部分县城为国民军占领，但一些具有战略意义的城镇如天镇、大同、浑源、蔚县等仍掌握在晋军手中，牵制了国民军的大量兵力。

晋军退到雁门关一线后，6月中、下旬，国、晋两军主力先后在广武、山阴、小馒头山等地展开拼死血战，双方伤亡甚众。国民军苦战月余，兵疲弹缺，攻势受挫，遂变更战略，转攻为守，与晋军相持于雁门关外一线。此后，战事重点转向东线南口。

南口—晋北战役的第二阶段，7月初至8月中旬，主要战场转到东线南口、多伦。

南口是这场战役的主战场，它位处居庸关和昌平之间，扼京绥（今京包）铁路、京张公路要冲，为京城北门的咽喉。国民军防守南口的部队，是鹿钟麟指挥的东路军主力——郑金声第一军：下辖陈希圣、刘汝明、佟麟阁三个师八个旅共二十多个团。国民军退守南口前后，已在前苏联顾问指导下，于南口、居庸关、八达岭等雄关险隘间，构筑坚固工事，明碉暗堡、深沟阔壕、电网地雷纵横交错，自龙虎台至石塞，蜿蜒百余里，布防森严，是为"我国空前之大防御工事"⑦。

但是7月以前，作为主战场的南口，在西线晋北战斗激烈时，反而战事沉寂。出现这种奇怪现象的主要原因：一是直奉军阀忙于争夺中央政权。奉直军阀在反对赤化进攻国民军这一点上志同道合，但在中央政权问题上各怀鬼胎，对恢复颜惠庆内阁，双方意见分歧，政争暗潮激烈，都不愿在对国民军的进攻中冒险打头阵，为他人火中取栗，故对南口之战咸怀观望，图保实力。所以，尽管奉直军阀都急切想消灭国民军，喊得震天价响，但只闻雷声，不见雨点。二是直奉军阀内部分化加剧，忙于整肃防范内部。5月初旬前后，即有国民军与孙传芳、靳云鹗、李景林秘密联合抗奉的酝酿。孙传芳原来就主张联冯抗奉，对吴佩孚偷梁换柱、变"和冯讨奉"为"联奉讨冯"深为不满，但不便公开反对，"因此，暗中与国民军尚保持联系"⑧。属于奉系的李景林因一度参加郭松龄倒戈密谋而见疑于张作霖，愿意与直系联络，共同讨伐张作霖。吴佩孚的主将靳云鹗则因与寇英杰争夺河南督军一职失败而与吴产生矛盾。靳当时兵权在握，一面屯兵保定不进，一面暗与国民军和孙传芳、李景林联系，准备另组一种新局面。因此，靳云鹗、孙传芳、李景林与国民军四方代表穿梭往返，酝酿反奉，秘密拟定："一、孙传芳进兵山东驱逐张宗昌；二、李景林占据天津阻止奉军南下，并援助孙传芳打山东；三、靳云鹗由娘子关进兵山西并与大同方面之国民军夹击晋阎；四、田维勤进兵南苑通州一带，与南口方面之国民军合力驱奉军出关。"⑨密议定后，5月中旬，国民军遂在晋北发动攻势。不料，此密谋为张宗昌、张学良侦知，阎锡山也从截获的靳云鹗与国民军往来的密电中窥悉。张作霖惊恐不已，怀疑吴佩孚是否诚意合作，决定收兵退缩，以防不测。5月中旬，张宗昌把自己进攻南口的军队调回山东，以"布置防范"孙传芳军的进攻。⑩为避免陷于国民军与靳云鹗军的夹击，张学良将北京及京津线上的奉军撤往唐山、开平，并放出口话，奉军对于进攻南口仅取援助地位。为防李景林军异动倒戈，奉系撤回进攻南口褚玉璞之军队集中廊坊、北仓一带，加强戒备。吴佩孚见势不妙，决定把反奉最力的靳云鹗免职，以表白他与张作霖合作讨赤的决心。于是，急由汉口北上，于5月31日在石家庄突然罢免靳云鹗讨贼联军副司令等职，并训

国民军与南口大战

斥靳：“不赞成联奉讨冯，你就站开，让别人来好了。”①6月1日吴即电告张作霖：已免靳云鹗职，请速入关进攻国民军。张作霖疑虑渐释，对李景林军也采取断然措施。6月29日，张作霖派张学良、张宗昌军将李景林所部缴械改编，并免去了李景林直隶督军职，李景林遂在奉系军阀中消失。由于上述原因，南口的攻守战在7月以前迄未展开。

6月底，广州国民政府北伐在即。面临南方局势的变化，大敌当前，直奉双方均只好迁就隐忍，意欲加紧南口战事，以便战后抽兵南下。他们在英日等帝国主义的调解下，息争共击国民军。6月22日，颜惠庆辞职，双方共推海军总长杜锡珪兼代国务总理，历经数月的政争暗潮初步得以解决。28日，张作霖、吴佩孚在京会晤，共商联合对国民军作战问题，并联名发布"讨赤"总攻击命令。吴佩孚自告奋勇担任南口战场正面主攻，当晚立即离京返回前线。当驻京英、美、法、意、日等国公使宴请他时，他均以"来不及"而辞谢。

根据奉吴军事协议，奉军担任北路由热河进攻多伦；中路由鲁军配合吴军一部从昌平进攻南口；南路由吴军主力担任，下分两线：一线田维勤部由门头沟进攻怀来；一线魏益三部由涞源进攻蔚县。6月29日，吴佩孚即在长辛店设立总部，亲自指挥南口之战，并宣称旬日之内可以攻下南口。

战斗打响后，多伦方面和担任南口助攻的奉系军队进攻颇力，战事激烈。而担任南口主攻的吴佩孚军队，虽在吴的严令督促下勉强开到前线，但其部下仍阳奉阴违，或倒戈哗变，或消极罢战。田维勤部原先曾一度隶属国民二军，他们不愿和国民军作战。7月12日，田部之陈鼎甲旅叛变，开抵妙峰山，投奔国民军。20日，田部第四十旅之贾自温、马宗融两团又在清水涧改投国民军。吴佩孚终日陷于镇压内部叛兵的苦境之中，无力进攻国民军。吴的另一路主将魏益三原系郭松龄旧部，过去曾与国民军合作，当然更不愿为奉直两系卖力。因此，南口战事仍无进展。

7月中旬以后，进攻南口的主力已改为奉系军队。当时，广东北伐军已挥师北上，7月11日，进入长沙，南方局势大变。吴佩孚急与奉系协商，愿把北方军事完全交给奉方负责，本人则专力对付南方。张作霖鉴于吴军如果全部退出南口战场，奉军的负担太重，因此他表示可以责成张宗昌主持南口军事，但仍请吴军配合作战。7月下旬，奉军生力军及重炮队源源开到。7月24日，奉军和直鲁军开始以猛烈炮火轰击南口。8月1日，奉军、直鲁军和吴军向南口展开全线总攻击。张学良、张宗昌分赴沙河、阳坊督战，吴佩孚也到三家店督促田维勤部向青白口进攻。但是，8月2日，吴军田维勤部出现第三次哗变，又有两营叛变投奔国民军，奉军张学良所收编的李景林旧部亦叛变一旅。⑫自7月中至8月初，联军对南口发动十多次总攻击，都被国民军击退。国民军沉着应战，拼死抵御，敌军伤亡累累，"尸横遍野，终不能越雷池一步。"⑬

8月5日，奉军、直鲁军再对南口下总攻击令。他们仗恃军队众多，枪械充实，每次攻击，先以密集炮火猛轰，继以坦克车、步兵轮番冲锋，国民军勇猛迎击，战况空前激烈。如在龙虎台、关公岭、虎峪村、德胜口等阵地上，国民军同敌军持续"恶战三日四夜，白刃肉搏一百余次"⑭。又如战略要地凤凰山，双方拼死力争，前后易手竟达十数次之多。国民军虽竭力抵抗，但敌众我寡，终不能支。至8月9日，奉军接连攻占营子城、偏坡峪、铁卢沟、毛司台、落马坡各要隘，铁甲车队破国民军外壕，南口危急。

与此同时，北面多伦方面奉军吴俊升部也发动了猛烈进攻，于7月21日攻占多伦，宋哲元亲率西路军增援，一度收复了多伦，但不久又被奉军占领。多伦失守，使国民军后方张家口受到威胁。晋北方面，晋军也于7月下旬配合南口方面的进攻，开始反攻，京绥路交通受到威胁，国民军退路有被截断的危险。在此形势下，张之江、鹿钟麟、宋哲元在张家口召集师长以上各军官会议，决定保存实力，放弃南口，实行总退却，向绥远、甘肃进行战略转移。

8月13日，国民军放弃南口。15日，国民军下令全线总退却：宋哲元率多伦、沽源方面各军；鹿钟麟率南口、延庆方面各军；徐永昌率蔚县、广灵方面各军；石友三率雁门方面各军，均向绥远平地泉（集宁）方面撤退。由韩复榘及魏得成部担任掩护，以平地泉为第一防线，卓资山、和林为第二防线，由韩复榘、石友三、孙连仲等部分任收容和防守之责。16日，国民军退出张家口。

8月14日，奉军、直鲁军占领南口。16日，直、奉、鲁、晋军分别占领怀来、延庆、沽源、广灵。19日继占张家口。至26日，晋军不仅收复了晋北全部失地，并且占领了丰镇、平泉地。至此，南口——晋北战役结束。

国民军坚守南口达4个月之久，终于失败，究其原因：

首先，主要是客观方面的原因，力量对比过于悬殊，国民军处境极为不利。直、奉、鲁、晋军阀总兵力在50万人以上，并拥有广大的地盘和兵工厂，拥有日、英等帝国主义的支持，财源富裕，械弹充足，武器先进。而国民军兵力只有20万，所驻察、绥一带，地瘠民贫，既无兵工厂，又无海口可以购械，军需给养极为困难。虽有前苏联援助械弹，但从库伦至张家口路途远，汽车少，运输困难。所运械弹杯水车薪，不够补充。国民军不仅力量悬殊，而且处境极为不利。退守南口后已处于直、奉、鲁、晋军阀从北到南三面包围之中，无论北面多伦、沽源一线还是晋北一线被敌人突破，都有后路被截断处于分割包围的危险。力量本已悬殊的国民军又不得不将兵力分散防守于自丰镇至多伦2000余里的战线上。这样，战线过长，留作预备队的兵力少，作战经常顾此失彼。如多伦吃紧时，只得调宋哲元西路军增援，西线兵力顿形势弱，晋军得以展开反攻，东线多伦虽一度得以收复，但无力追击敌军，终致先于南口失守，造成全线动摇。

其次，也有主观方面的原因：一是新任统帅张之江缺少权威，庸懦无能，保守落后，既不能统一指挥全军，又"无中心政治思想，时时破坏进取战略，谋与直奉妥协。"[⑮]长期以来冯玉祥在国民军中树立了至高无上的权威，事事都听他一人指挥，其下的高级将领都是兄弟辈，各不相下，谁也不服从谁。因此，新任统帅张之江难以树立权威，统一指挥全军。正如重要将领韩复榘所说："这次作战，因为冯先生下野出国了，指挥不统一，你打我不打，结果被对方各个击破，这个仗就打不下去了。"[⑯]张之江不仅没有统一指挥全军的权威，而且没有作战到底的决心。"他认为与所有敌人，其中包括张作霖媾和是必要的，他说张作霖'也是为救国家而斗争的，但用的是别的办法。'"[⑰]在国民军退守南口后，他仍然发密电，派代表与奉系磋商谋和，但屡遭拒绝，没有成效。正如张之江与奉谋和代表张树声所言："树声无状，奔走和平累月，效如捕风"。[⑱]二是部分将领图保实力，部队军心涣散。在西路军方面，骑兵第七旅旅长马步元暗通阎锡山，将国民军东、西两路军作战部署密送太原。石友三、韩复榘两军长认为战事日非，为保实力，利用本人或其部下与阎锡山高级军官商震、傅汝钧的私人关系，暗中与阎锡山联络，准备投降晋军。因此"西路军士气不振，军心涣散，对雁门的攻击遂告停顿"。[⑲]又如在总退却时，有的将领只想保存个人的军队，不同友邻部队商量就撤退了自己的部队。

国民军在北方革命运动暂时低落，陕、甘国民军自顾不暇，处于孤立无援的极端困境中，能够英勇坚守南口——晋北达4月之久，对于中国革命和北伐战争全局具有十分重要的意义。

1. 直接打击了北洋军阀，削弱了北伐军的敌人。

国民军的战斗给奉直军阀以沉重的打击。如吴军在南口参战的主力田维勤部初有兵力5万余众，因其部下三次哗变，整团整旅地投向国民军，"硕果仅存的只有张万信及纪某两旅"[20]，"田维勤军便四分五裂，精锐完全丧失。"[21]又据《国闻周报》记载，"自8月11日起至南口攻下止，双方血战4昼夜，西北军死伤1万余人，联军方面死伤尤众，约在2万以上。"[22]整个战役中，"反国民军各军伤亡之数5万以上。"[23]

国民军的战斗不仅在军事上打击削弱了直奉北洋军阀，而且在政治上构成了对北洋中央政权的致命威胁。当时国民军虽退守南口，但实力仍大部分存在着，况且只距北京数十公里，能随时袭击北京。加之在南方存在着日益巩固、壮大的广州国民政府，以及占据着经济十分重要的东南五省的孙传芳持"中立"立场。在这种情况下，北京就不可能建立任何稳定的、能控制全国政局的政府。因而，国民军退出北京后，奉直合作建立的北洋政府一直矛盾重重，极不稳定，短时间内内阁更替频繁，中央政权名存实亡。同时，奉直军阀联盟对南口国民军久攻不下，费时数月，其表现出的无能，使其主子帝国主义大失所望。帝国主义列强对奉直操纵的这几届北洋内阁，一直未正式承认其为代表中国的政府，也不对其给予实质性的援助，开始对中国南北政权的政策进行调整，即放弃以前那种只同北洋中央政权办交涉的方针，改同各地"事实政权"直接交涉，并试图与广州国民政府建立交涉联系。这表明帝国主义对其走狗——北洋军阀失去信心，开始考虑换马；表明北洋军阀政权再也不能照旧统治下去了。

国民军的战斗，使北洋军阀的军队和政权都受到沉重打击，无疑削弱了北伐军的敌人，减少了北伐的阻力。

2. 战略上配合了国民革命军两湖战场的胜利进军。

国民军在北方的战斗及其军事实体的存在，扩大了军阀间的裂痕，这为国民革命军"集中兵力，各个击破，先吴而后孙、张"的战略方针，以及北伐初期实行的"打倒吴佩孚"、"联络孙传芳"、"不理张作霖"[24]的战略策略提供了客观条件。孙传芳与吴佩孚因"联冯抗奉"之争，关系互不和睦，遂独树一帜，与吴貌合神离，"对西北战事决取旁观态度"[25]，"对于湘战严守中立"[26]。7月下旬，当南口战役鏖战正酣，北伐军在湖南大举进军之际，吴佩孚催孙主持对湘战事，孙却回电说："目前赣闽吃紧，对湘事不能统筹兼顾，只能为相当之援助，仍请我帅自行主持。"[27]对湖南战事采取坐观成败的态度。孙传芳这种对北方国民军和南方广州国民政府的"中立"态度，造成了北伐军各个击破敌人的有利之机。

同时，国民军在北方的战斗，将直奉军阀主力吸引牵制在华北，直接加速了北伐军两湖战场的胜利进军。北伐军出师湖南时，正值吴佩孚主力陷于南口，处于南北两线作战、顾此失彼的困境中。待南口占领后，吴匆匆南下，于8月25日到达汉口时，北伐军已先于22日彻底攻破平江、岳阳防线，深入鄂境，兵临战略要地汀泗桥。加之，从北方所调南援部队，中途停进，因上鸡公山劝请靳云鹗复职而按兵不动。吴佩孚错过战机，北伐军于27日一举攻克汀泗桥，吴军败势已定。可见，国民军在南口的作战，对北伐军长驱直入湘鄂起了直接的重要配合作用。这一点，蒋介石曾予以充分肯定：南口战役"牵制奉军、直军50万之众，不能南下守鄂"，使北伐军得以"顺利出湖南，破竹之势消灭反革命势力进人武汉，是北伐成功，多赖南口死难烈士，其功不可没。"㉘

参考文献：

①蒋鸿遇：《国民军二十年奋斗史》第3编，第108页。

②文公直：《最近三十年中国军事史》第3编，第225—226页。

③张樾亭：《国民军南口战役亲历记》，《文史资料选辑》第51辑，第100页。

④参见文公直：《最近三十年中国军事史》第3编，第225页。

⑤张樾亭：《国民军南口战役亲历记》，《文史资料选辑》第51辑，第101页。

⑥李泰棻：《国民军史稿》，第350页。

⑦《晨报》，1926年8月21日。

⑧丁中江：《北洋军阀史话》，第4册，第417页。

⑨列武：《靳云鹗免职前后北方军事概况》，《向导》，第160期。

⑩《1926年5月27日张宗昌复张作霖电》，辽宁省档案馆编：《奉系军阀密电》，第3册，第24页。

⑪丁中江：《北洋军阀史话》，第4册，第417页。

⑫郭廷以：《中华民国史事日志》，第2册，第67页。

⑬李泰棻：《国民军史稿》，第340页。

⑭ 湖南《大公报》，1926年8月21日。

⑮《中共中央文件选集》（1926），第232页。

⑯ 周玳：《阎锡山参加直奉反冯的经过》，《文史资料选集》第51辑，第138页。

⑰［苏］亚．伊．切列潘诺夫：《中国国民革命军的北伐》，第472页。

⑱ 辽宁省档案馆编：《奉系军阀密电》，第三册，第63页。

⑲ 张樾亭：《国民军南口战役亲历记》，《文史资料选集》第51辑，第108页。

⑳ ㉒《国闻周报》第3卷，第32期，第22页。

㉑ 上海《民国日报》，1926年7月28日，第3版。

㉓ 蒋鸿遇：《国民军二十年奋斗史》第3编，第116—117页。

㉔ 张梓生：《国民革命军北伐战争之经过》，《东方杂志》第25卷，第15号，第27页。

㉕ 上海《民国日报》，1926年6月15日第3版。

㉖《申报》，1926年6月25日第10版。

㉗《中华民国史资料丛稿·大事记》第12辑，第124页。

㉘ 陈森甫：《细说西北军》，第386页。

注：摘自王宗华、刘曼容著：《革命军史》，武汉大学出版社1996年版，第178—185页。

组织北方反直军事统一战线，策应北伐军两湖作战

萧裕声

1925年，广东国民革命政府取得了平定商团叛乱，两次东征军阀陈炯明，以及讨伐杨希闵、刘震寰、邓本殷的作战与统一广东革命根据地的胜利。这些胜利，标志着广东国民革命政府北伐的条件逐渐成熟。

当时，广东国民革命政府的主要敌人，北洋直系军阀吴佩孚已占据湖南、湖北、河南等广大中原地带和陕西、河北一部分，拥兵20万，控制着京汉铁路；从直系军阀中分化出来自成一派的孙传芳，占据了江苏、安徽、浙江、福建、江西等五省、控制着长江中下游和京沪路南段，统兵20万；北洋奉系军阀张作霖，则已霸占了东北各省和天津、北京以及津浦路北段，拥有军队35万，操纵着北洋军阀卖国政府，成为国内实力最大、政治上最反动的军阀集团。一时间，反革命势力甚嚣尘上，危及着广东国民革命政府的安全。

1926年2月下旬，中国共产党中央委员会在北京召开特别会议。李大钊出席了这次会议。会议讨论了目前局势和党在北方的军事政治工作等11个问题。会议认为，在广东革命根据地得到巩固和发展的情况下，如果国民革命政府不及时举行北伐战争，则将丧失良机，使正处在高潮的国民革命遭到敌人镇压和打击。为此，会议确定"党在现时政治上主要的职任是从各方面准备广东政府的北伐"。同时，"为对付目前战争指定7人组织临时军委"。[①]会议强调指出："中国的革命，工人固然占着领导的地位，然非更取得广大的农民群众起来参加，不会成功。""所以我们说广东政府的北伐，不仅是在广东做军事的准备，更要在广东以外北伐路线必经之湖南、湖北、河南、直隶等处预备民众奋起的接应，特别是农民的组织。"会议还强调：为切实做好广东政府的北伐准备，党必须加强北方的军事工作，"以接应广州政府之北伐"，用革命战争推翻帝国主义和封建军阀的统治，达到国民革命在全国范围的胜利。[②]会议专门作出了《北方区政治军事工作问题》的决议案。

中国共产党在关于北方区政治军事工作问题的决议案中指出：几个月

来的事实表明，从直系军阀中分化出来之国民军和从奉系军阀中分化出来之郭松龄部队，"是从旧军阀分化出来的左派"，抵抗帝国主义反动军阀的军事工作，目前在C·P·里占最重要的地位，中国C·P·应特别注意此项工作"。因此，党"必须加紧在国民军中的工作，帮助国民军成为民众抵抗帝国主义与反动军阀之有力的武装，并须从中造成一部分真正的国民革命的武装势力"，同时，这种工作的原则是"帮助国民军不应使之重新造成新的军阀系统"。决议案还指出：为了保证上述工作的执行，一方面中央立即成立一个"强有力的军委"，指导党的军事工作，特别是党在北方的军事工作；一方面，党还必须加紧开展北伐战争重要战场湖南、湖北、河南、河北等地的群众工作，注意发动和组织农民武装，接应北伐军，支持和参加北伐战争。③中国共产党的北京特别会议，抓住了时局中心——北伐战争，适时地把全党的工作重心转移到了北伐战争方面来，并把北伐战争同争取国民军、分化军阀部队、发展农民运动结合起来，反映了革命发展的正确方向，从而为全党的工作，特别是党在北方地区的军事工作，规定了明确的方针原则，有力地推动了党在北方地区的军事工作。

1926年5月，广东国民革命政府北伐准备工作基本就绪。根据当时革命战争总的形势、任务和三大军阀的分布及其对于革命危害缓急情况，广东革命政府决定首先以湖南、湖北为主攻方向和主要战场，集中兵力消灭吴佩孚的军队，占领武汉，然后将主力转向东南各省，消灭孙传芳的军队，占领长江中下游地区，与两广根据地连成一片，最后进入长江以北地区，消灭奉系军阀张作霖。

按照广东革命政府的部署，5月20日，由共产党员叶挺率领的独立团为先锋，先期入湘作战，揭开了北伐战争的序幕。6月初，独立团抵达湖南安仁，正值1万余敌军向唐生智部进攻，独立团立即投入战斗，大败敌军，并于6月8日占领攸县，首战告捷，为北伐打开了通路。随后，第四军陈铭枢、张发奎两个师，李宗仁的第七军和参加北伐的其他各军也都陆续进入湖南。至此，广东国民革命政府北伐的大规模攻势全面展开。

组织指导冯玉祥国民军固守南口，牵制直奉军主力南下

冯玉祥国民军和奉系将领郭松龄率部倾向革命，引起了帝国主义和各派封建军阀的极度恐慌与仇视。1925年12月23日，日本帝国主义首先派出

骑兵乔装成奉军袭击进逼沈阳的郭松龄部队，致使郭松龄及其夫人惨遭奉军杀害。接着英、日帝国主义又指使直奉等军阀以"讨赤"为名，达成了"谅解"，联合山东的直鲁联军首领李景林、张宗昌和晋系军阀阎锡山，向冯玉祥国民军发动进攻。1926年1月，冯玉祥被迫通电下野，企图以个人退出政治活动来缓和反动势力的进攻。2、3月间，直系军阀部队又相继攻陷开封、郑州，并向北进抵石家庄，驻河南的国民军第二军被全部击溃。4月7日，直系军阀刘镇华又率领镇嵩军8师之众，号称10万大军，由潼关直驱西安城下，围困西安、三原、咸阳的守军国民军第三军李虎臣、杨虎城部队，国民军第三军趋于瓦解。

面对直奉联军的疯狂进攻，同年3月，李大钊在北京府右街朝阳里的住宅里，会见了在国民军第一军中工作的苏联军事顾问埃凡斯·阿连等人。他向顾问们询问了前线的情况，听取了他们关于国民军今后战略方针的建议。会见结束后，李大钊又邀请阿连等人和随后到来的李石曾、徐谦等，一起参加了讨论研究北方地区军事形势与战略方针的会议。

会上，李大钊先向大家介绍了同阿连等人交谈的内容，接着又请阿连和其他顾问讲述了前线的情况和直奉联军的军事部署。会议分析了当时严重的军事形势，认为国民军的当务之急是保存有生力量，以伺机策应广东国民革命政府的北伐。会议讨论了苏联顾问的建议，确定了国民军撤出北京退守南口的作战方针。

正如当时参加会议的苏联顾问维·马·普里马科夫所说：在李大钊主持的这次会议上，分析了当时的严重军事形势，认为国民军必须撤到南口在那里修筑防御工事。并决定会后李石曾由顾问们陪同前往平地泉会见冯玉祥，转达这次会议所确定的关于国民军作战方针的建议。接着，李大钊进一步阐明了他对局势的看法，他说国民军即将撤退，这就产生了国民党中央准备地下活动的问题。我们决不能把希望放到张作霖的军事失败上。国民军的胜利并没有摧毁敌人，所以我们当前的任务就是帮助国民军保存有生力量，虽说国民军只不过是国民党的友军。为此，必须在国民军内部开展工作，切忌搞秘密活动，力求国民军司令部同意全部工作合法化。④

这次会议所确定的国民军退守南口的作战方针，是李大钊组织国共两党在北方的负责人，经过周密分析研究形成的正确决策，得到了国民军领导人冯玉祥的赞赏和认可。4月16日，国民军放弃孤城北京退守南口。自此，剧烈残酷的南口固守战便拉开了序幕。

南口位于北京的西北方，在居庸关与昌平之间，重峦叠嶂，乌道崎岖，素称天险。

国民军退出北京之前，已事先修筑了防御工事。据当时负责协助国民军规划修筑防御工事的苏联顾问维·马·普里马科夫记载：

3个工兵营修筑南口工事，整整干了1个月。山道变成坚不可摧的堡垒。在南口，平地上高耸着一座座没有山麓的高山。狭窄的山道，以及沿山道敷设的京绥铁路，切断了这条大山脉。

一座南口古要塞位于出道口的南侧，它是在悬崖脚下修筑的一个厚达5俄丈的正方形城堡。要塞对面300公尺外，孤立着的悬崖顶上，有一座倒塌的庙宇。从山顶望去，是一片无际的平原，通过望远镜可以看到远处的北京城。南口要塞前面1公里处，是一个小村镇和南口车站。车站前面修筑了一些射击阵地，可以控制6公里的正面。

射击掩体挖成卧射和立射用的两种。各掩体都挖有交通沟通往南口车站和第二道防线。第二道防线是一座机枪堡垒，修筑得十分坚固，而且有良好的射击面。炮兵阵地修筑在南口要塞旁边高地的后面。……山岭上几乎没有通道。最近的一条通道是古北口，位于南口以北50英里，由骑兵部队和一个步兵旅防守。古北口只有不携带火炮的步兵才能通过。这就在约百十里的长城线上组成了一道坚不可摧的防线。⑤

国民军退守南口，无疑是在直奉军阀的心脏地带钉上了一根钉子，不仅挫败了直奉联军企图消灭国民军的阴谋，而且拖住直奉军阀的主力不得南下同广东国民革命政府的军队作战。对此，直奉军阀十分恼火。他们在帝国主义唆使下，在共同"反赤"的基础上，按照所处的地位和双方利益，制定了一个极为恶劣的计划：由张作霖会同张宗昌进攻退守在南口和张家口一带的国民军，负责扫灭在北方的革命势力；吴佩孚则向南发展，进攻湖南的唐生智，然后再联合盘踞于东南五省的孙传芳和西南各省的地方军阀，围攻广东革命政府，消灭"南北二赤"。⑥

面对直奉军阀的进攻，国民军从5月中旬开始，西至得胜堡，北至多伦，同直奉等军阀的部队展开了空前规模的大战——南口固守战。这次战役从投入兵力和武器之多，战役持续时间之长，战役战斗的艰苦和激烈程度各方面看，可以说是整个北伐战争时期诸战役中最大的战役之一。

当时，双方投入的兵力达80余万人，占全国总兵力100万的80％。双方兵力、兵器对比如下表所示

军 别	总人数（万）	师（个）	旅（个）	机枪（挺）	大炮（门）
奉、直、晋军	59	42	47	946	890
国民军	22	18	25	625	400
合 计	81	60	72	1571	1290

从上表看出，反动军阀联军拥有的兵力和武器数量，都超过国民军一倍以上。

在组织指导国民军固守南口的作战中，李大钊策划过一次反直奉联军围攻的军事行动。

当时，直奉联军在京畿一带有3万余人。通过李大钊和北方区委其他同志的策动，这支部队同固守南口的国民军相约，于8月12日晚8时"由国民军冲击为信，该部倒戈并发起攻势，夹击直奉联军，一举而歼灭之"。岂知事至当时，国民军总指挥张之江，"命令前方则谓俟奉联后方友军发动后，再行冲击"，"以致该项计划根本贻误，南口失败于功在垂成之日。"⑦夹攻直奉联军的计划失败后，直奉联军解散了在京畿的这支部队，接着便发起了对南口的猛烈攻击，国民军被迫于14日撤离南口，退守包头。

张之江是与冯玉祥一起举行滦州起义的国民军元老。自冯玉祥倾向革命以来，他一直持抵触情绪，处处表示右倾。在冯玉祥下野、国民军退守南口后，张之江即想将察哈尔继续让出，并曾派代表向张作霖、吴佩孚要求个人之谅解，同时即在绥远修建房舍，以表示对直奉军阀的臣服之诚心。

对于张之江的所作所为，及其给国民军南口固守战带来的失败，李大钊十分愤慨。9月8日，他向党的中央局详细地报告了这一情况经过。他说："此次西北国民军之退却，并不是源于战败，乃是源于西北军内部有张之江作奸细。在国民军未退南口之前，京畿一带有3万以上的军队，相约于12日一致动作，解决吴佩孚，并截断奉鲁军后路，乃张之江故意弄错，致国军未能届时出来，功败垂成，反在张家口假装疯魔，痛哭流涕地说人家骗钱失信，至14日他便大举撤兵了。我们看日本东京、大阪各大报所载，10日北京发的电通社电说，张家口方面主和派（非战派）的秘使赴奉，又张的秘书长某致某君函云，以后如有关于与广州接洽之事件，可径函鹿，关于与奉天接洽之事件，可径函张之江，便可知道这次撤兵的黑幕了。张之江于自觉地或非自觉地反革命外，还是一个最无能力的东西，所以撤兵之顷，弄得一塌糊涂，冲车失火，毁损甚巨"。⑧

国民军固守南口的作战虽然失败，但是，从5月中旬开始至8月中旬，在李大钊和北方党以及苏联顾问的指导和帮助下，国民军广大官兵英勇奋战，固守南口战场已达4个月之久，致使"联军"虽多次发动攻势，"所耗炮弹，难以计算，伤亡官兵，尸横遍野，然终不能越雷池一步"。⑨从而，牵制住直、奉军的大量兵力不得南下同北伐军作战。

发动直系许权中部起义，破坏吴佩孚南下救援计划

1926年5月，广东国民革命政府的北伐先遣军叶挺独立团，进入两湖作战后，吴佩孚急忙决定从南口战场抽调所属田维勤、王为蔚、魏益三等部队南下援助湖北守敌，企图置重兵于汀泗桥，凭险顽抗阻止北伐军的前进，并等待孙传芳的援军，夹击北伐军。此时，如果围攻南口战场的田维勤、王为蔚、魏益三部队得以迅速南下援鄂，对于北伐军的胜利进军就将是一个极大的威胁。特别是"魏益三之重炮队为全国精华，若南下助吴，则北伐军实不易胜利"。⑩

为了破坏吴佩孚抽调部队南下援助两湖守敌的计划，李大钊发动直系中田维勤所属的许权中部起义。

许权中所在的旅，原是国民军第二军史可轩率领的部队。同年2、3月间，国民军第二军在直奉军阀的联合进攻下溃败。李大钊和北方区委便决定调史可轩去苏联学习军事，保存和培养党的军事工作骨干。史可轩离开部队后，由陈冠三代理旅长。5月中旬，陈冠三暗中接受吴佩孚的改编，被任命为第三十九旅旅长。6月，该旅随田维勤部驻防北京附近的涿州、良乡、上苇店、门头沟一带，参加攻打南口和多伦国民军阵地的作战。

许权中是李大钊发展入党并亲自派到国民军中工作的同志，他是党在北方地区的军事工作骨干。自部队被陈冠三暗中接受吴佩孚的改编后，许权中一直在寻找机会发动起义。还在随田维勤部参加围攻南口和多伦不久，他就拟定了率部起义的计划。他先后派共产党员张汉泉、任警斋到北京向李大钊报告了起义计划。

许权中信使的到来，为李大钊破坏吴佩孚抽调部队南下援助两湖守敌的计划，提供了一个很好的机会。李大钊对于许权中的计划非常重视，他一面组织国民军做好接应许权中起义的准备；一面亲自到京郊门头沟许权

中部队的驻防地，同许权中议定了7月7日举行起义的计划。随后，李大钊又派曾在国民军第二军中工作过的共产党员马文彦⑪去协助许权中发动起义。

马文彦回忆说：当他到许权中部后，"许权中曾打算在吴佩孚到达涿州时，带部队在车站举行盛大欢迎会，趁机把吴打死。他让我到保定打听吴佩孚北上确期，我到保定通过京汉铁路工会的史文彬，打听吴已在保定住下，暂不北上，许的计划落空了"。⑫

许权中的这些活动，很快被陈冠三发觉。在陈冠三准备镇压时，许权中当机立断，先发制人枪毙了反动旅长陈冠三的几个亲信，陈只身逃跑。随后，许权中按原定计划，于7月7日率部在门头沟发动起义。许权中在起义时"又策动了田维勤部马克斋（马子和）两个团（贾玉斋、马克斋）的起义，把田的部队拉走将近一半"。⑬整个起义部队达2000多人。

许权中部的起义，一下打乱了吴佩孚组织南下援军的部署，吴佩孚恼羞成怒，立即率5个旅围攻起义部队。许权中迅速组织部队在妙峰山，依托有利地形，激战3昼夜，歼敌1000多，迫使敌军全线溃退。最后，在国民军许骧云部的接应下，整个起义部队安全撤退，加入南口固守战。这样，就破坏了吴佩孚组织南下援军的计划，有力地策应了北伐军在两湖的军事行动。

许权中部的起义，打破了吴佩孚南下救援两湖守军的计划，也有力地支援了国民军的南口固守战。当时北京、天津的报纸，都以特号大字报道说："许权中妙峰山一战，使吴佩孚不能及时南下，布置督战汀泗桥，北伐军战事得以顺利进行"。⑭同年7月31日，中共中央在《反吴战争中我们应如何工作》的通告中，也明确指出："吴佩孚自田维勤部下发生反戈事实后，已证明其完全不能向国民军作战"。并在事实上"田部下反戈的军队已成为国民军的第一道防线"。通告强调指出：不仅如此，由于许权中部的反戈，还使直鲁联军及奉军因田维勤军实际上没有作战及谎报军情，而"在南口战争中遭了很大的损失"，"加之毕庶澄在青岛又有不稳消息"，因而"一方面痛恨吴佩孚，另一方面则将对国民军停止作战。"⑮这在一定意义上讲，就是对李大钊发动这次起义的充分肯定。

参考文献：
①②《中共中央通告第七十九号—关于二月北京中央特别会议》1926

年3月14日。

③《中央特别会议文件》1926年2月21—24日,《校刊》第6期1926年5月1日。

④［苏］维·马·普里马科夫著:《冯玉祥与国民军》,中国社会科学出版社1982年版,第173～179页。

⑤［苏］维·马·普里马科夫著:《冯玉祥与国民军》,中国社会科学出版社1982年10月版,第182页。

⑥雷音:《国民军失败后帝国主义向中国民众进攻的新战略》,《向导》第151期,1926年5月1日。

⑦《北方区政治通讯》,1926年9月1日,《中央政治通讯》第2号,1926年9月8日。

⑧《守常政治报告》,1926年9月1日,《中央政治通讯》第14号,1926年9月8日。

⑨李泰棻:《国民军史稿》,第286页。

⑩《最近全国政治情形》,1926年9月,《中央政治通讯》第2号1926年9月8日。

⑪马文彦,陕西三原县人。当时在河南参加筹备总工会。解放后,曾任陕西省政协委员。

⑫⑬马文彦:《李大钊敦促冯玉祥回国策应北伐的经过》,《党史资料通讯》第9期第26页,1982年5月15日。

⑭《许权中》,《中共党史人物传》,陕西人民出版社1982年版。

⑮《中共中央通告第1号——反吴战争中我们应如何工作》,1926年7月31日。

注:摘自萧裕声:《李大钊的军事活动》,军事科学出版社1999年版,第72—82页。

国民军与奉直晋联军的战争

来新夏等

　　1926年1月奉直军阀在帝国主义的撮合下结成"反赤"联盟，制定了"围剿南北二赤"及"先北后南"的战略方针后，便开始联合对冯玉祥国民军发起大规模的进攻，并在短短3个月的时间里，先后从国民军手中夺取了山东、河南、热河、直隶、天津等地，4月15日又一举攻占北京。国民军丧失地，惨遭重创，不得不收缩防线，将所部主力撤至京北南口一带。

　　奉直联军攻占北京后，并没有就此结束与国民军的战争，而是继续派兵追击，并分路向国民军重兵把守的南口发起了进攻。惯于看风使舵的晋系军阀阎锡山见国民军失势，也倒向奉直军阀一方，参加了联合进攻国民军的军事行动。奉直晋联军的作战计划是：吴佩孚率直军主力在张宗昌直鲁联军协助下，担任南口正面的攻坚战；奉方派吴俊升督率汤玉麟、万福麟等部出热河攻多伦，直下张家口，以拊国民军之背；阎锡山则派商震指挥晋军出大同，截断国民军的退路，以图将国民军歼灭在塞北草原。

　　国民军则在西北边防督办张之江的统一指挥下（冯玉祥于1926年1月初宣布下野并于3月20日启程赴苏联考察后，便将国民军交由张之江统率），在南口一线全力部署攻防。其作战计划是：以鹿钟麟为东路军总司令，率郑金声第一军、方振武第二军、徐永昌第四军、王镇淮第九军等部负责察东多伦至南口一线，防守奉直联军进攻；以宋哲元为西路军总司令，率石敬亭第五军、石友三第六军、韩复榘第八军等部负责察南、晋北一带，向晋北的阎锡山晋军（实力相对较弱）取攻势。张之江则在张家口统筹全局。5月18日，西路国民军分六路向晋军发起强大攻势。至6月，相继攻克得胜堡、孤山、阳高、应县、左云、右玉、怀仁、岱岳等地，雁门关外要地，尽落国民军之手。

　　西路晋北地区枪炮声大作，而东路南口方面则一度战事沉寂。南口是京绥铁路线上的一座小镇，距北京只有60公里，有居庸关和八达岭等天险，战略地位极为重要。国民军除部署重兵防守外，还采纳苏联顾问普里马科夫（中国化名为林顾问）的建议，仿照西欧最新的军事工程技术，

"建筑了三道长达50公里的防御阵地，加上通上电流的带刺障碍物，以及足以抵御中国现有炮火的掩蔽体"①，准备与来犯的奉直联军决一死战。但张作霖与吴佩孚因忙于争夺中央政权，一时无暇顾及南口之战；靳云鹗、李景林等在南口前线的奉直联军重要将领则因各有图谋，更无意派兵进攻，因此，尽管阎锡山一再致电催促奉军、直军火速进兵，以减轻晋军压力，但直至6月底以前，南口方面基本无战事。

6月28日，张作霖与吴佩孚为商讨组建北京政府以及"讨赤"特别是讨伐国民军等重大政治、军事问题，在北京举行"两巨头"会议。由于当时广东国民政府北伐在即，大敌当前，迫使奉直双方只好隐忍息争，因此，两人经过短短30分钟的秘密会谈便在合力进攻南口等问题上达成了一致意见。在此之前，即5月31日，吴佩孚在北上途经石家庄时，便以"督战无方"、"贻误戎机"为口实，下令免去了靳云鹗14省讨贼联军副司令、第一军总司令等职务，由其自兼第一军总司令。而张作霖则于与吴佩孚会晤的次日，即令张宗昌将李景林军缴械。奉直双方在分别镇压了自己内部的异己势力后，便开始向南口发起总攻击。

吴佩孚自告奋勇担任南口战场正面主攻，并在长辛店设立总司令部，亲自指挥南口之战，以王为蔚任中路攻涞源，田维勤任右翼攻怀来，魏益三任左翼攻蔚县。6月29日，吴佩孚偕田维勤赴门头沟前线视察，下达总攻击令，"悬赏限3日内克怀来，以抄南口之背"②。但由于田部多系陕军改编，不愿对国民军作战，因此，战斗打响后，多伦方面和担任南口助攻的奉军进攻颇力，而担任南口主攻的直军则不断发生哗变，战事进展甚为迟缓。自7月中旬以后，进攻南口的主力改由奉军和直鲁联军担任。当时，北伐军已进入长沙，南方局势大变。吴佩孚急欲收复湖南地盘，因此与张作霖协商，要求将北方军事完全交由奉军负责，他自己则率所部直军专力对付南方。张作霖表示可以责成张宗昌主持南口军事，但坚持仍需直军配合作战。经商议，奉直联军遂重新部署进攻南口的兵力，吴所部直军调至南口侧翼，由三家店沿永定河进攻国民军第二、三、五军；南口青龙桥正面，改由奉军与直鲁联军担任主攻，由张宗昌任前敌总指挥；同时派韩麟春率奉军主力，由南口东侧，经永宁、延庆插入南口背后，向南口展开猛攻。吴佩孚与张宗昌、张学良往返电商，密定于8月1日凌晨3时各路发起总攻击，并"限三天攻下怀来、蔚县、涿县，逾期惟长官是问③"。8月1日晨，奉直联军发起全线总攻击；与国民军在东山口、昌平北之新店、白羊城、白帝城、高崖口、安家庄、清水涧几个地方展开激战，张宗昌、张学良、吴佩孚亲临前线督战，战况空前激烈。国民军虽拼死抵抗，但终因兵力相差悬殊，加上长城附近山洪暴发，军用桥梁多被冲毁，后方接济异常困难等因，致使多道防线被奉军突破。除东路南口战事告急以外，国民军在北路、西路也连连失利，陷入被动挨打局面。在北路，奉军吴俊升部于7月下旬攻克多伦后，立即兵分两路，一路由库勒河攻沽源正面，一由丰宁出潮河攻独石口侧面；在西路，阎锡山晋军配合奉直联军大举反攻，连克广灵、偏关等战略要地，嗣又由浑源、偏关、天镇3路猛攻，企图截断京绥路国民军的退路。已是三面受攻的国民军为免于被包围分割，不得不于8月13日放弃南口。14日，奉军于珍部乘势攻占南口。19日，奉军万福麟部由多伦、沽源，攻占了张家口。同日，晋军攻占大同、怀仁，22日克丰镇，26日又进占平地泉。国民军溃散，余部五六万人，向绥远、甘肃方向退却。历时4个月之久的南口战役，终于以国民军的失败而告结束。

国民军在南口战役中虽惨遭失败，但这一战役本身对当时中国的政局却具有重大的影响作用。

首先，国民军在南口战役中的奋勇抵抗，沉重打击并削弱了奉直军阀。在整个南口战役中，奉直晋联军伤亡数在5万以上；发生哗变和向国民军投诚的更是不在少数。担任南口正面主攻的吴军田维勤部初有兵力6个旅、5万余众，后因部下几次哗变，整旅整团地投向国民军，最后只剩下两个旅的兵力④，战斗力大大减弱，致使吴佩孚不得不向张作霖提议改由奉军担任南口主攻。除了直接消灭奉直军阀相当一部分有生力量以外，南口战役还使奉直军阀相互之间以及各自内部的矛盾趋于激化。南口战役初期，即有国民军与孙传芳、靳云鹗、李景林秘密结盟抗奉的酝酿。四方代表穿梭往返，密议商定："（一）孙传芳进兵山东驱逐张宗昌；（二）李景林占据天津阻止奉军南下，并援助孙传芳打山东；（三）靳云鹗由娘子关进兵山西并与大同方面之国民军夹击晋阎；（四）田维勤进兵南苑、通州一带，与南口方面之国民军合力驱奉军出关。"⑤奉系方面侦知此事后，急忙收兵后退，以防不测。5月中旬，张宗昌将进攻南口的军队调回山东，以防备孙传芳的进攻。张学良也将北京及京奉线北京至天津段的奉军撤往唐山、开平，大有放弃进攻南口之势。虽然后来吴佩孚与张作霖都清除了各自内部的异己势力，并通过在北京的会晤消除了相互间的猜疑，又在联合进攻南口的问题上达成了一致意见，但这种内部纷争与分化，既在一定程度上削弱了奉、直军阀的势力，更使他们进攻南口的计划迟迟不能付诸实施，以致最后陷入了既要进攻南口，又要应付北伐军进攻的南北两线作战的被动局面。

其次，国民军在南口战役中吸引牵制了奉直军阀的主力，对北伐军长驱直入湘鄂起了重要的配合作用，直接加速了北伐军在两湖战场的胜利进军。北伐军出师湖南时，吴佩孚的主力正陷于南口，无法分身南下，因此只好将湘省防务交由在湘的杂牌军担任。这些杂牌军虽在兵力上明显占据优势，但却是乌合之众，战斗力较弱，根本抵挡不住北伐军的强劲攻势。因此，北伐战争打响后，北伐军一路势如破竹，很快便占领了湖南全省。及至南口战役结束，吴佩孚率部匆匆南下，于8月25日到达汉口时，北伐军已经突入鄂境，兵临战略要地汀泗桥。吴虽在汀泗桥投入重兵防守，想把北伐军挡在桥南，但已是回天乏术，无力挽回整个两湖战场上的不利处境了。可见，如果不是国民军在南口战役中牵制了直军的主力，则北伐军在两湖肯定会经历更多的恶仗，进展也不会如此顺利。

参考文献：

①《参观南口战地记》，见《国闻周报》第3卷34期。

②赵恒惕等编：《吴佩孚先生集》，见来新夏主编：《中国近代史资料丛刊·北洋军阀》（五），上海人民出版社1993年版，第264页。

③《国闻周报》第3卷第30期。

④《国闻周报》第3卷第32期。

⑤列武：《靳云鹗免职前后北方军事概况》，第160期。

注：摘自来新夏：《北洋军阀史》，南开大学出版社2000年版，第1002—1006页。

南口大战

王光远

> 冯玉祥访问苏联期间，国内发生了空前的南口大战。李大钊
> 曾多方设法，支援国民军，并三次致电于右任。请他催促冯玉祥
> 回国。终因敌众我寡，国民军遭到惨痛的失败。

就在冯玉祥访问苏联期间，国民军与讨赤联军发生了空前规模的南口
大战。4月15日，国民军主动撤离北京，进入南口一线。南口距北京40公
里，距居庸关10公里，是进入居庸关的南部入口，故名南口。这里地势险
要，自古就有"居庸天险列峰连，万里金汤固九边"之说。国民军根据苏
联顾问的建议，早就在这里修建了坚固的防线。这条防线，北起察东重镇
多伦，沿闪电河攀上大马群山，经沽源、赤城，沿外长城逶迤南下，至怀
柔沙峪口。再沿京北山地南麓插向西南，经黄花城、南口、高崖口、青白
口，至永定河。再向西翻越太行山，经东灵山、小五台，直到蔚县盆地。
绵亘千里，号称是"东方马其诺"。

对于国民军在南口修建的防御工事，普里马科夫在《冯玉祥与国民
军》一书中描述说："一座南口古要塞位于出道口的南侧，它是在悬崖脚
下修筑的一个厚达5俄丈的正方形城堡，要塞对面300公尺处，孤立着的悬
崖顶上，有一座倒塌的庙宇。从山顶望去，是一片无际的平原，通过望远
镜可以看到远处的北京城。南口要塞前面1公里处，是一个小村镇和南口车
站，车站前面修筑了一些射击阵地，可以控制6公里的正面。

射击掩体挖成卧式和立式用的两种。各掩体都挖有交通沟通往南口车
站和第二道防线。第二道防线是一座机枪堡垒，修筑得十分坚固，而且有
良好的射击面。炮兵阵地修筑在南口要塞旁边高地的后面。……山岭上几
乎没有通道，最近的一条通道是古北口，由骑兵部队和一个步兵旅防守，
古北口只有不携带火炮的步兵才能通过。这就在约百十里的长城线上，组
成了一道坚不可摧的防线。"

国民军退守后，将这条防线分为三段，从多伦到沽源、赤城的一段

为北线，由宋哲元率田金凯、王镇淮、陈毓耀等师守备，依托长城抗击由热河西进的奉军。沙峪口至永定河的一段，包南口正面，由东向西，由鹿钟麟指挥，摆着佟麟阁、刘汝明、陈希圣等三个精锐师，抗击由京绥路和永定河北上的直鲁军。青白口至蔚县一段为南线，由徐永昌率国民三军防守，抗击由紫荆关北进的直军。

此外，还组织了西路军，负责晋北战场。由韩复榘、石友三、孙连仲3个主力师和3个回民骑兵旅组成，于5月上旬入晋，一期目标是拔除天镇、大同等几个钉子，打通京绥路，得手后，迅速扫除雁北13县，逼阎锡山求和，从而保障南口战区侧背安全。

当时，国民军参加作战的有18个师、25个旅，共约22人。讨赤联军参加作战的有42个师、47个旅，共约59万人。双方兵力达80多万，占全国总兵力100万的百分之八十。南口大战，历时4个月，是中国现代史上最残酷的战争之一。

国民军退守南口，无疑是在直奉军阀的心脏地带插上了一颗钉子，不仅挫败了讨赤联军企图很快消灭国民军的计划，而且拖住了直奉军阀的主力，不得南下同广东出发的国民革命军作战。对此，直奉军阀十分恼火，在帝国主义的支持下，他们兵分5路，向国民军展开疯狂的进攻。

（1）北京东北方面，奉军以张学良、韩麟春为正副总指挥，由怀柔、密云、三河、香河一线展开进攻，向南口前进。另一路由万福麟指挥，由热河向察北进攻。两路奉军还拟绕攻昌平，将京绥铁路的交通截断。

（2）北京西北方面，由吴佩孚的直军负责，靳云鹗任总指挥，率田维勤等部，从保定沿京汉路向长辛店攻击前进，并向门头沟伸展，以便近窥京绥路。

（3）北京东南方面，由直鲁联军张宗昌、李景林、褚玉璞等部，沿京奉、津浦路向黄村等地展开进攻。

（4）热河方面，由奉军阚朝玺等部，向朝阳、承德方面展开进攻。

（5）晋北方面，阎锡山命商震、傅作义、张培梅等部，向大同、天镇和绥远方向展开进攻。

除上述5路外，吴佩孚还命令刘镇华、张治公率领的镇嵩军向陕西进攻，围困西安。唆使张兆钲、孔繁锦等部向兰州展开进攻，以断绝国民军的后路。张作霖还收买了赵有禄匪军，将包头包围起来。

5月中旬，吴佩孚所部在南口臭泥坑附近展开进攻，激战十余日，损失惨重，未能前进一步。张学良、韩麟春亲赴前线指挥，用重炮掩护步兵进攻，也未能得逞。双方死伤枕藉。据守南口的师长刘汝明，将一口白皮棺材放置在阵地前沿，上写"刘汝明专用"字样，表示誓死保卫南口的决心。

7月上旬，多伦战斗紧急，张之江调西线军前往支援，结果造成晋北失利。7月21日，在奉军骑兵的猛烈冲击下，多伦失守。7月31日，讨赤联军发布最后攻击令，限8月3日攻占南口，经激烈战斗，南口仍屹立在血火之中。8月5日，再次下达最后攻击令，吴佩孚亲去三家店，张宗昌去阳坊，张学良去昌平，分头督战指挥。国民军在敌众我寡、粮弹无继的情况下，被迫于8月14日撤离南口。8月19日，张家口也被敌军占领。

国民军战线长约2000里，撤退时所走的道路不是崎岖山路，就是广漠流沙，村落穷僻，交通不便，命令传达难以迅速准确，行军给养筹措极为困难。加之塞外奇寒，朔风凛冽，生者无衣无食，伤者无医无药，死者无棺木埋葬。敌军间谍随时破坏，铁路军车数次相撞，部队损失惨重。愈往西走，供应愈缺，有时连水都喝不上。敌军尾随，无暇休整，部队困苦疲惫，不可言状。有些失去建制的溃兵，肆意抢劫，于右任的金壳怀表，也被溃兵抢走。最后，国民军所剩无几。担任掩护任务的韩复榘、石友三、陈希圣撤退不及，9月6日通电归顺晋军，由商震部改编。韩复榘为晋军十三师，驻守归绥，石友三为晋军十四师，驻守包头，陈希圣为晋军十五师，驻守武川。接着张自忠、张万庆、韩占元等部，也投降了晋军，驻在固阳等地。

在南口战役过程中，李大钊因"三一八惨案"后遭到通缉，避居在东交民巷苏联兵营之内，但仍多方设法，给国民军以支持。7月，他亲自策划了许权中部起义。许权中所在的部队，属国民二军史可轩旅，二军遭到失败后，李大钊调史可轩去苏联学习，由陈冠三任代理旅长。后陈冠三接受了吴佩孚的改编，被任命为三十九旅旅长，随田维勤部驻守涿州、良乡一带。许权中是李大钊发展入党并亲自派往国民军中工作的同志，他准备吴佩孚北上经过涿州时，带领部队在车站开欢迎会，乘机将其打死，然后起义。他派党员张汉泉、任警斋去北京向李大钊报告了起义计划，李大钊即派曾在国民二军工作过的中共党员马文彦去协助许权中发动起义。后因吴佩孚暂不北上，此计划未能实现。

许权中的活动，被陈冠三侦知，许权中当机立断，7月7日，率部在门头沟举行起义，并策动田维勤部贾玉斋、马克斋两个团一同起义，在妙峰山与敌激战，歼敌1000多人，然后进入南口，参加了南口保卫战。对许权中的起义，7月31日，中共中央在《反吴战争中我们应如何工作》的通告中，给予了充分的肯定和表彰。

南口撤退前夕，李大钊再次策划直军3万多人起义，因张之江的失误，这一计划未能实现，起义部队也被吴佩孚解散改编。李大钊在给中共中央的报告中尖锐地指出："此次西北国军的退却，并不是源于战败，乃是源于西北军内部有张之江作奸细。在国军未退南口之前，京畿一带有3万以上的军队，相约于12日一致动作，解决吴佩孚，并截断奉鲁军后路。乃张之江故意弄错，致国军未能届时出来，功败垂成，反在张家口假装疯魔，痛哭流涕地说人家骗钱失信，至14日他便大举撤军了……张之江于自觉和非自觉地反革命外，还是一个最无能的东西，所以撤兵之顷，弄得一塌糊涂，冲车失火，毁损甚巨……这次国军退却，实为一大失败，丧失精锐兵士及器械无算，这不是因为战争失利，而是因为主帅之无谋。"

南口大战，国民军虽然遭到失败，但却有力地配合了广东国民革命军的北伐。广东北伐军从5月开始入湖南作战。7月，举行了北伐誓师，很快占领了长沙、岳阳，经汀泗桥、贺胜桥战役，消灭了吴佩孚的主力，9月7日，攻占了汉口、汉阳。北伐军进展之所以如此迅速，是和国民军在北方战场上牵制、抗击奉直数十万大军分不开的。具有战略意义的南口大战及国民军的巨大牺牲，对国民革命是有很大贡献的。中国共产党对南口战役曾给予高度评价，认为这次战争"实际上是人民与军阀的战争，国民会议与军阀统治的战争，张吴联军与民众联合的战争"。

在此期间，李大钊对冯玉祥访问苏联和国民军的命运都极为关注。当时在张家口有苏联军事顾问团，每天的战况能及时地电告给苏联驻华使馆，使馆即转告给李大钊，所以他消息十分灵通。冯玉祥出国不久，李大钊就请于右任去苏联，做冯的工作。于右任是国民党中央委员会中的左派，当时正被奉军通缉，潜居在北京皇城根一座小寺院内。他答应后就带着翻译马文彦赶往库伦，这时冯玉祥已动身去苏联。

南口战役过程中，李大钊曾三次致电于右任，劝冯早日国。南口战役开始后，李大钊发来第一封电报并寄来旅费，请于右任由库伦速往苏联，劝说冯玉祥尽快回国，收拾部队，撤往西北。

8月初，李大钊见南口形势严峻，立即给于右任发来第二封电报，要他敦促冯玉祥早日起程回国，不然察绥战局将会发生问题。于向冯转达了李大钊的意见，冯玉祥认为他的部队还能顶住，请于右任先回国，他随后再走。

于右任回到库伦后，又接到李大钊第三封电报，谓冯军已投降了阎锡山，要催促冯玉祥尽快回来收拾局面。于立即给冯发去一电，冯玉祥始觉问题严重，相信李大钊前电正确。所以他在上乌金斯克没有停留，一直赶到库伦。

注：选自王光远：《冯玉祥与中国共产党》，中央文献出版社2004年6月版，第93——98页。

国民军退守南口和南口大战（摘录）

刘敬忠　田伯伏

国民军的退守战略

一、在南口、多伦一线的防御

1926年4月15日，国民军一军在五军方振武部掩护下沿京绥线撤出北京，退至北起多伦、沽源、延庆，西至晋北丰镇的长达千余里的防线。其在京东各部退往怀柔、顺义、延庆；在京西各部退向斋堂、蔚县、涞源、柳花堡等处。同时，热河方面宋哲元部也撤至多伦。随国民军一军撤退的有国民军二军弓富魁等残部及国民军三部徐永昌师，刘廷森、胡德辅及武勉之各旅和黄德新团、续宝峰独立营。国民军离京时井然有序，对居民没有任何惊扰，其兵力基本也没有损失。①国民军的总部设在张家口，对敌防御的中心点是在京西的南口。

南口位于京西昌平、居庸关之间，是华北通往西北的险要隘口，自古就被称为天险，是兵家必争之地。早在1925年下半年，国民军一军就在苏联顾问的参与下，开始修筑以此为中心的百里防线。②郭松龄反奉战争爆发前，冯玉祥又于11月8日命令鹿钟麟"速回南口备战"，并明确指示说是为了防御奉军。③1926年1月，冯玉祥下野后又派苏联顾问及三个工兵营去加固南口防御工事。④经过半年多的营造，国民军在南口修筑了近代化的军事工程。

国民军以南口火车站为中心构筑了第一个阵地带，修建了南口和以东的关公岭及以西的凤凰台三个集团工事。关公岭地势高耸，笼罩全阵地。南口车站前地势开阔；凤凰台高地居右侧，与关公岭呈犄角势。各集团工事建筑了大量加盖设枪眼的步兵掩体。连、营、团、旅、师及预备队各部掩壕成齿形相通。在步兵火线前二三十米处掘宽2丈，深1.5丈的外壕，壕内设侧防壕，外缘设5条回线以上的电网和地雷带。各集团工事前各筑三四个半地下球形碉堡，堡内配置二至四挺重机枪；发电机设于东源。在营、团、旅、师掩壕阵地后，分置有轻、重追击炮、野山炮、野战重炮。

国民军与南口大战

国民军还在距南口站后3000米的居庸关右翼依托凤凰墩，左翼依托诸多山峰，修建了大量圆形步兵加盖掩体，山炮、轻重迫击炮掩体及地下球形碉堡，构筑了第二个阵地带。

此外，国民军在多伦、沽源及至张北之间的各个要地，环设外壕，壕外掘土积筑墙壁，设置有枪眼的壁下掩蔽部和各个掩体。壕外构筑能编成火力网的半地下式侧防机关，编成军事要点。⑤

为了适应新的军事形势，国民军领导集团对指挥体系重新进行了安排。张之江在西北边防督办署内设置了军事、财政、政治3个委员会。他自兼军事委员会委员长，任命张秋白为政治委员会委员长，魏宗晋为财政委员会委员长，并各设委员若干人；聘李烈钧、孙岳为高等顾问；任命鹿钟麟为察哈尔都统，蒋鸿遇代理绥远都统；方振武为口北镇守使。张之江任国民军总司令，国民军一军以鹿钟麟、宋哲元分任东西两路总指挥（旋改为总司令）。国民军二军、三军、五军分别由弓富魁、徐永昌、方振武统帅，⑥国民军的上述安排照顾了一军与其他诸军的关系，也体现了其领导集团的权力再分配。国民军总兵力共约20万人，其一军为12个师，7个旅，但除去驻甘肃的两个师及驻宁夏的军队外，能直接投入多伦—南口—晋北战线的兵力约16万人。⑦国民军二军仅余两个旅。国民军三军也仅余徐永昌师及其他数团（名义上仍为旅），约1.6万人左右。⑧国民军五军也不过万人。

国民军为抵抗奉直军阀的围剿，千方百计地筹措军费，提高了京绥铁路的运费，并在察绥等省发行了短期公债。尽管如此，军费依然缺乏，军火供给困难。

从1926年4月下旬起，奉、直、晋三系军阀组成"讨赤联军"，从察北多伦至直隶易县并延伸到晋北的千里战线上，联合向国民军发动进攻。其攻击的中心点，就是京西的南口，故被称为"南口大战"。与此同时，吴佩孚委任刘镇华为"讨贼联军陕甘总司令"，率镇嵩军进攻陕西。4月11日，逃归陕西的国民军二军李云龙（虎臣），与名义上属于国民军三军的杨虎城组成陕军，抵抗刘镇华的进攻，并退守西安。刘部将城包围。杨、李率部死守，开始了长达8个月的"西安"守卫战。该战场虽然独立于南口大战之外，但也是国民军抵抗奉直军阀进攻战争的重要组成部分。

奉、直、晋的"联合讨赤军"，总兵力达50万人以上，分兵5路向国民军进攻。奉军汤玉麟部为第1路，由热河进攻多伦；万福麟部为第2路，由

150

怀柔进攻独石口；直鲁联军徐源泉部为第3路，由昌平攻打南口；直军田维勤部为第4路，由门头沟、紫荆关攻怀来；晋军商震部为第5路，由晋北威胁京绥铁路。⑨

不久，国民军又打破各军名义，在编制上对各部又重新进行了统一编排，并制定了3路抵御敌人进攻的军事战略。东路军总指挥鹿钟麟，统帅郑金声第一军，防守南口。该军在南口正面是刘汝明暂编第十师，其左翼守延庆是佟麟阁陆军第一师；其右翼守怀来是陈希圣陆军暂编第三师。弓富魁为中路总指挥，统帅方振武第二军，徐永昌第三军（《国民军史稿》称其编为第四军）二部，防守从怀来到蔚县一线。北路军总指挥宋哲元，统帅石敬亭第五军，石友三第六军，韩复榘第八军，王镇淮第九军，赵守钰骑兵第一集团军，杨兆麟骑兵第二集团军，防守延庆到多伦一线。蒋鸿遇为总预备队兼第七军军长，统帅第十二师及其他直属部队。⑩

"讨赤联军"虽然声称要合力对国民军"犁庭扫穴"，但因在政治上各怀鬼胎，均力图保存实力，不肯先全力出击。张作霖利用吴佩孚急于复仇的心理，一再表示让他负责南口战事，首攻南口，而自己坐享其成。但是，吴再起后所部战斗力很弱，其内部又不统一，力不从心。所以，张作霖只得又任命李景林为攻击南口总司令，让自己早就想剪除的李部当炮灰。⑪为协调进攻国民军的军事部署，"讨赤联军"于5月10日在京成立了联合办事处。李景林部在4月末向南口正面发起进攻，但被国民军击退。

4月下旬，阎锡山在张作霖的催促下，命所部进攻阳原、蔚县，拆毁天镇以西至大同的京绥铁路，切断了国民军的后方交通。他委任商震为总司令，谢濂为前敌总指挥，在左云和大同以北设置了第一道战线，于平鲁至灵丘一线设置了第二道战线，从晋北配合奉直军阀夹击国民军。⑫京绥线是国民军的生命线。为此，国民军调整了抗敌战略，决定"守南口，防多伦，攻晋北"。⑬宋哲元改驻西路军总司令，率国民军石敬亭第五军、石友三第六军、韩复榘第八军等部驰往晋北，保卫京绥线。多伦防线由王镇淮第九军负责。

二、围剿国民军联盟的膨胀及内部斗争（略）

南口大战
国民军对各系军阀围剿的抵抗

一、南口、多伦的战事

直鲁联军进入北京后，到4月28日为止，驻城外兵力达10万余众：其军纪败坏，奸淫杀掠，无所不为。民房被占用者不可胜数。难民纷纷逃入城内，其人数在10万以上。因此，奉系军政头目急切想结束战事，认为若拖延时日，劳师糜饷，恐内生变，故想一鼓作气拿下南口。⑭吴佩孚狂妄自大，报仇心切，更想早日将国民军消灭。奉直军阀均低估了国民军防御能力，认为短期内就可结束战事。从4月下旬开始，各系军阀就开始对国民军发动攻势。

4月22日，吴佩孚致电李景林、张宗昌、张学良、靳云鹗等，迅饬各部向南口进攻。⑮奉军及直鲁联军主力在昌平一带集中。但是，张学良及张宗昌都想保存实力，让李景林部打头阵。4月23日、24日，以李景林部为主力的直鲁联军向南口正面发动强攻，并一度突破国民军中央阵地。但是，由于南口防御工事坚固及国民军坚决抵抗，遭到失败。国民军曾与敌人展开肉搏战，使直鲁联军损失惨重。苏联顾问参与了该战役，除充当技术指导指挥炮兵作战外，也直接加入战斗。⑯4月29日，直军将领田维勤奉吴佩孚之命深夜抵京，与张宗昌等会商与奉军及直鲁联军协力进攻南口事宜，⑰决定分三路进攻，北路由奉军进攻多伦；中路由奉军、直鲁联军进攻南口左翼，直军进攻南口右翼；南路由晋军进攻丰镇。但是，奉军只出动高维岳第十军的两个步兵旅及一骑兵旅向延庆进攻，以第十军一个旅向延庆四海城进发；以第二十九师二骑兵旅及穆春骑兵师和汲金纯第十五军及另二个步兵旅统一由吴俊升指挥，分别向多伦进攻；而将主力于珍第十军大部、荣臻第十一军、军团直辖的炮兵、工兵、坦克等部队都驻扎在北京城外，没有直接投入战斗，让进攻南口的战事主要由直军及直鲁联军承担。⑱奉军有意保存实力，并对李景林、王怀庆诸部不放心，怕其有异动，以重兵监视，而对国民军又企图以"不战以屈人之兵"而获胜。所以，一时在军事上有所保留。

5月10日，奉直军阀为了协调进攻国民军的军事部署，在北京举行"反赤联合办事处"成立会，张学良、张宗昌、齐燮元、王怀庆等出席。阎锡山、靳云鹗、刘镇华、孔繁锦、张兆钾也派员参加。吴佩孚派张联棻为代表。会议决定各方派全权代表一名驻办事处，谋军事上的统一。⑲但是，各方因政治上的纷争，在军事上观望不前。所以，南口一线战事一时较为沉寂。

5月中旬，各路军阀才加强对南口的攻势。直军田维勤部向南口以西淤（臭）泥坑发动进攻。国民军许骧云旅坚决抵抗，打得田部落花流水，使其大部丧失进攻的能力。此外，国民军还乘敌人疲惫之时，以一个混成旅兵力大举出击，先后收复昌平、沙河，北京为之震动。但是，国民军无意进攻北京，旋即撤回。⑳与此同时，直鲁联军也向南口正面阵地发动猛攻。㉑但是，激战十余日，没有任何进展。为此，奉军张学良、韩麟春等部派兵增援直鲁联军，集中重炮整日轰击国民军南口左翼阵地，掩护直鲁联军步兵进攻，但仍然没有多大战果。此外，奉军万福麟部以谭庆林骑兵为先导，由怀柔二道关进攻延庆、赤城、独石口（谭部原为察哈尔地方军，北京政变后被国民军编为第八师，此时又投靠了奉军）。谭曾任宣化镇守使，熟悉附近地形，分路窜扰，使国民军颇为被动。延庆一度被困，经调南口右翼守军陈希圣部驰援，才使其转危为安。国民军赤城守军张心元部，也原为察哈尔地方军，与奉军一接触，就擅自撤赴独石口。赤城即为奉军占领。国民军急由延庆调一团反攻，将赤城收复，并以一营增援独石口才使该防线方告无虞。5月17日，奉军吴俊升率汲金纯、穆春等部进攻多伦。汤玉麟、戢翼翘等部进攻沽源。该战线长达300余里。地势平阔，无险可守。国民军守将王镇淮指挥步兵一旅、骑兵六个旅顽强抵抗，阵地屡失屡得，坚持到7月中旬，战线一度动摇。待晋北战事停止后，宋哲元率部驰援，才将敌人击退，恢复了沽源防线。㉒

5月31日，吴佩孚北上到石家庄。阎锡山特由太原赶来与他会晤，洽谈围剿国民军事宜。㉓6月3日，吴佩孚在保定与田维勤、王为蔚、王维城召开军事会议，对进攻国民军的军事部署重新进行调整。他任命田维勤为第一路总司令，出长辛店，经门头沟、青白口向怀来进攻；王为蔚为第二路总司令，进攻涿州之桃花堡至山西广灵一线；魏益三为第三路总司令，由涞水、涞源向山西蔚县西河营进发。㉔

6月3日，直军田维勤收编的原国民军二军一部突然在阵前倒戈，由京北沙河方面直迫万寿山，在与直鲁联军激战后投向国民军。国民军派部由昌平南下接应，㉕从而打乱了直军进攻国民军的计划。6月6日，吴佩孚将

"讨贼联军"所部编为四军，自任第一军总司令，直辖田维勤、王为蔚等部；任命彭寿莘为"讨贼联军"副总司令兼第二军总司令；任命阎治堂为第三军总司令；齐燮元为第四军总司令，魏益三为副司令，并于当日下达了总动员令。6月14日，他又下达了对国民军的总攻击令。㉖与此同时，奉军与直鲁联军8万余人从密云、昌平一线向南口猛攻。6月17日，直军田维勤部先锋抵千军台，王为蔚部前锋抵大龙门。6月26日，田维勤下达对国民军的攻击令。6月30日，国民军由白沙河向南口退却。㉗7月1日，田维勤部占领青白口雁翅。因此，吴佩孚对战局颇为乐观。6月29日，他在视察门头沟、易县前线后，自信在旬日内就可攻下南口。但是，奉军在此时已看清直军的无能表现，认为其"乏补给，缺战斗力，军纪也不堪言，绝难恃，仅可虑"。阎锡山对此也"深知其情，故不依赖其协作，并确知吴无实力，尾大不掉，不足有为……"而且也不同意让其占得察哈尔。㉘此时，奉军已将李景林部改编，并将王怀庆部缴械，北京已无其后顾之忧。所以，张作霖不再指望直军，改由直鲁联军与奉军担任进攻南口的主攻。他与吴佩孚会派张宗昌为前敌总司令，褚玉璞为总指挥，并将奉军炮兵全部交其使用。

7月2日，张学良、张宗昌、褚玉璞在京召开军事会议，讨论攻打南口的进兵方略。次日，张宗昌下令限一星期攻克南口。7月5日，奉军与直鲁联军下达对南口总攻击令，兵分三路进攻国民军，第一路徐源泉部，第二路荣臻部，第三路韩麟春部。7月8日，直鲁联军以白俄驾驶的装甲车为先导，集中全力猛攻南口正面阵地。奉军同时攻打南口左右两翼。㉙国民军炮兵和步兵相配合，打退了敌人多次进攻。7月18日，张宗昌、张学良、吴佩孚分别悬赏攻打南口难儿谷，但仍无成效。

7月12日，直军田维勤部第三十九旅（陈鼎甲旅、原为国民军二军史可轩部），在共产党人许权中领导下发动兵变，从妙峰山投向国民军，再次使直军全线动摇。国民军派许骧云部接应。20日，在许权中影响下，直军田维勤部第四十旅贾自温、马宗融两团（原国民军三军旧部），又在清水涧投向国民军。㉚8月2日，田维勤部又有两营士兵投向国民军。田维勤在靳云鹗与国民军合作酝酿中，向吴佩孚告密，取得吴佩孚的信任。国民军对他几度反复恨之入骨，其部下也不耻于他的所为，才投向国民军。此外，张宗昌所收编的李景林一部也发生兵变。直军东路主力共有六旅，连日发生倒戈使其损失近三分之一，士气由此一蹶不振。直军中路王为蔚与西路魏益三部，虽然先后与国民军徐永昌、方振武部交战并攻占代王城、西河营等地，[31]但毕竟均与国民军有旧，作战不十分卖力，又系偏师，对战局无重大影响。徐永昌率国民军三军、方振武率国民军五军在抵抗直军进攻的同时，也派部参加了攻打山西的战斗。

晋北烽火（略）

甘陕保卫战（略）

二、南口大战与全国大势及国民军的败退

南口大战正在进行时，中国政治局势发生了重大变化。

冯玉祥在出国前，心理是矛盾的。他在平地泉停留多日，就是观察国内形势，从而决定自己的欧洲之旅是否成行。他依然幻想与旧直系大联合，指望吴佩孚与张作霖为争夺北京政权火并，还没有完全与北洋军阀集团决裂的决心。国共两党革命统一战线的日益发展与壮大，广东国民政府的日益巩固，也引起了冯玉祥的关注。此时，国民党中央执行委员会委员李烈钧以总参谋的名义在国民军中参与戎机。国民党其他高层人士如徐谦、李石曾、方声涛等人也群相对冯玉祥晓以革命大义，让他加强与国共两党的合作，所以，冯玉祥在出国前又派马伯援赴广东请援，嘱其至少要向其明确，"国民军必为国民党合作，解决国事"。[32]4月1日，马伯援到广东，国民政府举行宴会欢迎马，并与之商谈同冯合作事宜。4日，蒋介石邀马伯援赴黄埔进行会谈。[33]4月10日，广东国民政府致函给冯玉祥，表示要与他"期于相当时期会师中原，共赴国难，打倒帝国主义，完成国民革命"。[34]但是，此时双方仅仅互视为盟友。奉、直、晋三系军阀"联名讨赤军"的总兵力达50万人以上，国民军十分迫切希望得到广东革命政府的支援与配合。广东革命政府正准备出兵入湘援助唐生智，对国民军在北方的作用十分重视，也加紧对冯玉祥进行工作。4月5日、6日，于佑任与鲍罗廷在库伦连续与冯玉祥会谈，商议国民军与广东国民政府合作，并劝他加入国民党。[35]此时，广东革命政府及国共两党在对是否决心北伐问题上认识不一。但是，一些力主北伐的军政领导人已认识到国民军在北方的斗争对广东有重大意义。4月3日，蒋介石在《建议中央请整军肃党准期北伐》一文中说："此后列强在华，对于北方国民军处置既毕之后，其必转移视线，注全力于两广革命根据地无疑，且其期限不出于3月至半年之内也。"因此，广东革命政府"如能于3个月内北伐准备完毕，则北方之国民军不至消灭，而吴佩孚之势力，亦不足十分充足之际，一举而占领武汉，则革命前

途，尚有可为也。"⑥5月，李宗仁为促成北伐，亲赴广州，在与蒋介石会谈时说："……国民军一旦瓦解，吴的势力也必复振。既振之后，必乘战胜的余威，增兵入湘扫荡唐生智所部，从而南窥两粤。我们现在如不能乘国民军尚在南口抵抗，吴军主力尚在华北，首尾不能相顾之时，予以雷霆万钧的一击，到吴氏坐大，在南北两战场获得全胜，巩固三湘之后，孙传芳也不敢不和吴氏一致行动，那我们北伐的时机，将一去永不复返，以后只有坐困两粤，以待吴、孙的南征了"。⑦所以，正是国民军在南口艰苦卓绝的战斗，才能使广东革命政府下了北伐的决心。

然而，冯玉祥仍然犹豫。他一时还没有认识到国民军在全国革命大势中的地位及作用。他到蒙古后在库伦停留20多天，与国民党人士及苏方人员多次会谈，仍没有彻底与北洋军阀集团决裂的决心。因此，直到5月上旬为止，国民军抵抗奉直军阀联合进攻的南口大战，仍属军阀混战，性质没有发生任何变化。

冯玉祥经过激烈思想斗争，于5月10日，即在到达莫斯科的第二天经徐谦介绍加入国民党。他在是日的日记中写道："本日决心加入国民党，为国民党一员，以努力致力于中国国民革命"。⑧不久，他又表示让国民军集体加入国民党。这是冯玉祥在政治上真正的进步。此前，他长期标榜自己要"君子群而不党"。这既反映他对政党政治的无知，也说明他害怕有政党会削弱个人对军队的控制。在出国途中，他看到了苏联以政党治国的实例，打消了上述顾虑，尤其是进一步认清全国革命形势之后，才有是举。他加入国民党，改变了自己与广东革命政府的关系，不再视其为"远交"的盟友，而把自己变为党内的"同志"，走出了人生道路上重要一步。

5月30日，国民党中央政治会议推胡汉民、蒋介石、鲍罗廷等拟定与国民军合作办法。6月3日，蒋介石电邀冯玉祥来粤共商大计。⑨6月中旬，冯玉祥派李鸣钟、刘骥赴广州代表自己办理加入国民党的手续及商讨合作问题。为此，他致谭延闿、蒋介石一密函，报告派李、刘二人由苏赴粤，"全权"商定国民军与广东合作办法，并催促广东方面早日北伐。他在函中进一步表示："毅然加入国民党，与诸同志联合战线共同奋斗，李君鸣钟、刘君骥均有觉悟，亦于日前参加国民党矣"。⑩6月25日，国民党中央执委会派李石曾、张继、李大钊、柏文蔚、易培基与国民军接洽合作事宜。⑪7月中旬，刘骥到达广州（李鸣钟滞留上海），向国民党中央及广东省谭延闿、张静江、宋子文、孙科等人转达了冯玉祥及国民军参加国民革命的决心。㉒8月23日，徐谦及李鸣钟也到达广州，在国民党中央党部报告冯玉祥及国民军全体加入国民党。国民政府决定任命冯玉祥为军事委员会委员兼国民政府委员，国民党中央党部任命冯玉祥为国民党军党代表。㊸与此同时，刘骥代表冯玉祥办理了加入国民党的手续，并与国民政府商定：1. 冯玉祥率全部国民军接受孙中山先生的三民主义和联俄、联共、扶助农工三大政策，从北方协助国民革命的北伐；2. 国民政府对国民军按照国民革命军的标准，一律待遇。刘骥将此决定通过苏联顾问的电台发往莫斯科。几天后，冯玉祥复电表示完全同意。㊹

至此，冯玉祥及国民军和国民党及广东革命政府确立关系的组织手续已全部完成。国民军从北洋军阀集团中分化出来，转变为有比较明确政治纲领，接受孙中山三大政策，站在国共合作旗帜下的革命武装力量。国民军的上述转化，是在1926年5月至8月完成的。冯玉祥后来在五原誓师，只不过把上述的一切公布于世而已。

冯玉祥加入国民党，标志着他已率国民军投身于第一次国内革命战争。这使南口大战的性质发生了根本变化。5月上旬以后，该战役已演变为第一次国内革命战争的重要组成部分。冯玉祥在加入国民党后，就明确地指出了这一点。5月下旬，他在苏联发表讲话说，国民军大致可以说为国民党的目的而战。冯玉祥虽然身在苏联，但仍牢牢地控制着国民军，并通过苏联的外交途径，不断对南口战事下达指令。7月下旬，他致电张之江，说北伐军已进攻两广，要国民军坚守南口，以牵制吴佩孚。在此，他已明确地指出了南口战役配合广东国民政府北伐的战略价值。

在国民军退守南口不久，湖南发生了吴佩孚支持的叶开鑫与倾向广东国民政府的唐生智之间的战争。5月1日，唐生智兵败退守衡阳并派代表赴粤求援。5月21日，广东国民政府任命唐生智为国民革命军第八军军长、北伐前敌总指挥兼理湘省民政。6月2日，唐生智在衡阳就职，正式公开地参加了国民革命军。早在5月下旬，广东国民革命军第七军第八旅及第四军叶挺独立团已先后进入了湖南，支援唐生智抗拒叶开鑫部的进攻。国民军在南口的苦战给广东革命政府提供了最佳的战机，使其把最初的援湘转为公开的北伐。6月4日，国民党中央正式通过了国民革命军出师北伐案。7月1日，国民政府军事委员会颁布北伐动员令。7月4日，国民党中央委员会发布《中国国民党为国民政府出师北伐宣言》。㊺7月9日，广东国民革命军在广州隆重举行北伐誓师阅兵典礼。中国第一次国内革命的北伐战争正式宣告开始。

广东革命政府所面临的敌人，拥有数量十分庞大的兵力，其中吴佩孚、张作霖、孙传芳三部总兵力达75万人左右，而广东国民革命军只有10万人，且大部分并未经过改造。所以，广东革命政府北伐是认清北方军事形势之后才毅然进行的。

吴佩孚再起之后，拥有的各色军队达20余万人，北上攻打国民军的兵力计有6个师12个旅，达10万人以上。其中，能称得上其嫡系的部队全数集中到南口一线，而留在两湖的仅是所余鄂军。广东革命军进入湖南后，他毫不在意。6月初，叶挺独立团攻占攸县，叶开鑫败退。吴佩孚急忙派宋大霈、王都庆、唐福山等部驰援。11日，他又下令限陈嘉谟在一周内恢复衡州。吴佩孚把北伐力量估计过低，根本没把其放在眼里，准备在北方把进攻国民军的部署安排完毕后，再行南返，⑯但未能如愿。6月15日，广东革命军张发奎部进入湖南。7月5日，北伐军兵分三路，进逼长沙，吴佩孚仅派新收编的原唐之道的王梦弼、李乐滨二旅去救急。7月11日，北伐军攻占长沙。但是，吴佩孚全然不为所动，仍把主力放在南口。他错误地认为，平江、岳阳一线天险不可逾越，其两面作战，均可得手。但是，北伐军在此时却明确制定了下一步战略，即乘吴佩孚被牵制在南口不能南下之际，全力进攻武汉。⑰

7月27日，孙传芳致电吴佩孚，请速扫西北之敌，回师南下，坐镇长江。他比吴佩孚清醒，连连发表讲话，认为南重于北。⑱陈嘉谟也不断来电告急，请吴速回汉主持湖南军事。⑲曹锟也让彭寿莘劝吴离直赴汉，早日布置湘、鄂防务。但是，吴佩孚固执己见，以不愿"功亏一篑"为由拒绝。他既让复仇心理冲昏了头脑，也怕南下影响自己对中央政权的争夺，决心孤注一掷。吴佩孚让赵恒惕会同李倬章（济臣）在岳阳主持湘、鄂军事防务，并命令前敌各部坚守防地，非有命令不可进攻。

8月15日，南口战事结束。19日，北伐军攻克平江、汨罗；22日攻克岳阳，前锋已达湖北境内。吴佩孚接湖北告急电报后，留齐燮元坐镇北方，自己于8月21日匆匆南下，25日赶到汉口，并立即召集军事会议。他令刘玉春死守汀泗桥，并急电令直系主力田维勤、王维城、王为蔚及魏益三等部除留下5个旅外，全部南下增援。魏益三部接到电令后虽然立即出发，但乘火车到信阳之后就停留不动了。其余各部又因没有车厢而一时不能开拔，直到9月3日才动身，9月5日赶到郑州。但是，北伐军已于8月27日攻占汀泗桥，29日克贺胜桥，直抵武昌城下了。吴佩孚败局已定。北洋军阀的末日将来临。

但是，国民军最终还是从南口败退了。

数月来，国民军连续恶战，困苦万分。由于奉军占有炮兵优势，南口防御工事大部被炮火摧毁。时值雨季，战壕中存水及腰，军中疾病流行，大大削弱了部队的战斗力。国民军本来就没有雄厚的物资基础，长期战斗消耗使弹药及给养均严重短缺。但是，由于国民军治军较严，军队训练有素，故广大官兵在艰苦情况下，能保持较高的士气和战斗力。

两个多月的战事表明，直军根本不能充当攻打南口的主力。所以，吴佩孚不得不派张其煌与奉方协商，表示愿意将南口军事指挥交给奉方负责。⑩

8月1日晨，直军、奉军、直鲁联军共12万人向南口一线展开总攻击。奉军几十门重炮猛烈轰击南口要塞。张学良、张宗昌分赴沙河、阳坊督战。吴佩孚也亲到三家店督促田维勤向青白口进攻，并限令3日内攻下怀来。国民军顽强抵抗，与后方联络多次中断，一些前沿阵地几次易手，反复争夺，双方伤亡惨重。但是，国民军仍坚守阵地。8月5日晚，奉军、直鲁联军再次下达了进攻南口总攻击令。直鲁联军以王栋为前敌总指挥，率部沿京绥铁路左侧发起攻击。奉军第十军于珍部沿铁路右侧发起攻击。奉军先以大炮轰击，然后以坦克、步兵冲锋。国民军依仗坚固工事还击，战况空前惨烈。国民军在龙虎台、关山岭、虎峪村、得胜口等地与奉军恶战3日，白刃肉搏100多次。⑪在凤凰台，双方拼抢，前后易手达十数次之多。奉军步兵第四旅二十五团某连攻老爷岭，一仗之后仅存25人。国民军在奉军优势炮火的轰击下，也遭受重大损失。⑫

8月8日，奉军攻占居庸关，继而攻占营子城，偏地峪、铁卢沟、毛司台、落马坡等要隘，铁甲车攻破南口阵地外壕。8月11日，南口国民军在奉军优势炮火猛烈轰击下，渐不能支。

与此同时，奉军吴俊升部在察北发动了猛烈攻击，并于7月20日攻占多伦，使国民军整个防线发生危机。为此，国民军急调宋哲元率部从晋北驰援，将多伦收复，暂时稳定了局势。但是，晋军董中山部却乘国民军后方兵力空虚攻占了绥远清水河，托克托等县，并收买土匪赵有禄包围包头。⑬晋军也开始反击。国民军几个方面作战，饷械俱缺，又面临着与甘肃宁夏交通中断的危险，形势日益危机。8月上旬，多伦再度失守。国民军终不能支。

国民军为筹措南口军费想尽了一切办法，在察、绥发行了"短期公债券"，规定一年兑现。张家口商会被迫购买了80万元。绥远商会也不得不认购一部分。自7月起，国民军把京绥铁路的货物运费提高了4%。㉞尽管如此，国民军的粮食给养仍难以补充，武器弹药消耗殆尽。军民交困，赖以维持市场流动的西北银行钞票始终无法兑现，以至失去信用。国民军在南口战场很难再坚持下去。

8月上旬，张之江在张家口召集国民军高级将领紧急会议，议决为保存实力，全军向绥远实行总退却，并派石敬亭赴苏联催促冯玉祥回国，主持大计。㉟

8月13日，国民军南口守军从阵地撤退。由于联络中断，第二十八混成旅第八十七团团长王书箴及部分守军因没有接到后撤命令而被俘（王后来被奉军杀害）。14日晨，张学良向奉军、直鲁联军下达攻取南口总攻击令。国民军由居庸关向延庆、青龙桥方面退却。下午二时，南口完全被奉军、直鲁联军占领。8月15日，国民军下达全线总退却令，㊱其撤退的部署是先东路，后西路。以平地泉、卓资山以西为撤退目标。韩复榘、石友三等部担任掩护。宋哲元率多伦、沽源方面各军经张北西退。鹿钟麟率南口、延庆方面各军经京绥路过集宁西行。徐永昌、方振武及石友三等部自蔚县、广灵及晋北雁门关去绥远。国民军以平地泉为第一防线，卓资山、和林为第二防线。韩复榘、石友三、孙连仲等部分任防守及收容之责。㊲

8月15日，奉军占领居庸关、青龙桥、康庄、延庆。16日，直军田维勤部占怀来。奉军吴俊升部攻占沽源。19日，直军与奉军先后进驻张家口。与此同时，山西晋军收复了晋北全部失地，并于8月25日攻占平地泉（集宁）。8月26日，阎锡山电告奉军，声明西北军事可独立了之，请奉鲁军不必再行前进。㊳他已视绥远为自己的禁地，暗示奉张不要再插足了。

国民军战线绵延2000里，全线西撤，尽管事前有所准备，是有计划、有步骤地撤退，但却与撤离北京时大不相同。主要负责人领导不力，部队不明了西退的目的，在精神上等于无形地被解体了，从而严重影响了士气；再加上指挥混乱，敌方间谍破坏，军车数次相撞，致使油车失火，大量军事物资被遗弃，秩序大乱，损失惨重。㊴绥远地区环境恶劣，多为广漠沙场，人烟稀少，根本无法补充给养，军纪无法维持，使士兵大批失散。原国民军二军弓富魁部在绥远还有抢劫行为。陈希圣部徒步经过察北隆盛庄以东时，遇到二三百地方武装的阻击，竟致使成旅的军队溃散。晋军商震利用他与国民军内部人士的关系，向各部分途拉拢，对其分化起了很大作用。韩复榘、石友三、陈希圣率部退到包头后，与他接洽，被晋军收编。郑金声、张自忠、张万庆等也先后投降了山西。⑩张之江、鹿钟麟、宋哲元率部到包头后仍准备西撤。此时，刘郁芬来电称，兰州之围已解，欢迎各部入甘，共图大计。因此，张之江决定先到宁夏，鹿、宋二人移驻五原，防守绥西。但是，上述布置正在进行之中，国民军领导人又听到谣言，说大部退往甘肃前途将有不测，又使各部均徘徊于绥西一带。⑪

此时，国民军所余诸部大多残破不全，只有一军刘汝明部及三军徐永昌、五军方振武等部保持了较完整的建制，但也严重减员。全军除驻甘肃的两个师外，包括韩复榘、石友三诸部尚不满5万人。⑫

鏖战4个月之久的南口大战，以国民军的退败而告终。国民军与敌人的实力相差悬殊，物质基础薄弱，经不起长时间的战争消耗；再加上战线过长，处在不利的战略地位等，都致使其在军事上最终处于被动局面。但是，这些都不是导致上述结果的主要因素。

前文已述，奉直军阀围剿国民军的战争爆发后，国民军领导人一直幻想与敌人妥协。这不仅影响了自己的战略决策，也挫伤了军队的士气。国民军在南口战场上并没有战败，而是败在撤退之中。国民军当时的最高领导人张之江既没有统帅全军的威望与能力，又在形势紧迫之时惊慌失措，"致使撤兵之顷，弄得一塌糊涂"。所以，李大钊曾痛心地总结说："这次国民军退却，实为一大失败，丧失精锐士兵无算。这不是战争失利，而是因为主帅之无谋"。⑬

此外，国民军对帝国主义的间谍活动也毫不警惕。国民军在张家口曾发现两部秘密电台。日本特务松室孝良也一直在察绥活动。国民军领导人也没有严格的保密观念。1925年下半年，李泰棻曾代表冯玉祥去山西联络阎锡山。阎对李说，他的译电室每天将各方密码电报，统统收来，研究一二日就可译出，什么密电对他都是密不了的。⑭但是，国民军对此仍没有采取相应措施，电讯联络已无密可保。其与靳云鹗、孙传芳等策划旧直系联合反奉密谋，就是由此为晋阎所侦知的。奉直联军能及时从各方获得国民军的情况，从而造成国民军战场上的被动，这也是国民军领导人军事指挥能力不高的直接表现。

中国共产党人及国民党左派一直给国民军以巨大的支持。当国民军退南口时，京绥铁路一些负责人，多系与奉系军阀勾结的交通系分子。他们或者逃避，或者暗中破坏，妄图使交通瘫痪。中国共产党所领导的工会带领一班革命工人，组织了南口、康庄工会交通维持队，保证了京绥铁路畅通。在南口守卫战及退往包头、绥远时，工会领导的革命工人，不避弹雨，积极参加战斗，给国民军以有力的支持。但是，国民军不能进一步发动与依靠革命人民，在优势敌人面前，势单力孤，并最终败溃。

尽管如此，南口大战对当时中国历史进程产生了重大影响。

如前所述，国民军在北方的行动关系到全国革命大势。它首先并不自觉地吸引了奉直军阀的大部分注意力，成为它们"剿赤"的主要目标，做了掩护革命力量盾牌；继而长时间在南口苦战，为广东国民革命军北伐创造了有利时机。北伐军在两湖的胜利，是国共两党领导广大军民英勇奋战的结果，但与国民军牵制了吴佩孚直军主力不得回师有很大关系。因此，第一次国内革命战争实际上有南北两个战场。南口大战是第一次国内革命战争重要组成部分。所以，南口大战的失败是局部的。从全国革命战略而言，国民军起到了牵制敌人的作用。冯玉祥在是年9月就说："一失南口，一得武汉，其所失者少，所得者多。在同志方面计，实已战胜敌人"。⑥⑤1928年7月9日，蒋介石在追悼南口阵亡将士大会上说："当革命军自粤出发，未几下桂赴湘。彼时正值西北革命同志，与反革命者激战南口。赖诸烈士之牺牲，直军不解南下守鄂，北伐军遂长驱北上，冲破长岳。后日西北同志，虽退绥甘，而北伐大军，已以破竹之势，消灭反动势力，建立政府于武汉。是北伐成功，多赖南口死难烈士。革命同志，幸勿忘之也"。⑥⑥

就战术而言，南口大战也不是以国民军完全失败而记载于史册。国民军成功抵御敌人优势兵力进攻达4个月之久，且歼敌达5万之多，是在北洋时期战史上所仅有的。南口不是被敌人所攻占的，而是国民军主动撤离的。其在战略撤退之中，虽然损失惨重，但基本上又保持了国民军的名号及建制，并很快得以再起，创造了另一个奇迹。所以，国民军在南口大战中也取得了部分战术上的胜利。实际上，对奉直军阀而言，无论从战术上还是从战略上，其在南口对国民军的围剿均遭失败。它耗费了大量人力、物力，连续苦战，但最终也没有把国民军消灭，而自己却顾此失彼，在战略上犯下了致命的错误。南口大战是北洋军阀势力在战略上采取进攻姿态的最后表现，此后，北洋军阀势力在中国政治格局中，始终是居于守势的地位，对革命势力再也没有主动还手之力了。

南口大战的意义还在于，它反映了冯玉祥及国民军与旧北洋军阀集团的彻底决裂。这既是冯氏军事集团长期与北洋各派系矛盾斗争的必然结果，是时代进步对它影响的产物；也是其真正从北洋集团分化出来的标志。冯玉祥及国民军的转化虽然有些被迫的成分，但这是中国近代社会游移于革命与保守之间的中间阶级及所代表军政势力向左翼靠拢的表现，是值得肯定的。

参考文献：

①《陆军二十九军志略》，载《宋故上将哲元将军遗集》（上），第129页；宋哲元：《西北军志略》，载《近代史资料》1963年第4期，第124页。

②［苏］亚·伊·切列潘诺夫：《中国国民革命军北伐——一个驻华军事顾问的札记》，第472页。

③《冯玉祥日记》（二），第129页。

④李泰棻：《国民军史稿》（下），第292—293页。

⑤张樾亭：《国民军南口亲历记》，载《文史资料选辑》第五十一辑，第102—105页。

⑥李泰棻：《国民军史稿》（下），第293页

⑦宋哲元：《西北军志略》，载《近代史资料》，1963年第4期，第123页。该书称1925年冬，天津战役结束后，国民军一军为15万人。后又稍有扩充。

⑧徐永昌：《求己斋回忆录》，载台北《传记文学》第49卷，第5期，第93页。

⑨文公直：《最近三十年中国军事史》第三编，第225—226页。

⑩高兴亚：《冯玉祥将军》，第77—80页；李泰棻：《国民军史稿》（下），第286—293页；《民国日报》1926年5月19日。

⑪《申报》，1926年4月24日。

⑫《晋阎夹击西北军》，载《申报》，1926年5月7日。

⑬《民国日报》，1926年6月28日。

⑭《杨宇霆致张学良电稿》（5月11日），载《奉系军阀密电》第三册，第21页。

⑮《中华民国史资料丛稿·大事记》（1926年）第十二辑，第74页，第77页，第887页。

⑯〔苏〕维·马·普里马科夫：《冯玉祥与国民军》第191页。

⑰⑲《中华民国史资料丛稿·大事记》（1926年）第十二辑，第74页，第77页，第87页。

⑱刘翼飞：《亲历南口战役》，载《文史资料存稿选编》（晚清民国篇）（下），第200页。

⑳吴锡祺：《我所经历的晋北之战与南口大战》，载《文史资料存稿选编》（晚清民国篇）（下），第204—205页。

㉑《民国日报》1926年5月23日，1926年6月6日。

㉒吴锡祺：《我所经历的晋北之战与南口大战》，载《文史资料存稿选编》（晚清民国篇）（下），第204—205页。

㉓《阎锡山致张作霖电》（6月2日），载《奉系军阀密电》第三册，第81页。

㉔魏益三：《我由反奉到投冯投吴投蒋的经过》，载《文史资料选集》第五十一辑，第239页。

㉕《民国日报》1926年5月23日，1926年6月6日。

㉖《申报》1926年6月20日。

㉗《申报》1926年7月2日。

㉘《于国翰复张作霖电》（5月24日太原），载《奉系军阀密电》第三册，第75—76页。

㉙《京师四郊军警督察关于奉直鲁联军与国民军在昌平、沙河一线作战情况的报告》（1926年7月15—18日），北京政府京畿卫戍总司令档案，载《中华民国史档案资料汇编》第三辑，《军事》（三），第421页。

㉚《中共党史人物传》第三卷，第261页，《民国日报》1926年7月22日、24日。

㉛徐永昌：《求己斋回忆录》，载台北《传记文学》第47卷，第5期，第94页。

㉜马伯援：《我所知道的国民党合作史》，第58页。

㉝《中华民国史资料丛稿·大事记》第十二辑（1926年），第59页。

㉞郭廷以：《中华民国史事日志》，第33页，第37页。

㉟〔美〕盛岳：《莫斯科和中国革命》，第150页；郭廷以：《中华民国史事日志》第二册，第35页。

㊱《总统蒋公思想言论总集》（别录），第192—193页。

㊲《李宗仁回忆录》（上卷），第221—222页。

㊳《冯玉祥日记》（二），第178页。

㊴郭廷以：《中华民国史事日志》第二册，第53页，第57页。

㊵《冯玉祥致蒋介石、谭延闿函》（特字），第3页，第二历史档案馆藏，转引郭绪印、陈兴唐：《爱国将军冯玉祥》，第111页。

㊶郭廷以：《中华民国史事日志》第二册，第53页，第57页。

㊷刘骥：《南行使命》，载《文史资料选辑》第四辑，第52页。

㊸《中华民国资料丛稿·大事记》第十二辑，第136页。

㊹第二历史档案馆馆藏档案，转引郭绪印、陈兴唐：《爱国将军冯玉祥》，第111页。

㊺郭廷以：《中华民国史事日志》第二册，第59页。

㊻《晨报》，1926年6月29日。

㊼㊽《中华民国资料丛稿·大事记》第十二辑（1926年），第123—124页。

㊾《申报》，1926年7月30日。

㊿郭廷以：《中华民国史事日志》第二册，第59页。

51长沙《大公报》，1926年8月21日。

52刘翼：《亲历南口战役》，载《文史资料存稿选编》（晚清北洋篇）（下），第211页。

53李泰棻：《国民军史稿》（下），第299页。

54〔美〕詹姆斯·薛立敦：《冯玉祥的一生》，第241页。

55吴锡祺：《我所经历的晋北之战与南口大战》，载《文史资料存稿选编》（晚清民国篇）（下），第205页。

56宋哲元：《西北军志略》，载《近代资料》1963年第4期，第128页。

57高兴亚：《冯玉祥将军》，第81页。

58《申报》1926年8月28日。

59《西北军退出张家口日记》，1926年8月27日。

⑥《中华民国史资料丛稿·大事记》第十二辑（1926年），第140页；周玳：《阎锡山参加直奉反冯的经过》，载《文史资料选辑》第五十一辑，第127页。

⑥吴锡祺：《我所经历的晋北之战与南口大战》，载《文史资料存稿选编》（晚清北洋篇）（下），第206页。

⑥李泰棻：《国民军史稿》（下），第303页。

⑥《守常政治报告》、《中央政治通讯》第3号（1926年9月15日），载《第一次国共合作在北京》，第344页。

⑥李泰棻：《雁北战争及其影响》，载《文史资料丛稿选编》（晚清北洋篇）（下），第219页。

⑥《致张之江共图大计电》，载《冯玉祥政治要电汇编》卷一，第71页。

⑥李泰棻：《国民军史稿》（下），第491页。

注：摘自刘敬忠、田伯伏：《国民军史纲》，人民出版社2004年11月版，第314—361页。

弃南图北与南口之役

郭剑林

1926年3月，吴佩孚弃南图北，开始联奉进行大规模讨冯的军事行动。国民军总司令张之江致电吴氏，表示国民军愿退回西北，请即派代表议和。23、29两日，再电请吴氏谅解，愿意和平。4月2日，张氏特派王乃谟、何遂赴保定向田维勤、商震面议和平条件并许诺：释放曹锟；恢复法统；将京汉路全线交归吴军；愿协同吴驱逐奉军出关。章太炎此时力劝吴氏"将此事付之奉晋，而直军南下以保江上。开诚布公，能除宿衅，与南省诸军共同讨伐。志在为国，不为权利；虽有小愤，待事定而后论之。"①但吴氏"不懂政治"而不予考虑与国民军合作问题，于是爆发了震惊中外的"南口大战"。

"南口只是一个镇，除平绥路机械厂之外，毫无重要性可言"。但"北是居庸关和八达岭，形势险峻，有一夫当关之势。南口虽然是丘陵地，无山峻之险，而地位突出，可保持攻击的姿态"。"南口之役，由4月中旬守到8月15日，吴佩孚亲率田维勤等部并联合奉军张学良、张宗昌等大兵团围攻4个月才克复"②。付出了多么大的代价！

4月5日，吴氏竟然复函张之江宣称：求和必须先将国民军武装交由阎锡山暂行接收、改编，及张之江亲赴汉口接洽为先决条件，实际是要国民军缴械投降。吴并以此条件转送给奉张，以示朋友之交的"坦诚"。

吴佩孚的战略战术是准备以分进合击的方式进攻国民军。其计划是：以直鲁联军及靳云鹗、田维勤、潘鸿钧等三部会攻南口正面；奉军吴俊升、汤玉麟等部攻多伦；山西阎锡山率部出大同攻平地泉、丰镇。总兵力约在50万大军以上，可谓来势汹汹。

但此时南方湖南形势已发生突然变化，吴氏"弃南图北"，给唐生智击败赵恒惕而代理湘省省长，北伐军可取道湖南北伐以大好机会。

在北方，9日，当段执政甘心充当帝国主义"反赤联盟"的应声虫时，鹿钟麟发动了"北京政变"。其通电称："往者段祺瑞因缘附会，入主中枢，解散国会，颠覆国体，政出专断，海内寒心。于是安福党羽，逢奸长恶，为所欲为……3月18日，莘莘学子，前往请愿，纯系爱国热情，乃竟开枪轰击，惨毙多命；较之'五卅'惨案，伤害尤多。"③以严厉措施制止段氏暴行。实则仿讨安福故技，讨好吴佩孚，段氏被逐，曹氏放出，一面保护总统曹公恢复自由；一面电请吴玉帅即日移节入都主持一切。

4月11日，曹电吴请与国民军一军鹿钟麟捐弃前仇。电文称："鹿君见识过人，深明大义，愿隶麾下，以当前驱，即遣军长韩复榘赴汉报告。"吴氏部属亦劝吴接受国民军议和条件。

13日，奉军张学良等通电斥鹿称："前日拥段，今日驱段；前日捉曹，今日放曹；一年之间，一人贤否，前后大弁；好恶无常，恩仇不定。"

关键是，吴氏一意孤行，缺乏政治家的气度，竟发表训话说：既与奉军合作，决不反悔。他在鹿氏电报稿上批语"全体缴械"4字，左右无不大骇！吴再电张学良、张宗昌，谓："国民军无和平诚意，请按原定计划，从速进兵扫荡赤巢。"④于是，国民军三军李鸣钟、刘骥"奉命代表全军，绕道赴广东晋谒国民政府诸公，并代表全军宣誓入党（国民党）"。⑤把原友军推向敌军一边。

23日，吴氏致电奉张宣称："弟迫于时势，复出治军，自问无功，惟资群力。国事迭经破坏，补救大难，所赖雨帅，一德同心，曲为匡助，治平之望，遂复油然。"⑥完全无视冯氏与国民党的实力，自认为联奉即有"成功"希望。

然而，好梦不长。4月底，叶挺独立团这支歼灭吴佩孚势力的主力军，作为先遣队已开始向湖南进军了。东南直系五省联军总司令孙传芳，由于在争夺地盘上与吴、张存在的矛盾均无调和余地，打起军人故技——树"保境安民"招牌，坐山观虎斗，以收渔人之利，决不轻举妄动地援助吴佩孚。吴已招致灭顶之灾。

4月15日，国民军受直军、直鲁联军和奉军包围，全部撤出北京，退守南口。奉军、直鲁联军进入通县，吴氏直军进抵西苑。

18日，奉军、直鲁联军进入北京，段祺瑞再回到执政府，决定下野。22日，吴佩孚电李景林、张宗昌、张学良、靳云鹗等，迅饬各部并力向南口进攻。直鲁联军与奉军在昌平一带集中，公推李景林为攻击南口总司令。

25日，齐燮元、王怀庆、李景林、张宗昌、张学良在京举行会议，齐提出吴佩孚的政治方案：护宪；曹锟下野，以颜惠庆组摄政内阁；王怀庆任京师卫成总司令，请奉方接受以上三项。

5月1日，曹锟按照吴佩孚意见，正式发表宣言，辞去大总统职务，由胡惟德代理内阁总理，国务院复政，依法摄政行大总统职务。"辞职"通电称："锟忝膺重托，德薄能鲜，致岭不曲携二，纪纲失坠。十三年10月23日冯玉祥倒戈，锟受闭锢，自法毁乱滋，国无元首，迄今一载有半，良用疚心。今联军讨贼，巨憝已除，大法可复。……锟自愧失驭，久已倦勤，非弃履以为高，且闭门而思过。"

2日，吴佩孚进一步以攻为守，以贿选当与宪法分开为理由，向张作霖提出"护宪"和恢复北京政变时颜惠庆内阁的要求，其"法理根据"有五项：

（1）《约法》如有效，则根据《约法》所产生之《宪法》不能无效，故护约即当护宪；否则即违《约法》。

（2）宪法经宪法会议依法定程序自行制定，自行宣布，记录事实俱在，众目昭彰，……大总统并无宣布宪法之权，强为宪法谓曹宪，与事实不合，于法理尤谬。

（3）约法上只有临时大总统，而宪法上之大总统选举法，系民国二年10月4日宣布，袁世凯由约法上临时大总统被选为正式大总统，适用此法；黎元洪、冯国璋、曹锟选出，亦均由此法，实无约、宪之分。

（4）黎、曹去位系政治问题，非法律问题，……现只宜恢复段氏所毁之法，确系为法而非为人。

（5）大总统已缺位，应依今宪法之第七十六条，以国务院摄行大总统职务。⑦

3日，直系之孙传芳、卢香亭、夏超、周荫仁、萨镇冰、邓如琢、陈调元等联名通电主张颜氏摄政，并请吴早日北上，主持大计。实则促吴弃南图北。而吴氏不计其谋，电促颜氏组阁和张作霖支持颜阁。但张作霖对颜氏复阁不肯表示赞同意见而虚意地"悉请我兄（吴）放手进行"。⑧

然而，奉张既不便公开违背当前政局应由吴佩孚主持一切的"盟誓"；又强烈不满吴氏要一手包办政坛的独断行为，10日，致电吴氏，提出所谓"政治公开"主张，意思是不能由一人包办并愿两人会晤，对"护宪护法，绝对不具成见"。这是别有目的。

5月初，国民军以全力进攻山西，谋取山西地盘。徐永昌、韩复榘、石友三等取高阳、围大同，来势汹汹，阎锡山告急。

在吴佩孚、孙传芳劝驾"贵国务院应依法摄行大总统职务"⑨之下，20日，颜惠庆就职。27日，吴自汉口北上，部署全面进攻国民军的计划。

吴佩孚此时已经击溃了河南的国民军第二军，占领了豫省地盘。所以，他可以畅通北上。在北上之前，为解后顾之忧，特发任命名单：任邓锡侯为四川军务督办；田颂尧为帮办兼四川西北屯垦使；任杨森为四川省长，袁祖铭为川边、黔边督办。⑩

吴佩孚一路沿途检阅郑州、开封、洛阳各地军队。28日，在途中致电汉口留守总司令部，命令残留部队亦全部迅速开拔北上，令京汉铁路南局备车。吴对南方北伐军似不屑一顾，实施"弃南图北"战略，妄图掌握中枢。

30日，吴佩孚在石家庄与阎锡山会晤。他们讨论晋北形势与战略，吴并征求阎对中枢政局及善后处理的意见。

31日，吴佩孚在石家庄召开紧急军事会议。田维勤、王文蔚、王维城等大将与会，阎锡山应邀列席。此次会议的主题是内部"解决靳云鹗问题"。靳氏任讨贼联军副总司令兼第一军司令，所部驻豫、冀各要冲。他控制着自彰德至长辛店即京汉铁路的北段广大地区，势力强大，遍布于顺德、大名、广平、正定、保定五府地区，他是吴氏东山再起后的核心力量。但吴氏为了贯彻主张，不惜下令免去心腹爱将讨贼联军副总司令靳云鹗本兼各职。靳氏在行动上反对吴氏"联奉讨冯"的战略决策，主张"联冯讨奉"，其军事路线与吴相左，可以说针锋相对。"吴氏战兴甚豪，为便利指挥军事起见，在保定设立总指挥司令部，自任各军总指挥"。⑪奉张亦急欲去靳以孤立吴氏，而吴氏左右企图升官发财者均视靳为眼中钉。因此，吴氏听不进靳氏忠言逆耳的劝告，反而与靳氏益加水火不相容。吴氏北上，误认为后方稳固和华北军心可用，无所顾忌地决心免除靳氏本兼各职，以除"心腹之患"。靳无反抗之意，将手枪队200人自行解散，以示对吴忠诚、坦白无他。"靳摘去肩章、佩刀"、"俯首请罪"。"吴见靳未加抗拒，亦好言慰之，嘱暂时休养。然追念前劳，反觉恻然，因又界以陕西督办名义。靳告病未受，即住保定，后转赴鸡公山别墅"。⑫

吴解靳职的理由据说是："不服从命令（弃南图北、联奉讨冯），会攻南口，逗留保定不进，虚糜饷糈，贻误戎机，着免去本兼各职，所有讨贼联军第一军总司令职务，由本总司令（吴氏自称）兼领"。⑬田维勤、王文蔚归他直接指挥。彭寿莘为第二军总司令，杨清臣为第三军总司令，齐燮元为第四军总司令。⑭

6月1日，吴佩孚为了表明直奉联合、会攻南口的诚意再致电奉张，告以已免靳职，现可共商出兵会攻南口军事了。3日，吴在保定召开军事会议，决定三路进攻南口：东路田维勤；中路王文蔚、王维城，西路魏益三；另请奉军攻多伦，张宗昌攻南口。并从即日起，直、奉、晋三方军队，由吴佩孚、张宗昌统一指挥，分路进攻南口、张家口。直奉在近畿初步划定的地盘范围是：

（1）京兆区域。北京城内，由吴佩孚委任王怀庆以所部毅军四旅负卫戍之责；城外，归直鲁联军李景林所部驻军任防卫、战御事宜。

（2）直隶全省。亦由直奉共同驻兵。由津至榆，为奉军之防地，归褚玉璞管领；畿南77县则归南方，由田维勤、王文蔚两部军队分段驻守。上述分配系暂时办法，大局解决后，仍当重新规定。

（3）关于进攻南口国民军问题。双方议定：任李景林为总司令、褚玉璞为总指挥、徐源泉为前敌总指挥、张学良负责后方勤务。⑮共50万人。

退守南口之国民军约20万人。张之江为全军总司令，鹿钟麟任东路司令，驻防南口；宋哲元任西路司令，防守多伦一带；李鸣钟任南路司令，驻防丰镇等地；蒋鸿遇为总预备队、总指挥兼第七军军长。国民军处于被直奉晋联军四面大包围的劣势。

6月7日，在天津召开吴张合作、会面的预备会议。奉张的代表郑谦（亦说杨宇霆）、张景惠与吴佩孚的代表张其锽、张志潭举行会谈。奉方提出颜惠庆内阁只能暂作"形式上的成立"，嗣后即以海军总长杜锡珪代行国务总理"摄政"，中枢待将来解决。奉方坚决反对吴氏"护宪"的荒谬主张，理由是：

（1）奉天在段执政时代已自由任免官吏，吴现在也在自己任免疆吏，两人所行所为都与宪法精神不符，此时高喊护宪，至少吴张两人所派的疆吏和官吏均不合法；

（2）如果依从宪法，宪法规定军费的支出不能超过国家财政收入四分之一。可是现在的军队，事实上超过宪法规定若干倍；

（3）宪法中规定军队是义务征兵制，今天亦办不到。⑯

奉方不赞成"护宪"，是因为宪法是贿选曹锟所颁布，而吴佩孚"护宪"亦是为此。第二次直奉之战，奉张正是"高举"反对"贿选总统"、"贿选宪法"的大旗讨曹的，今日若赞成此部宪法，"岂不是食言"，是要向国人"承担责任"的。

11日，天津预备会议结束，经过讨价还价，获三项临时协定：（1）军事合作到底。主要战略是讨伐西北国民军。奉军全力讨冯，告一段落后，吴以全力图粤，必要时奉方出兵援助；（2）奉方否认护宪，决定不涉及护宪，颜阁自动辞职，另组事实上内阁；（3）另选新国会。

翌日，张其鍠带以上三项协定向吴氏作分析汇报说：如坚持"护宪"与颜阁，必与奉方决裂，而颜阁"摄政"过渡，已为直方保留了面子，现在大可因势乘便，以救转圜。

14日，吴佩孚在保定设"讨贼联军总司令部"，向各军下总攻击令，攻击国民军。田维勤、魏益三奉命率部前进。但奉张只摇旗呐喊，毫不出力。17日，直鲁联军4万余人，奉军4万人，吴军5万人，准备会攻南口的协议初定。

26日，张作霖在京的行辕设于西城旧刑部街奉天会馆，待吴入京会谈。27日，吴佩孚由保定抵达长辛店，翌日入京与张作霖会晤。此时，直鲁联军第四军代表敬庭到站迎接吴氏。吴乘的专车，视若空车，毫无兵备，车停留后，张学良、张宗昌登车迎接。吴氏含笑下车，仅带秘书二人，出站直奔吴氏行辕东四牌楼北七条胡同。张作霖先来晤吴，两人相见，张说："敝部悉听二哥指挥，我的部队就是你的部队。"吴说："以前不谈，今后合作。⑰"即握手进入客厅。因为所有疑难问题均在预备会议上由双方高级幕僚商定，并已有解决或妥协的办法。所以，吴张会谈不及半小时。至此，吴张二公多年龃龉由此冰释。当晚，吴回长辛店，张离京赴津，直奉再次联合的戏台搭成。

在吴张联合的一年时间里，直奉之间虽不断发生争执，其内部不断分化，但他们联合进攻革命势力的这一总目标始终不变。吴佩孚主要负责进攻南方革命势力的军事，但又在南口投入共约30万兵力；张作霖则侧重进攻北方的革命党人。中国的中部与北部地区，正是处于直奉"联合"势力的统治之下。

但是，必须指出，直奉军人的这种"言归于好"的"联合"，并不等于他们力量的加强。恰恰相反，正象征着这一派军人，或那一派军人的单独势力，已经没有能力来支配北洋系的政局和挽回其逐渐衰落下去的命运了。他们即便"仇深四海"，为了共同"讨赤"，亦感到有"联合"的必要。只有"联合"，才能生存。他们甚至认为："中国有过激主义，始于孙文，而汪精卫、蒋介石等承之，北方则有蔡元培、林长民等。"⑱他们所谓的"赤化"，除共产党外，还包括国民党势力、社会进步势力及郭松龄、冯玉祥等所部武装势力，连工人罢工、学生罢课、记者新闻自由等，似乎都成了"赤化"运动。所以，他们是要共同对付蓬勃发展的人民大革命高潮的到来，挽救行将灭亡的保守势力命运。直奉联合"讨赤"，是对当时中国大革命的疯狂反扑。但是，历史的发展却不以他们的意志为转移。而民众则"日思赤之再来，并深信唯赤可以使他们自救"。⑲

6月底，吴佩孚为报冯氏倒戈之仇而久攻、死攻南口，但因所指挥的部队多属收编冯氏旧部，不听节制而屡战不胜，即改由奉鲁联军任主攻。7月初，南方国民革命军开始大举北伐。吴佩孚曾以宋大霈为援湘军第一路司令，赴前敌正面作战；任王都庆为第二路司令，防守右翼常澧一带；唐福山为第三路司令，率赣军任左翼作战；败将董政国为第四路司令，率唐之道两旅等作为预备队。但这些杂牌军终不敌国民革命军的攻击。

7月11日，唐生智攻克长沙，叶开鑫部溃退至岳州。北方田维勤部攻南口之第四十旅旅长贾自温及马宗融两个团，在前敌投降了国民军。

8月1日，吴佩孚亲自上前敌督战，率直军、直鲁联军向国民军南口防线展开全线总攻击。奉军张学良、张宗昌主力亦在沙河攻击国民军。5日，吴军、奉军、直鲁联军总攻击开始。7日，上述各军与国民军在昌平县全线展开激战。

8日，胡毓坤部进攻居庸关。9日，奉军分占营子城、偏坡峪、铁卢沟、毛司台、落马坡各要隘，国民军已呈不支之势。

至此，南口已陷于吴佩孚的三面大包围之中。国民军虽竭其全力抵抗，但终不能支。13日，国民军开始有步骤地退却。15日，国民军总部下总退却令：宋哲元率部自多伦向绥远撤退；鹿钟麟自南口亦撤向绥远方向；石友三、韩复榘等均退向绥远。6日，蒋介石在长沙发表讨吴宣言。

因唐生智已于8月22日克岳州，故吴佩孚于南口战役后，不能休整，急沿京汉路南下，集合南方溃军，坚守汀泗桥。

但"以旷日持久之故，湘、鄂战事已到了不可收拾地步"。⑳北伐军长驱直入，下岳州，锐不可当，武汉震惊。其时，北伐军已成战胜之师，而吴佩孚的精锐之师多战死于南口，且时间消耗去20多天，余部疲劳而不能再战。张作霖又绝不可能及时应援。

参考文献:

①罗厚立:《国器章太炎》,"南方周末"2005年8月11日。

②《北洋军阀》第1卷,第46—47页。

③高兴亚:《冯玉祥将军》第75—76

④中华民国史资料丛稿:《大事记》第12辑,第65页。

⑤《北洋军阀》第1卷,第47页。

⑥《奉系军阀密信》,中华书局1985年版,第214页。

⑦《向导》周报,第153期,第1461页。

⑧《北洋军阀》第5卷,武汉出版社1990年版,第363页。

⑨《北洋军阀》第5卷,第361页。

⑩《民国川事纪要》第334页。

⑪《北洋军阀》第5卷,第339页。

⑫《吴佩孚之再起与溃败》,见《文史资料选辑》第41辑,第169页。

⑬中华民国史资料丛稿《大事记》第12辑,第97页。

⑭上海《时报》1926年6月8日。

⑮上海《时报》1926年4月27日。

⑯上海《时报》1926年6月12日。

⑰《民国十五年吴张二公于北京会议之所见》,见《吴佩孚传记资料》(四),第220页。

⑱《向导》周报,第155期,第1498页。

⑲乐乔森:《李大钊》,人民出版社1979年版,第212页。

⑳陶菊隐:《吴佩孚将军传》第135—138页。

注:摘自郭剑林:《吴佩孚传》下册,北京图书馆出版社,2006年版,第724—735页。

国民军五原誓师与中共在国民军中的工作

黄修荣

国民军是冯玉祥所统辖的军队，这支部队原属北洋军阀直系。1924年10月，冯玉祥发动北京政变，将所部改编为国民军。国民军成了北方赞成国民革命、反对奉系军阀的一支主要军事力量。

1924年底，由李大钊、赵世炎、陈乔年等人组成的中共北方区委成立。北方区委决定采取联合国民军，打倒段祺瑞和张作霖的策略。李大钊不仅亲自向冯玉祥宣传打倒帝国主义、反对封建军阀的政治主张，而且还通过于右任、徐谦等国民党人士去影响国民军。

北京政变后，苏联驻华大使加拉罕便会晤了冯玉祥。鲍罗廷也于1925年初访问了冯玉祥。他们向冯玉祥阐述关于国民革命、宗教问题、废除不平等条约等方面的看法。这使得冯的思想和许多政治方面的见解也慢慢起了变化。

冯玉祥和国民军由此逐渐走上反帝斗争的道路。

1925年初，国民军第二军司令胡景翼根据李大钊的建议，首先向苏联政府提出派遣专家和提供武器援助的要求。1925年3月13日，俄共（布）中央政治局根据加拉罕的建议，作出如下决定：

"（1）认为用我们的经费在中国（洛阳和张家口）由我们建立两所军事学校是适宜的。

责成伏龙芝同志在最短时间内为此组织两个军事教官团，每团30～40人。

通过伏龙芝同志在一年内拨出100万卢布用于建立学校和支付教官的生活费用。

（2）认为用我国的主要型号武器装备同情国民党的中国军队是可行的。装备应是有偿的。

责成伏龙芝同志在最短时间内解决与此事有关的所有技术问题。

责成加拉罕同志查明对方支付武器费用的能力，或用货币支付，或用我们所需要的原料和产品（棉花、茶叶等）支付。

175

（3）认为可以根据对方的支付能力立即拨给加拉罕同志一定数量的外国武器弹药。如需无偿拨给则要恢复苏联陆海军人民委员会的贷款。数额为所拨武器的价值金额。"①

不久，苏联政府通过了援助国民军武器、弹药并派遣顾问和教官的决议，准备像援助广州革命政府那样援助国民军。一个由36人组成的苏联军事顾问组于5月初到达国民军第一军驻地张家口，顾问组组长是普特纳，副组长是普里马科夫。接着，斯卡洛夫（西纳尼）率领的由43人组成的另一个苏联军事顾问组于6月到达国民军第二军驻地开封。顾问中"步骑炮工各项专门人才皆备"。苏联军事顾问帮助国民军开办了各类军事学校和各种兵工厂。与此同时，苏联政府还援助国民军大量枪炮弹药。据统计，从1925年3月到1926年7月，国民军得到了步枪38828支，日本步枪17029支，德国子弹1200万发，7.6毫米口径步枪子弹4620万发，大炮48门，山炮12门，手榴弹1万多枚，带有子弹的机枪230挺，迫击炮18门，以及大量药品等。1926年10月底，国民军又从苏方获得3500支步枪，1150万发子弹，3架飞机，4000把马刀，10支火焰喷射器。②

1925年4月，李大钊应于右任的邀请赴河南做岳维峻的工作，解释和宣传中国共产党反帝反军阀的政治主张。李大钊还深入到国民军中下层军官和士兵中进行工作，国民军第二、三军中都有共产党员担任旅长、团长、副官及其他职务。

国民军日益倾向革命，逐渐靠近苏联，引起了帝国主义和反动军阀的仇视。1926年初，在日、英帝国主义的策划下，奉直鲁晋军阀组成所谓"反赤"联军，集中40万大军夹击国民军。国民军采纳李大钊和苏联顾问的建议，准备退出北京城，固守南口镇。中共中央认为，这样做对于国民军保存实力、牵制敌人、配合广州革命政府北伐都是十分重要的。中共中央指出，党在北方军事工作的唯一任务，就是"帮助国民军"，使它成为"民众抵抗帝国主义与反动军阀之有力武装"，并从中造成"一部分真正的国民革命的武装势力"。1926年初，共产国际执行委员会第六次扩大全会在《关于中国问题的决议》中也指出，帮助国民军，"坚决地支持建立民主革命武装力量的事业，在军队内部坚持不懈地从事革命化工作（建立军队、选拔和重新训练干部、认真组织政治工作）以及在军队常驻地区和暂驻地区的军民关系上坚持不懈地从事革命化工作，应当是中国共产党人和国民党的一项任务。"③

冯玉祥在奉系军阀、直鲁联军、晋系军阀的联合进攻和段祺瑞临时执政府的排挤下，处于内外交困的境地，遂于1926年1月愤而辞职。他企图通过这种个人引退的办法来保存国民军的势力，使直、奉军阀失去进攻的借口。3月20日，冯玉祥携带随员、卫队，由平地泉乘汽车起程赴苏。3月22日到达库伦（今乌兰巴托），在这里逗留了1个多月。4月3日，苏联顾问鲍罗廷同中国国民党要人于右任、顾孟余也赶到库伦。他们同冯玉祥共同讨论中国革命的前途等问题。经徐谦介绍，冯玉祥履行了入党手续，成了中国国民党党员。

1926年5月9日，冯玉祥一行到达莫斯科。冯玉祥在苏联访问考察期间，会见了苏联党和政府的许多领导人，看到了苏联社会主义建设事业取得的伟大成就；在莫斯科的中国共产党人蔡和森、刘伯坚等也向他介绍中共中央的主张，阐述国民革命的意义，使他的思想认识有了进一步提高。他表示接受中国共产党的意见，接受孙中山的联俄、联共、扶助农工的三大政策。6月，冯玉祥派刘骥、李鸣钟为全权代表由莫斯科前往广州，与国民党中央和国民政府接洽有关国民军加入国民党的手续及共同革命等问题。8月23日，冯玉祥被任命为国民军的国民党党代表、国民政府委员和军事委员会委员。

国民革命军正式出师北伐后，中共北方区委书记李大钊约请于右任翻译马文彦去莫斯科，敦促冯玉祥回国率师参加北伐。于右任到莫斯科后，与冯"接头结果颇佳"，④冯玉祥立即准备回国。苏联政府对冯回国参加北伐战争给予了大力支持。

冯玉祥在苏联期间，中国北方的形势发生了很大变化。直奉军阀并没有因冯玉祥下野而取消搞垮国民军的计划。1926年春，奉军、直鲁联军、晋军近50万人对约12万人的国民军实行重重包围。国民军决定有秩序地退到南口一线，驻守在北起多伦、沽源，经延庆、南口，西至晋北丰镇长达2000余里的战线上。

4月下旬，张作霖、吴佩孚、张宗昌等联合向南口国民军发动进攻，爆发了南口大战。国民军虽进行了英勇顽强的抵抗，但由于指挥失当，缺乏粮草、弹药，终于在1926年8月失败。在南口参战的国民军损失5万人以上。全军被迫向绥远和西北地区撤退。

国民军尽管在南口战败，但对北伐军在两湖的胜利进军仍起了十分重要的作用。首先，国民军在南口之役歼敌5万以上，直接打击了北洋军阀，削弱了北伐军的敌人。其次，国民军在战略上配合了国民革命军在两湖战场的进军。连蒋介石也不得不承认，南口战役牵制奉军、直军50万之众，使北伐军得以顺利进入武汉，其功不可没。第三，国民军在南口作战不仅使直、奉军阀遭到很大损失，而且还使得吴佩孚与孙传芳之间、及吴军内部的矛盾不断激化。

1926年7、8月间，正当国民军处于危难之时，李大钊三次电催冯玉祥早日回国，主持军务，收拾国民军的危急局面，参加北伐战争。冯玉祥得知国民军在南口失利的消息后十分焦急，再加上他知道国民革命军已从广东出师北伐，于是决定立即回国。8月17日，冯玉祥乘火车离开莫斯科回国，随行的有共产党员刘伯坚、苏联顾问乌斯曼诺夫等人。9月15日，返回国民军总司令部驻地绥远省五原县。9月16日，冯玉祥发表了由刘伯坚起草的参加国民革命的宣言。冯玉祥在宣言中赞扬了孙中山倡导的三民主义和他领导的国民革命，阐述了自己由苏联回国献身革命的决心，分析了中国人民贫困落后的根源，指出了中国革命的主要对象，表示"现在我所努力的是遵奉孙中山先生的遗嘱，进行国民革命，实行三民主义。所有国民党一、二两次全国代表大会宣言与议决案全部接受，并促其实现。"[5]这个宣言是国民军发生革命变革的重要标志，是国民军进入国民革命新阶段的行动纲领。

9月17日，冯玉祥召集国民军将领鹿钟麟、宋哲元、方振武等以及国民党中央执行委员于右任开会，商讨重振国民军大计。会上决定成立国民军联军，一致推举冯玉祥任国民军联军总司令。同日，国民军在五原县大校场上举行誓师授旗典礼，冯玉祥宣誓就任国民军联军总司令。在誓师大会上，冯玉祥、刘伯坚发表了演说。讲演完毕，刘伯坚带领全体到会人员宣读誓词："本国民军之目的，以国民党之主义，唤起民众，铲除卖国军阀，打倒帝国主义，求中国之自由独立，并联合世界上以平等待我之民族，共同奋斗，特宣誓生死与共，不达目的不止。"[6]于右任以中国国民党中央执行委员会常务委员身份授旗并监督。参加典礼大会的有国民军一、二、三、五、六各军官兵1万多人。

誓师会上举行了易旗仪式，即将原先的五色旗更换为青天白日旗。冯玉祥当场宣布：改西北国民军为国民军联军，联军下辖第一、第二、第三、第五和第六军。会后，冯玉祥、于右任扛着红旗，率领全军官兵在五原街上游行。

誓师大会后成立了国民军联军总司令部，以鹿钟麟为总参谋长。共产党人刘伯坚被任命为政治部副部长，乌斯曼诺夫受聘担任政治军事顾问。同时，选派政治工作人员分赴各军，成立政治处。9月27至29日，国民军联军召开了中国国民党国民军联军全军代表大会，宣布国民军联军全体将士集体加入国民党，成立最高特别党部。

参考文献：

①《俄共（布）中央政治局会议第52号记录》（1925年3月13日），见黄修荣主编：《共产国际、联共（布）与中国革命档案资料丛书》第1卷，北京图书馆出版社1997年版，第582—583页。

②普里马科夫：《冯玉祥与国民军》，中国社会科学出版社1982年版，第10页。

③《关于中国问题的决议》，《共产国际有关中国革命的文献资料》（1919—1928）第1辑，中国社会科学出版社1981年版，第137页。

④蔡和森：《自莫斯科给守常同志信》，《蔡和森的十二篇文章》，人民出版社1980年版．第68页。

⑤冯玉祥：《我的生活》（下），黑龙江人民出版社1981年版，第490—494页。

⑥简又文：《冯玉祥传》（13），载《传记文学》第37卷第6期，第135页。

注：摘自沙健孙主编《中国共产党史稿》第二卷第六章《北伐战争和农村大革命》，中央文献出版社，2006年10月版，第305—310页。

子女追忆

我所知道的冯玉祥将军

尹家衡

　　我的老家是河南南阳，我的父亲尹心田，生于1903年，1922年投军冯玉祥部，在河南开封加入冯玉祥的"陆军11师"学兵团。从1923年起，即被冯玉祥将军调到身边工作。1926年随冯玉祥将军赴苏联访问，并遵照冯的指示留苏学习军事，主修炮兵。1928年底奉命回国，历任冯的机要参谋、传令队长、钢甲列车大队长、交际课长、"国民革命军第二十九军第二教导团"（汾阳军校）教育长、抗日同盟军二师一团团长、冯副委员长驻武汉办事处主任等职。1938年后，又先后任"军委会"战区军风纪巡查团干事长、"军法总监部"军法督察官、"国民革命军第三十三集团军"（总司令张自忠、后冯治安）驻老河口（五战区司令部）办事处主任及副官处处长等职。军衔陆军少将。他自从1931年加入中国共产党北方特科、成为中共特殊战线上的一名战士后，从未暴露过秘密身份，一直长期在冯玉祥将军身边和原"西北军"部队中为党工作。

　　由于父亲的特殊身份，我自幼在西北军的军营中长大，和冯玉祥将军及其家人（包括原西北军许多历史人物），有多年近距离接触（耳濡目染），了解一些西北军及冯玉祥将军的情况。但我是个地质工作者，不是专修历史的，写不出有功底的历史文章，只能就自己所知的点滴情况写点东西，供与会专家参考，权作"班门弄斧"，敬请指教。

一、留学回国后的"第一课"

　　1928年底，从"基辅炮兵学院"毕业的尹心田，和同时从苏联各军校毕业的17名同学一起，从莫斯科出发，途经西伯利亚、海参崴、日本，回国到达上海。冯玉祥派其时任副官处长的韩复达（韩复榘之兄）从上海将他们接回南京，直接到军政部报到（冯玉祥时任行政院副院长兼军政部长）。报到的当天下午，冯玉祥就接见了他们，并说："你们在苏联穿着红军的呢子军服，脚蹬大皮靴，住着洋房，吃着面包过了三年。但是，你们知道国内现在是什么情况吗？我请赵亦云（冯的随行摄影师）在励志社布置了一个中原地区灾民现状展览，我请韩处长先带你们去看看这个展览，给你们上'回国后的第一课'，等你们看完了，咱们再聊。"

尹心田和一同回来的张金瑞、张培哲、任子勋、魏凤喜、祁光远、彭秉钧、李啸仓等同学立即去看了这个展览。该展览以照片为主，真实反映了当年河南、陕西、安徽等地旱灾灾区的实际情况，当看到饿殍遍地、孤儿独坐墙头、垂暮老人绝望的眼神、被插着草标当"货物"卖的年轻妇女……大家都感受到了极大的心灵震撼。不仅如此，该展览还展有大量灾民充饥的"食物"：树皮、草根、蝗虫、蝎子、厕所里捞出来晒干的蝇蛆、观音土、各种叫上不名字的野菜……大家沉默不语，心情沉重。

第二天，冯玉祥意味深长地对大家说："现在已经是民国十八年了，政府叫'国民政府'，咱们是'国民革命军'，但灾区的老百姓虽然是那个样子，而首都南京的大官小官们，每天却是过着纸醉金迷、歌舞升平的'太平'日子！这还是什么'国民政府'！你们回去好好想想吧。"

不久之后，冯玉祥就辞掉"行政院副院长兼军政部长"的官职，带着部下回河南了。

二、"请别临渴掘井"

冯玉祥将军是陶行知先生的好朋友。陶先生上世纪20年代在南京北郊晓庄创办乡村教育，冯玉祥一直给予同情和支持。后来，陶先生被迫离开晓庄。但冯将军听说晓庄又办起了儿童自助学校，他很高兴，也时常惦记着。

一天上午，冯玉祥由尹心田和魏凤喜俩人陪着来到晓庄儿童自助学校参观，儿童自助学校的负责人、陶行知的学生胡同炳亲切接待了他们。冯玉祥鼓励他们说："你们学校有陶先生的办学精神，孩子们自己的事自己做，很了不起。"接着又关切地问胡同炳等人："你们知道这些小孩子生皮肤病的为什么这样多吗？"胡同炳一时答不上来，心中十分惭愧，他没想到，冯玉祥将军在短短的时间里观察情况竟如此细致。

冯玉祥曾在晓庄住过，深知附近老百姓吃的都是池塘里的水，很不卫生。就对胡说："这都是因为吃的水不干净才引起的。"接着又说"要想办法改变水源。"说完之后就和大家告别了。

几天以后，陶行知先生的长子陶宏高兴地对大家说："冯将军要为我们学校打口井，给我们解决吃水问题，要我们赶快报个计划。"附近农民听到这个消息，都高兴极了，奔走相告。

不久之后，工程完工了。新井就位于学校的东侧，在一位姓丁农民的桑园边。冯玉祥将军还特地来新水井看看，并叫人取水样送卫生部门化验，看看水质是否符合饮用卫生标准。他还应当地老百姓的请求，兴奋地提笔为水井题词，写了"请别临渴掘井"六个大字，同时又亲笔写了一副对联："要收复咱们失地，别忘了还我河山"，送给在挖井中出力最大的唐凤荣先生。

遗憾的是，这口从上世纪30年代到80年代一直造福当地老百姓的古井，在80年代后期拓宽道路时，被填埋了。当地老百姓曾在拓宽道路时上书有关部门，要求保留这座既实用又有纪念意义的古井，一位负责人竟说："这口井又不是毛主席打的，有什么保留意义！"

三、公务员加薪风波

1928年"国民政府"定居南京以后，许多国民党人认为"政权到手，大局已定"，可以开始享受了。骄奢淫逸、贪污腐败之风，开始弥漫南京官场。具有北方农民淳朴感情和率直性格的冯玉祥将军，不仅对这些看不惯，还用自己独有的方式进行抵制。比如，别的部长们竞相坐名牌豪华小轿车，他出门则乘军用卡车，自己和司机坐在驾驶室，随员们站在车厢里；别人大修豪华"衙门"，他主持工作的"军政部"盖竹篱茅舍；不仅如此，还把省下来的基建费用买了大量树苗，亲自带领军政部的部下们，把这些树苗栽遍南京大街小巷……这些还不算，终于，在一次"国务会议"上，他公开发作了。

当时，"财政部"拟了一个公务员加薪草案，提交"国务会议"讨论。加薪的幅度挺大，级别最高的公务员，月薪可达大洋800元。由于是给自己加薪，参加"国务会议"的多数人纷纷踊跃发言，大谈这次加薪是必要的、合理的……而坐在一边的冯玉祥将军，却始终认真听大家说，没吭一声。当会议主席蒋介石询问大家是否还有意见？没意见就付诸表决时，冯玉祥将军突然从座位上站起来，大声地说："我有意见！"接着，便声色俱厉、慷慨陈词。他从当时弥漫首都南京的骄奢淫逸之风谈起，说到官场的贪污腐败日盛，说到灾区人民的疾苦，说到普通老百姓生活的艰难，说到大批伤残退伍军人的安置无着，说到北伐死难烈士及家属的抚恤远未落实，说到百废待兴的国民经济……最后说，总理（指孙中山先生）早就教导我们说，我们是"人民公仆"；总理遗嘱"革命尚未成功，同志仍需努力"到处挂着，但我们不能挂羊头卖狗肉，哪有主人还在受难，"公仆"倒先加薪享受的道理？总之，"坚决不同意公务员加薪！"刚才还在一片"欣然同意公务员加薪"声中的热闹会场，一下子鸦雀无声了。隔了片刻，李烈钧、于右任等人发言，表示"焕章说的有道理，公务员加薪之事，应徐图之"。至此，已显尴尬的会议主席蒋介石，"就坡下驴"，提出"此案缓议"。这次"国务会议"便草草收场。

不久，冯玉祥将军辞职离开南京后，在另一次"国务会议"上，"公务员加薪案"还是一字未改地高票通过了。

四、"你是楚霸王！但我不是虞姬"

1930年，中原大战后，冯玉祥将军由四十万大军的统帅，一下子成了隐居于山西汾阳峪道河小山村中的"普通平民"。如此大的身份落差，冯玉祥一时难以适应。不仅心情苦闷，脾气比较暴躁。在此处境苦难之时，李德全放下了北京"求知学校"的工作，带着孩子冯理达等，来到峪道河陪伴他。

那时候，每当冯玉祥将军情绪激愤时，常会说："我是个无产者，上无片瓦，下无寸土，银行里没存款，租界里没洋房，我怕什么？谁要骑到我头上拉屎，我就同他拼！"冯玉祥将军身边的一些人听惯了，也就习以为常。

李德全到峪道河不久，有一天，冯、李两人在谈论，声音很高，大家都听得见。冯说："我是个无产者……"话还没说下去，李德全马上接了他的话茬，直截了当地说："你算什么无产者？你根本不是无产者，你是楚霸王！但我可不是虞姬。你失败了还不知道原因在哪里。"因为李德全说话的声音也很高，所以周围的人都听得很清楚。

后来，每天为冯玉祥记日记的李平一（当时叫李景合，1908年生，1927年参加中国共产党，长期在冯玉祥将军身边从事地下工作）找了个机会单独同李德全谈话，问她对冯说"楚霸王"是怎么回事？李德全同志说[1]："这些天我说得很多。我说，自从南口大战失败后，你的部下降的降了，散的散了。反动军阀吴佩孚、张作霖等人的气焰又是那么嚣张，阎锡

---

[1] 李平一：《峪道河秘密会谈纪要》，第64—65页。

山抄你的后路，捞你一把。那时你困处西北，走投无路。在陷入穷境、困境、危境、绝境之时，中国共产党和苏联派出自己最优秀的分子，帮助你的部队忘我工作。是他们为你的部队指明了奋斗方向，给你的部队增添了精神力量。就凭着这深入细致的政治工作，克服了官兵意志委靡、缺衣短食、械弹不足、粮秣不继的种种困难，出现了将士奋勇，战无不胜，解围西安，东出潼关，会师郑汴的新局面。没有中国共产党人的政治工作，你的所谓《九一七新生命》'新'在哪里？那不是一句空话吗？打到郑州以后，兵员增加了，势力扩大了，局面打开了，你的部下这个当了军长，那个当了主席，可是共产党人接受过你的奖赏吗？接受过你的物质待遇吗？你参加徐州会议后回到郑州，把辛辛苦苦帮助你工作的共产党人"赶"跑了。当时我就不同意你的做法，可是后来我想了想，即使当时我在你的身旁，我的话你能听得进去吗？那是不可能的。1928年，你拥蒋复职，而今天逼得你这里躲躲，那里藏藏，落到这个地步的不就是你亲手扶上台的'把兄弟'蒋介石吗？不仅如此，我还提出一个问题，咱们今天共同冷静地思考思考。五原誓师后，和中国共产党合作，当时兵少，武器也不好，就那么几个将领，可是士气旺盛，每战必胜。这次中原决战，由于和中国共产党分了手，你的兵比从前多几倍，武器也比从前好，将领还是原来那一班人，可是败得那样惨！你是熟读《三国》的，刘备、诸葛亮还知道'取西川为家'，后来六出祁山就是仗着这个'家'。而你把所有人马全押在中原战场这个赌注上，连潼关大门洛阳咽喉都不管了，结果你就丢掉了自己的'家'。时至今日，咱们不得不跑到阎锡山的老巢里，这里躲躲，那里藏藏，这究竟是什么缘故呢？'无产者'考虑问题就是这个样子吗？这难道不像'楚霸王'吗？我知道楚霸王把失败的原因归之于'天'的。……总之，这些天我说的主要就是这些。"

正是在李德全同志的帮助下，正是从汾阳开始，特别是以后在泰山的那几年中，冯玉祥将军和共产党真诚搞好关系，并请了一些共产党人和进步学者讲学，共同分析世界大事，共同评论国内政局，共同钻研中国历史，才使他的政治思想获得转折性的进步。

五、察哈尔"民众抗日同盟军"的历史公案

1933年5月，冯玉祥将军同中国共产党合作，在察哈尔省（现分属山西、河北和内蒙古）组织"民众抗日同盟军"，抵抗日本帝国主义的侵

略，是众所周知的历史事实。

遗憾的是，这场出师大捷、很快光复察哈尔全省国土、与长城抗战喜峰口大捷遥相呼应的、让全国人民大振奋的、让日寇震惊的、轰轰烈烈的抗日运动，很快便失败了。究其原因，许多纪念文章和历史文献都归于"日本帝国主义和蒋介石的双重压迫"。

虽然有些学者对上述结论持有一定保留看法，认为对抗日同盟军失败的原因说得不够完全，但直到2005年，年轻的历史学家王晓荣教授，在其为纪念抗日反法西斯战争胜利60周年发表的专著《国共两党与察哈尔抗日》（人民出版社出版）一书中，方才全面揭示了抗日同盟军很快失败的真正原因。那就是：除了日蒋双重压迫的外因外，在抗日同盟军内部，共产党与冯玉祥将军的合作出了大问题。

王晓荣教授的专著详尽地介绍了许多鲜为人知的、已解密的历史背景资料。由于当年中国共产党正是在以王明为代表的第三次"左"倾路线的领导下，王明和"第三国际"错误判断中国形势，把主张全民团结抗战的冯玉祥、李济深、蔡廷锴等国民党左派当成"最危险的敌人"，其危害也严重影响到抗日同盟军内部。当时，以柯庆施为首的中共"前委"领导到张家口后，排挤和打击过去长期在冯玉祥身边做艰苦细致工作，并与冯玉祥紧密合作，筹建了"察哈尔民众抗日同盟军"的一批共产党人，公开反对冯玉祥为了不给反动派找攻击口实而提出的"西瓜政策"（意即里红外不红），把不同意见激化为不易调解的矛盾冲突。更为恶劣的是，用种种办法打击冯玉祥的威信，企图逐步夺冯玉祥的权，"要兵不要官"，把冯玉祥组织的抗日武装"抓过来"，在路线上改变了我党与冯玉祥合作抗日的初衷，而是以抗日为名，提出"抗日必先反蒋"，抓武装到冀南建立根据地。

来自合作伙伴的这些异动，使处境本就困难的冯玉祥，更感到十分苦恼和疑惑。但此时的冯玉祥，已不是1927年时的冯玉祥了。为了避免内战爆发，更为了避免再次和中国共产党闹僵关系，他宁愿放弃领导这支抗日武装，带着满腹委屈"隐退"。

这时的冯玉祥将军，在政治上已日趋成熟。他虽再次受到了来自共产党"左"倾路线的伤害，但他并不相信柯庆施等人代表共产党的主流。从此以后，他更坚定地走上了同中国共产党真诚合作的道路，直到生命终结。

六、两位世纪老人的一次密谈

改革开放以后，已年近九十高龄、早已从工作岗位离休的尹心田，全力投入了弘扬爱国主义、争取祖国和平统一的事业中。

1988年，与尹心田同时在1922年加入冯玉祥部并同时进入学兵团炮兵连学习的老战友苏进（1931年参加宁都起义的开国将军，原中国人民解放军炮兵副司令员）到南京考察游览。在宁期间，他专程到尹心田家拜访叙旧，二人几乎畅谈了整整一天。他们相聚时，笔者在场陪同，有幸聆听到二人丰富的谈话内容。其中有个问题特别引起笔者兴趣：

尹心田："我是1926年3月陪冯先生出国的。冯先生回来后你接了我的班，到了冯先生身边。1928年底我从苏联回来时，你已被冯先生派到日本留学去了。我又接了你的班。有个问题想问你，冯先生从苏联回来后，出潼关时还全军戴孝，隆重悼念李大钊同志牺牲，但怎么那么快就和蒋介石、汪精卫这些人混到一起去了？"

苏进："对这个问题，我认为有三个原因：第一，当时的冯先生还没有真正认识共产党和共产主义；他对李大钊戴孝致哀，只能在一定程度上表示他对李大钊个人的尊敬，并不能完全说明他当时对中国共产党的政治主张和孙中山的三大政策有完整的正确认识。而且，他当时由于政治上不成熟，对蒋介石和汪精卫的真面目也没看清。第二，他受到了大量假象、谎言的蒙蔽。比如，出潼关之前就有不少部将不断向他密告，攻击共产党到处组织工会、农会，宣传抗捐、抗税，特别是当提到影响军队粮秣军饷供给时，更使冯先生恼火。由于对'革命必须发动群众'不理解，思想开始起变化。到郑州后，冯先生和从武汉方面来的汪精卫、谭延闿、孙科、何健、唐生智、张发奎等人开'郑州会议'时，这些人的发言几乎是众口一词地大谈共产党'破坏国民革命'。这些不能不对冯玉祥产生极大消极影响。第三，与当时'共产国际'对华执行的'左'倾冒险主义指导政策不无关系。当汪精卫告诉冯先生，已有'确凿情报'证明共产党在共产国际指示下，准备在武汉等地组织暴动，推翻'国民政府'时，引起了冯先生的极大震惊。这一消息在客观上促进了宁汉合流。"

鉴于上世纪80年代的政治环境远非今日可比，尹心田当时还特别告诫笔者："我们的谈话，你出去不能乱说。"如今，不仅时代在前进，笔者也已年近八旬，还是说出为好。

那次会面时，苏进还说："1927年，冯先生就是派我把近两百位共产党员送出境的。那时，冯先生经济也很困难，但还是给每个共产党员都发了旅费。邓小平同志主持改革开放以后，我常想，如果当年冯先生真的听了蒋介石的话，把邓小平等共产党员全杀了，今天会如何呢？从这个意义上说，冯先生还真的对改革开放做出了'很大贡献'呢！"说罢以后，两位老人相视哈哈大笑。

当苏进和尹心田告别时，笔者为二位老人摄下了这张有意义的合影（见照片）。但当时哪里想到，此别竟成永诀。1992年2月29日，苏进因患肺癌医治无效，逝世于北京301医院，享年85岁。尹心田于1998年11月30日在其家中无疾而终，享年96岁。

七、提出"持久的游击战"

1936年3月27日，南京是个春光明媚的好晴天。这天下午，即将从当时中国最高军事学府"陆军大学"将官班毕业的学员们，集体邀请"同班同学"、时任军委副委员长的冯玉祥将军，在位于南京中山东路上的"励志社"（今中山东路307号江苏会议中心）聚餐。席间，大家请冯玉祥将军讲话。冯也不推辞，洪亮的声音立刻传遍整个大餐厅。

参加聚餐的尹心田，在当天的日记中写道："今天和（周）茂蕃、（刘）致军陪先生去励志社会餐，先生的即席演说真是精彩极了。他从国内谈到国外，从中央谈到地方，讲形势，讲时弊，特别是在谈到必将到来的中日一战时，透彻分析了敌我的态势及优劣，说对付日本的最好办法是'持久的游击战'六个大字……洋洋洒洒，讲了一个多小时。大家全神贯注地听，很少有人动筷子，都说，这是上"陆大"以来所听到的最精彩的一课……"

遗憾的是，以后的抗战史实证明，冯玉祥将军早在全面抗战爆发前就提出的正确战略观点，并没有被以蒋介石为首的国民政府重视和采纳，正面战场上仍然主要打的是阵地战和消耗战。与冯玉祥将军志同道合的是毛泽东和中国共产党。抗战全面爆发后，毛泽东于1938年5月发表了"论持久战"，全面、系统、详尽地从战略和战术等多方面阐述了持久战的精髓，成了中国人民克敌制胜、最终战胜日本法西斯的法宝。

1938年11月1日，冯玉祥将军在长沙广播电台演讲，再次批判"速胜论"，亲自号召全国军民坚持抗日持久战，其演讲的题目就是"我们应该怎样为持久战而奋斗"。

八、冯玉祥将军与宪兵连长的故事

冯玉祥将军1936年1月6日就任军委副委员长后，其办公厅设于南京中山东路头条巷24号（上世纪90年代拓宽龙蟠路时，此巷已不复存在）。当时，何应钦命宪兵司令谷维伦，派宪兵连长甘自励率宪兵"保护"冯玉祥将军的官邸和住所。明曰"保护"，实则是软禁和监视。本来，冯玉祥将军是自己带了卫队从泰山到南京来的，卫队长就是后来参加了中国人民解放军的葛效先。由于工作上的关系，要经常和甘自励打交道的，就是葛效先和尹心田（时任交际课长）、王华岑（时任警卫参谋）、周茂蕃（时任警卫参谋）。这几位都是在冯玉祥将军身边工作多年的中共秘密党员，他们本来就对蒋介石"嫡系中的嫡系"宪兵很反感，更由于他们都清楚知道甘自励来的目的和任务，因此，即使同他打交道，对他的态度也较冷淡。这些情况，冯玉祥将军都看在眼里。

一天，冯玉祥将军特地将葛、尹、王、周四人找来，亲切地对他们说："我知道你们对宪兵是有看法的，也知道他们来就是何应钦派来监视咱们的。但是，咱们到南京干什么来了？咱们不是来做'官'的，而是要团结一切人去抗战。宪兵虽然招大家讨厌，但你们应该想到，宪兵首先也是中国人，他们大部分也是爱国的。咱们要团结他们，主动和他们交朋友，促进他们抗日。你们以为我不了解我的'老弟'蒋介石吗？你们以为我不了解汪精卫、何应钦吗？咱们来就是要用行动影响他们，就是要用行动打击投降派。咱们团结的人越多越好。所以，你们以后在和甘连长打交道时，一定要记住我的话。"

从那以后，这几个人，特别是葛效先，主动接近甘自励，同他交朋友，并常借工作之便，同他谈心，"润物于无声"。冯玉祥将军也曾在百忙中和甘自励聊过几次天。慢慢地，甘自励对冯玉祥将军的态度开始转变，从警惕到同情，从同情到敬重。

西安事变发生后，一向主张对日妥协的何应钦，一下子变成了主张讨伐张学良、杨虎城的"主战派"，他认定冯玉祥将军是张、杨的同谋。加上冯玉祥将军力主和平解决西安事变，成了何应钦的死对头。所以，何应钦先是把"军委会"搬到自己家里办公，让身为"军委会"副委员长的冯玉祥将军"无公可办";接着,又全面封锁冯玉祥将军的通讯联系,甚至要机要部门将张、杨发给冯玉祥将军的一切电报、材料等先交给他"处理"。这还不够,何应钦又秘密调动人马,在正对冯玉祥将军办公厅大门的一座楼房里(位于今熊猫集团总部大院内)和头条巷的南、北出口,设置秘密火力点,配备了重机枪、迫击炮等武器,准备在必要时,将冯玉祥将军和他办公厅的其他人员"一锅端"。

甘自励知道这些情况后,冒着自己被撤职查办甚至被杀头的危险,立即将这一绝密情报告诉了葛效先。就在此时,一位在何应钦身边任参谋的、冯玉祥的远房侄孙女婿,也给冯玉祥将军送来了内容相同的紧急情报。

当时,驻扎在长江北岸瓜埠的部队,是冯玉祥将军的老部下梁冠英属下的一个团,团长曾纪瑞,是冯玉祥将军从"学兵团"中培养出来的老部下。中原大战时,曾纪瑞随梁冠英一同投蒋。可巧的是,尹心田当年在"学兵团"就认识这位"老战友"。当时住在中山陵园内的冯玉祥将军(住韩复榘公馆内),连夜命尹心田从草鞋峡过江,找曾团长联系;尹未敢对曾团长说出实情,而是说:"副委员长准备举行夜间渡江演习,要经过你的防区,请你准备一下"。曾团长听说老长官要来,非常高兴。尹还特别交代这是"秘密行动",不可外传。曾团长当时哪里知道,这正是冯玉祥将军准备紧急撤离南京的"秘密计划"呢!

幸好,西安事变和平解决,蒋介石于1936年12月26日,从西安平安回到南京,何应钦的毒辣阴谋才未得逞。

笔者注意到,在笔者阅读过的所有有关当事人谈及当年这段历史的回忆文章或文献中,没人提起过甘自励这个人。我觉得这是不公平的,应该把当时的真实情况留给后人。甘自励虽身为宪兵连长,但是,他不顾自身危险、在危机时刻挺身而出、救冯玉祥将军的事迹,是绝对值得称赞的。

当年,冯玉祥将军本人对甘自励也是心怀感激的。西安事变后,冯玉祥将军于1937年3月回安徽巢湖老家视察时,还点名请甘自励连长带宪兵"沿途保护自己"。他已把甘自励当成朋友了。

九、枪决要塞司令蔡继伦

1938年武汉大会战前夕,冯玉祥将军身边的一些工作人员,因形势变化,工作也有所变动。石敬亭将军任"军委会"战区军风纪巡查团团长,尹心田任巡查团干事长,庞齐任军法总监部军法督查官。就在此时,冯玉祥将军突然收到一封"冯副委员长亲启"的信件,落款是"湖北宜昌市胜利路一号常德仁寄",打开一看,工整的小楷毛笔字写道:

> 尊敬的冯副委员长:
>
> 　　我是一个普通爱国军人,驻守江防,深知责任重大。我们的要塞司令蔡继伦,天良丧尽,竟在修筑国防工事中弄虚作假,偷工减料,用竹竿代替钢筋修炮台,真是汉奸行为。
>
> 　　我知道,您是真爱国、不徇私情、值得信赖的好长官。事关重大,特向您报告,请您过问,派员彻查。
>
> 　　　　　　　　　　　　　　　　属下:常德仁敬禀

冯玉祥将军看罢此信后,立即将石敬亭、尹心田、庞齐等人请来,气愤地说:"平汉线上修的那些花架子工事,咱们看过了;这封信上反映宜昌的事,看来更严重。你们和郭忏(时任江防司令)马上联系,就说是我说的,请赶快成立个调查组,把这件事搞清楚,我要直接过问。"接着冯玉祥将军一边反复看信,一边自言自语:"小楷字写得不错,文字也挺通顺,此人不是大老粗,不是普通当兵的,还说知道我,常德仁,常德仁……"忽然大声说:"常德仁?常德人!你们去查查看,写信的是不是湖南常德人?民国七年到民国八年,我就在常德。"

检查组很快组成,由石敬亭将军率领一行人,去了宜昌,过南津关,直奔石牌要塞。

石牌要塞位于今长江葛洲坝与三峡大坝间江段的一个大拐弯处,是控制三峡进出的咽喉。一年多以后开始的三峡保卫战,更证实了这个要塞的战略位置实在太重要了,难怪冯玉祥将军要亲自过问此事。

检查组的船到石牌码头时,要塞司令蔡继伦已一身戎装、摆好仪仗迎接。石敬亭直截了当说明来意:检查炮台构筑情况。并叫蔡立即准备洋镐、钢钎等工具,当场拆除一座新构筑的炮兵掩体检查。一洋镐下去,炮台的"水泥"厚壁就啃下来一大块,除外表刷些水泥浆外,里面全是松散的石灰砂浆;再一镐下去,被当做"钢筋"用的小竹竿也露出来了。再拆一座炮台,还是如此,蔡当场就吓瘫了。

石敬亭将蔡押回宜昌后,很快审讯结案。原来,蔡继伦与建筑承包商伙同作弊，从中贪污巨款自肥。还查出了，就是这个蔡继伦，远在1927年就假借"国民革命军"名义，没收方本仁的财产自肥，是个老贪污犯了。

冯玉祥将军听了报告后，非常震怒，立刻电告"军委会"，将蔡继伦和建筑承包商等一干人犯逮捕，明正典刑，在宜昌将蔡继伦就地枪决。冯玉祥将军及时为一年多以后开始的、历时三年多、军事史学家称之为"东方的斯大林格勒保卫战"的三峡石牌保卫战及时排除了"重磅定时炸弹"，功不可没。

而那位"常德仁"，却再未现身。调查组因为大战在即，很快投入更重要的工作，未能再抽出时间，仔细寻找"常德仁"这位真正爱国的、不齿功名利禄的中国军人、无名英雄。

十、鹿钟麟离开河北及其幕后"插曲"

1939年，西北军宿将鹿钟麟接替冯治安，任河北省主席。到任后，曾亲会朱德、彭德怀，与八路军关系也相当融洽。后来，随着时局的变化，鹿与八路军开始互有摩擦，影响了华北抗日大好局面。当时，所有关心抗战的进步人士都为此事感到焦虑。而重庆等地的一些反动小报，也借机生事、幸灾乐祸地挑拨说："河北本来就是冯玉祥的地盘，现在共产党抢地盘都抢到了老冯头上了，看他再怎么唱高调吧……"

鹿钟麟当时也有心主动离开河北，但又不敢走。因为，当年韩复榘"不战弃土"退出山东后，审判韩并判处韩死刑的，就是鹿钟麟。蒋介石当年杀了韩复榘后，曾同时给沿海沦陷的各省下过命令，各省政府必须"守土抗战"，否则"严惩不贷"。正因为如此，当时的江苏省政府迁至苏北兴化，浙江省政府迁至浙西江山，福建省政府迁至闽西三明，广东省政府迁至粤北平远（后蕉岭）……但均在本省境内坚持抗战。

1940年4月16日，叶剑英、董必武、林伯渠、秦邦宪等人，亲到冯玉祥将军寓所（重庆市巴山中学），与冯玉祥将军秘密协商解决河北问题的办法。冯的态度很明确："精诚团结，抗日救国，共同敌人是日本鬼子。"并以抗战大局为重，完全同意中共提出的请鹿钟麟将军离开河北的建议，同时商定，这次密谈内容不见诸文字，由冯玉祥将军选派一名中共、冯玉祥本人和鹿钟麟将军都信得过的人，直接去河北面见鹿钟麟将军，口头传达密谈内容。冯决定亲派尹心田担当此重任。

尹心田到河北面见鹿钟麟将军后，除全面传达了冯玉祥将军与中共的密谈内容外，还传达了冯对鹿的特别交代：咱们不是军阀，不是"占地盘"，一切以抗日大局为重。把地盘交给八路军，是为了更好抗日，这和韩复榘擅自放弃山东国土给日本人有本质不同。冯可保证鹿离开河北后，不被蒋介石追究。

鹿得到冯的秘密指示后，心中有了底，才离开河北，很快回到重庆；并很听冯玉祥将军的话，待在家里，每天听由冯派去的老师讲时事政治课，闭口不谈河北往事，使妄图利用他做反共宣传的人诡计落空。

尹心田此次河北之行，还有一个幕后"插曲"。

当时，曾长期在冯玉祥身边任副官处长的韩复达，其女儿韩某，已经由一个调皮的小丫头，出落成一位相貌姣好、婷婷玉立、回头率高的大姑娘，并成了中央大学的学生，冯挺喜欢她。而自幼在冯玉祥身边长大的韩某，对冯也有恋父情结，表现得过于热情随便，因而引起了一些风言风语。无孔不入的戴笠得知后，觉得这是个天赐的中伤、打击冯玉祥的好机会，于是，添油加醋，散布流言，这样一来，甚至伤害了冯玉祥将军家庭成员间的感情。冯玉祥将军身边的人都对此事很着急。尹心田和余心清、王卓如等人商量后，决定趁此次去河北敌后的机会，将韩某带离重庆，用"釜底抽薪"之法，化解矛盾，消除谣言，使戴笠的阴谋破产。

在赴河北途中，尹对韩某循循善诱，讲明道理，鼓励她积极抗日，投身民族解放事业。韩本来就是个要求上进的青年，经尹开导，到河北后，不久就参加了八路军，以后还加入了共产党。1949年，全国解放时，她已成长为一名能干的干部了。

"插曲"到此本该结束，谁知二十多年后又生出一个"插曲"。

上世纪"文化大革命"中期，尹心田家里突然来了两个年轻的外调人员，开门见山地对尹心田说："我们揪出了一个隐藏在党内多年的军统女特务，她参与过谋害冯玉祥，特请你来做证明。"尹听罢一怔，然后突然哈哈大笑道："你们说的是韩某吧？"这一下，轮到两个外调人员发怔了。

尹接着说出了事情的来龙去脉，并在书面证明材料上写道："韩某当年是个爱国的、要求进步的好青年，是我带她到河北后参加八路军的，她与国民党军统组织毫无关系，我对自己的证明完全负责。"从那以后，再无人来调查此事。

1955年秋，我（笔者）考入北京地质学院，从南京到北京上大学。一天，我去探望李德全同志，她留我在家吃便饭。席间，她突然放下筷子，注视着我，神色有些凝重地慢慢说："你爸爸对我们冯家有恩啊！"因为当时我还不知道韩某的事，只是对她的神态感到奇怪，就连忙说："是冯老伯（冯玉祥）对我们家有恩啊！若不是冯老伯对我爸爸的知遇之恩，我们家哪有今天呢？"

冯将军身边的许多人，包括尹心田在内，对韩某的事一直守口如瓶。直到1982年9月，我陪尹心田赴北京参加冯玉祥将军百年诞辰纪念活动，他和当年同在冯身边工作的老同志王卓如、冯纪法、赖亚力、陈天秩等人团聚叙旧时，我才从他们内容丰富的交谈中，首次知道了韩某的故事。我想，他们是长期在"为尊者隐"吧？

十一、"让日本鬼子为咱们宣传前线的胜利"

抗战期间，由于日本法西斯军队强化"武士道"精神教育，在战场上想俘虏一名活的日本兵是不容易的，即便是失去战斗力的伤兵，往往甘愿自杀"玉碎"，也不愿被中国士兵生俘。在长期法西斯奴化教育下，日本兵把被敌方俘虏看成是生不如死的最大耻辱。所以，当年在抗日战场上（特别是在抗战开始阶段），生俘的日军是相当少的。

1941年1月，豫南会战开始后，日寇主力经方城进犯南阳。当时，驻守豫西南的第二集团军总司令孙连仲，来不及调驻泌阳的该集团军主力部队第六十八军（军长刘汝明）回防，便在五战区司令部的协调下，将正在邓县休整的第三十三集团军（总司令冯治安）所属的第五十九军急调南阳前线增援。五十九军由原第二十九军三十八师扩编而成，是长城抗战的老部队。老师长就是抗日名将张自忠。当时，该部还处在失去老首长的悲痛之中，一听到要上前线，个个摩拳擦掌，誓向日寇讨还血债。

第五十九军在军长黄维纲、副军长孟绍濂、参谋长翟紫封的率领下，以急行军速度赶到战场，立即给正疯狂进攻的日寇来了个迎头痛击，并随即开始反攻。在攻占南阳时，由于部队神速勇猛，打蒙了防守的日军，一下子便生俘了十来个来不及逃跑的日本兵（包括部分伤员）。冯玉祥将军在重庆得知捷报后，连夜给冯治安将军发报说（大意）：听到前线大捷，兴奋得夜不能寐，特别是听到一次就生俘了十多个日本兵，更是可喜可贺。你们应该立即把这十几个俘虏押送到前线各部队，让大家都看看，小日本不是什么三头六臂，更不像投降派吹得那么邪乎。让日本鬼子为咱们宣传前线的胜利，鼓舞抗日军民士气。冯玉祥将军同时给黄维纲军长也发了贺电。冯治安将军当时立即按老长官的指点办了这件事，获得很大宣传效果。

如今的年轻人，对孙连仲、冯治安、黄维纲、孟绍濂、翟紫封这些人的名字，可能会感到很生疏，因为，现在已很少有人谈起他们。但是，历史不应忘记这一大批曾在祖国危难时刻，与日寇浴血奋战的、为中华民族的生死存亡做出过巨大牺牲和贡献的人。

十二、策反伪军，遭蒋介石愚弄

抗战期间，在冯玉祥将军的老部下中，不仅出过吉鸿昌、张自忠、佟麟阁、赵登禹、续范亭、郝梦龄等一批抗日民族英雄，也有人受"曲线救国"谬论蛊惑，丧失民族气节，随汪精卫当了汉奸。这是冯玉祥将军感到痛心疾首的事之一。只要有机会，他便想法挽救这些当了汉奸的人。张岚峰便是其中之一。

1944年，在汪伪政权中任"方面军司令"的张岚峰，从河南开封托人给身处重庆的冯玉祥将军送来一封密信，内容是：

"焕公钧鉴：

敬禀者岚峰受公多年训教之恩，敌我之义，岂容不辨，报国之志，始终未泯。其所以屈身处此者，以待时也。倘我公能出川驻节宛（南阳）洛（阳），则职将有所表示。耿耿此心，惟天可表。翘首西望，不尽愚衷。

敬请钧安！

职张岚峰叩禀"

冯玉祥将军接到这封密信后，十分高兴，因为策反工作见到了成效。他认为，张岚峰若能适时反正，对打击日寇、搞垮汪伪政权都是极为有利的。于是，亲自将这封信面交蒋介石，并正式请缨，愿出川去前方亲自策反伪军。蒋介石当面对冯玉祥将军也大加赞扬，并说："老将出马，一个顶俩。"立即许以"华北招抚使"名义，并请冯准备择日出川。冯对蒋的话信以为真，回来后便立即加紧准备出川之事。但过了数月，却仍无下文。冯玉祥一再催问，蒋介石却总是借故拖延。直到1945年5月的一天，重庆各大报纸突然在头版头条以大字刊登蒋介石"任命熊斌为华北招抚使"后，被一直蒙在鼓里的冯玉祥方才顿悟：他再次遭到了蒋介石的愚弄，辛苦策反的果实和功劳，让蒋介石送给他人了。

这件事发生后的一天晚上，冯玉祥将军指着自己的肚子，对周围的人说出了一句极其沉痛的心里话："我这里面盛满了别人给我的窝囊气啊……"若干年后，蒋介石的谋士、曾任"总统府秘书长"的黄伯度，在一次谈话中道出了"天机"。原来，蒋介石和何应钦当年一直没敢小看冯玉祥将军的政治能量和影响力。冯玉祥将军在中国北方诸省本来就深得民心、口碑很好，远在抗战初期，国统区在南方各省还靠"抓壮丁"扩充兵员时，冯玉祥将军到河南视察国防工事，给当地老百姓讲了几次话，号召全民抗战，"顺便"就扩充兵员上千人，这件事对蒋介石的刺激很大。现在，若把软禁重庆的冯玉祥将军放归"老地盘"，岂不是"放虎归山"，纵他"东山再起、后患无穷"吗？这也是抗战刚一结束、蒋介石就立即解除冯玉祥将军的一切军职、逼他退伍、出国"考察"的真正原因。

十三、期盼国共第三次合作

1946年夏，冯玉祥将军出国前夕，当时已升任"第三绥靖区"总司令的冯治安将军，令尹心田（时任"三绥区"高参）代表自己和"三绥区"的领导班子（包括副司令张克侠、何基沣、李文田和参谋长陈继淹）去南京为冯玉祥将军送行。同时，捎去了美元若干，以壮老长官行色。

这是冯玉祥将军与尹心田的最后一次会面。冯要尹转告老部下们，内战在即，形势凶险，大家千万别再给老蒋卖命，要想法"找出路"（两年多以后，"三绥区"在何基沣、张克侠两位副司令领导下，于徐州贾汪起义，全军光荣参加中国人民解放军）。冯感慨地对尹说，这些年来，他看透了两点，第一，国共两党合作，中国一切形势都好，老百姓就有希望；国共两党一斗，中国就大乱，老百姓就倒霉。第二，蒋介石再独裁下去，必垮台无疑，谁也救不了他。冯玉祥将军还"幽默"地说："咱们中国人真'谦虚'，小日本投降，一个说是美国原子弹的功劳，一个说是苏联出兵远东的功劳。真是胡说八道！没有几亿中国人拼死抵抗十几年，没有中国死死拖住日本最精锐的陆军，小日本能投降吗？"

在冯玉祥将军一生不断革命的经历中，他曾以国民党元老之一的身份，亲身参加了第一次和第二次国共合作。他从国共两党两次合作与分裂的历史经验中，深切理解到"和为贵"的深刻道理。他在1946年秋离国赴美前夕，还给当时任国民党总裁的蒋介石上书，"一针见血"地指出："今天大局以和平为天经地义，国际要和，国内更要和。和了一切有办法，打了必有至痛至惨之结局。且打了还要和，任便打多久，到头还是和。……与其将来和，何如现在和。故和平为不二之计……"①冯玉祥将军这些有远见卓识、掷地有声的金石良言，当年如果被当权者采纳，今日中国又会是何等面貌？！

"历史经验值得注意"，目前海峡两岸局势已大大和缓，国共两党"第三次合作"实质上早已开始。在完成祖国统一大业的漫长而曲折道路上，重温一下冯玉祥将军远在六十多年前说过的这段话，不仅有益，也是有深远意义的。

十四、不是"结语"

上世纪30年代，美国时代周刊曾以当时中国的知识界和企业界为重点，散发过三万份问卷。问题很简单："你最敬佩的两位近代中国人是谁？"答案很快揭晓。时代周刊在一期封面上以整版篇幅刊登了这两位中国人的照片：孙中山先生和冯玉祥将军。

周恩来同志说过："焕章先生六十岁，中华民国三十年。单就这三十年说，先生的丰功伟业，已举世闻名。自滦州起义起，中经反对帝制，讨伐张勋，推翻贿选，首都革命，五原誓师，参加北伐，直至张垣抗战，坚持御侮，都表现出先生的革命精神……"②

邓小平同志说过："……冯玉祥是很值得我们纪念的人物，他一生有相当长的时间为国家和人民做了许多好事，他也是同我们党长期合作的朋友……"③

乌兰夫同志说过："冯玉祥将军是一位杰出的爱国主义者，可敬的民主斗士，著名的军事家和政治家，中国共产党的真挚朋友。"④

---

① 见1982年9月11日《人民日报》。

② 见1941年11月14日《新华日报》。

③ 见1982年9月15日《人民日报》。

④ 见1982年9月15日《人民日报》。

　　如今，冯玉祥将军已辞世六十余年了。按说，对其评价早该"盖棺定论"了，但现实并非如此。直到2011年5月，笔者还在国内出版的一份报纸上，看到了一篇题为"百变军阀冯玉祥"的大块文章。该文的大标题就给冯玉祥将军定了性，即：不仅是"军阀"，还是"百变军阀"！该文在题记中写道："纵观冯玉祥的一生，他曾多次背叛上司：1923年卷入驱逐黎元洪的活动，次年10月第二次直奉战争又发动政变，囚禁了贿选总统曹锟；后来又推翻段祺瑞；中原大战期间，他与蒋介石、阎锡山、李宗仁等不间断地合纵连横、钩心斗角、敌友无常。在思想观点上，皈依基督教，亲近过苏联，后来信奉三民主义，这使得一些人认为他反复无常、翻云覆雨。"

　　这篇长文将冯玉祥将军在1923-1930年（共8年）中的部分表现，当成"纵观冯玉祥一生"，显然是对冯太不公平了。而该文在社会上引起的负面效应（特别是对不甚了解民国史的青年读者）则更不容忽视。该文作者在文中引用了徐世昌、李宗仁对冯玉祥将军的评价；笔者认为，这些评价还算是"客气"的，其实，比这更恶毒的评价，在民国时期的各种报刊杂志上还多着呢！甚至还有破口大骂冯玉祥的，不知该文作者收集否？

　　众所周知，翦伯赞先生是位有造诣的、博学的、有正义感的、负责任的历史学家，他曾明确表示："我认识冯将军并不很久……"也就是说，他既不是冯玉祥将军的老同事、老朋友，更不是冯玉祥将军的"追随者"。在这里，笔者想借用翦伯赞先生《追忆冯玉祥将军》中的几段话，作为本文的结束：

　　　　"冯玉祥将军在中国近代史上，是一个最辉煌的人物。他的一生，丰功伟业，脍炙人口，民国以来巨大的历史事变，几乎没有一次他不在场。可以说，如果在中国近代史上，抽出了他的名字，就会留下很多空白。"

　　"……冯将军的一生，每天每时，都在学习，不断地学习，切切实实地学习。这在一个普通人也许没有什么奇怪，然而照一般的情形说，以他的地位，他就应该学会洋奴买办地主官僚党棍的习惯，把他的时间用于贪污剥削、卖国求荣、杀人放火、谋财害命，做一个祸国殃民的帮凶。以他的年龄，他就应该把他的时间用于嫖赌逍遥抽鸦片，做一个腐朽无知的元老，但是他都没有学会，所以在洋奴买办地主官僚党棍看来，他是'欺世盗名'。

由于冯将军在生活上保留着浓厚的农民习惯和知识之继续增长，所以在政治上就表现为不断的进步。照他的时代和环境，他可能做一个满清忠臣，但他没有，他参加了辛亥革命。在辛亥革命以后，他可能做一个北洋军阀的头目，但他没有，他从军阀阵营中举起革命的旗帜，反对曹吴，反对段祺瑞，最后誓师西北，参加了（民国）十五六年（1926-1927年）的大革命。在大革命以后他可能像阎锡山一样割据一方，也可能像何应钦之流臣服蒋介石，但他没有；他曾经几次武装起义，反对蒋介石独裁。在反蒋失败以后，他可能像……白崇禧一样，认贼做父，投降蒋介石，但他没有；他隐居泰山，读书乐道。在'九一八'事变以后，他可能像汪精卫一样假借共赴国难和蒋介石同流合污，用不抵抗主义，变相投降日本，但他没有；他发动了长城抗战，反对妥协。在抗战爆发以后，他可能像许多两面派的政客一样不左不右，亦左亦右，但他没有；他和中共及左派的文化人做朋友，呼吁民主，主张团结。在旧政治协商会议破裂以后，他可能像孙科一样望风转舵，反共反苏，以保持其禄位，但他没有；他跑到美国考察水利。到美国以后，他可能隔岸观火，看风转舵，但他没有；他公开反蒋反美，而且在美国反美，以致被取消护照。在取消护照以后，他可能接受美国国务院的收买……像于斌这些洋奴一样做美国反动派的工具，但他没有；他断然予以拒绝，毅然离美回国，参加新政协，以致因此而遇难。即因他没有做保皇党，没有做军阀，没有做卖国的汉奸，没有做蒋介石的帮凶，没有做美帝国主义的洋奴，而是一步一步向前走，所以在一切反动派看来，冯玉祥的为人是'叛变'，是'倒戈'，是'反复无常'"。

作者简介：

尹家衡教授，1937年生于北京，1960年毕业于北京地质学院，地质学家，国土资源部南京地质矿产研究所资深研究员，联合国科教文组织火山学组成员。

张之江与南口大战

张润苏

国民军成立后就成为北方军阀众矢之的，以吴佩孚为首的北洋军，奉系军阀，直鲁联军，晋军以及北方所有各派军阀联合起来围攻国民军，冯玉祥先生迫于压力，下野去苏联，冯先生走前将国民军全军交由张之江指挥，南口战役期间和战役前后，张之江有三个职务，即：国民军总司令、西北边防督办、国民军第一军军长，全权指挥国民军全军。

南口大战是帝国主义和封建军阀敌视革命力量的必然结果，是代表北方进步势力的国民军和代表帝国主义、封建势力的军阀联军之间的一场革命与反革命力量的交战。

在这四个多月的时间里，张之江依靠全体将领们的沉着坚定和全体战士的训练有素、英勇奋战，多次击退数倍于国民军的装备精良的军阀联军的进攻，倘非多伦失守造成不利局面，使国民军不得不退出南口，还不知鹿死谁手。

南口大战牵制了北方军阀几十万的兵力，有力地配合了北伐军在两湖战场的胜利进军。当7月北伐军攻占长沙时，吴佩孚主力仍在南口。曹锟要彭寿莘劝吴放弃南口军事，早日南下武汉，布置湘鄂边防。吴复电仇恨地说："南口一日不下，则本司令一日不南下。"及至国民军弃守南口（时间是8月15日），北伐军已于8月下旬抵湖北境内，吴佩孚方留齐燮元以副司令身份坐镇北方，自己匆匆南下，赶到汉口抵挡北伐军，但大势已去。北伐军势如破竹，于8月27日及29日先后攻占汀泗桥、贺胜桥，最后直下武昌，大获全胜。

在1928年7月9日国民军南口战役阵亡将士追悼会上，北伐军总司令蒋介石曾明确表态："南口苦战四月，牺牲至大，因之牵制奉军和直军五十万之众，不能南下守鄂，促使我北伐军顺利出湖南，以破竹之势消灭反革命势力，进入武汉，是北伐成功，多赖南口死难烈士，其功不可没。"这充分肯定了南口大战在中国革命历史上的功绩。

南口战役规模大，形势严峻，敌强我弱，战线长达两千余里，奉、直、晋、直鲁联军合起来兵力有六十万，他们从四面包围，轮番进攻，必欲置国民军于死地。而国民军兵力不过十五万，西北贫穷，资源匮乏，粮饷弹药两缺，后勤供应没有着落，凭着艰苦卓绝的传统，以寡敌众，英勇奋战四个月，若无主要领导人凝聚全军意志，若非指导得当，是不可能坚持这么长的时间，收到牵制军阀兵力的效果的。受命于危难之际的张之江，不负冯玉祥的重托，完成了艰巨的使命。他作为指挥南口大战的总司令，在中国革命史上功绩昭然！

南口大战在中国革命历史上地位十分重要，作用非常显著，将永远彪炳于史册。

作者简介：

张润苏，国民军将领张之江之女儿（张之江时任国民军总司令（代冯玉祥））。

北伐战争中的北方战场

——国民军与南口大战

骏 声 赵 然

一、南口大战的历史背景

国共两党第一次合作后，1925年，在两党的领导发动下，中国国内的革命运动迅猛发展，广东革命政府的地位日益巩固，"五卅风暴"、"反关税会议运动"等一系列群众性反帝斗争持续高涨。在这种情况下，感受到震惊和恐慌的帝国主义反革命势力联合中国的军阀开始对中国国内方兴未艾的革命运动进行镇压。

由于此时的西方帝国主义列强武力干涉俄国共产主义运动失败，苏维埃政权日益巩固，因此其对共产主义的仇恨和恐惧正与日俱增，而日渐兴起的中国革命运动使他们更为惧怕亚洲再出现一个红色政权，于是帝国主义将矛头对准了中国持有反帝思想和爱国民族革命主张的一切政治势力。

虽然帝国主义仇恨主张无产阶级暴力革命的共产党，但当时中国共产党的力量还很弱小，尚构不成对帝国主义的威胁，所以中国共产党的同盟者，受到苏俄支持的国民党广东革命政府被其视为在华利益的直接威胁者。

1925年12月，冯玉祥领导的国民军攻占天津，1926年3月初，爆发了国民军为阻止日本军舰入境的封锁大沽口事件，中外反革命势力对中国形势做了如下的判断：

"一旦南方国民政府与北方国民军联合起来，会成立一个可以支配全国的赤色政权。"[①]

因发展壮大而备受瞩目的国民军基于以下几点原因，从此成了中外反

---

① 《中国共产党第三次中央扩大会议执行委员会中央政治报告》（1926年7月），载《中共中央文件选集》

203

革命势力的首要敌对目标：

（一）军事力量

国民军此时拥兵三十万，仅由冯玉祥的西北边防军组成的第一军就有十五万兵力，且西北军战斗力极强，国民军也成为中国北方最强大的军事集团，而国民党广东政府属下约七万余人的军事力量尚在组建之中，兵力有限。

（二）地缘政治

国民军的的势力范围包括当时的绥远、甘肃、陕西、河南等省，控制着华北和京津地区；而广东革命政府则偏师岭南，远离中国的政治中心。

（三）和苏联的关系

经中共领袖李大钊从中联络周旋，在1925—1926年间，国民军成了当时苏联援助的重点，俄方将对华军援的大部分给了国民军。

（四）反帝立场

国民军领袖冯玉祥一直有着强烈的爱国主义思想和言论，并在"五卅运动"中表现出了坚定的反帝立场，他本人又一向以平民的生活作风和形象于世，其麾下的西北边防军也一向军纪严明，亲民爱民，同北洋军阀军队有极大的不同。

在帝国主义的操控下，中外反动派们组成了"中国反赤大同盟"，以奉、直系军阀为代表的中国反动军政势力和英、日等帝国主义势力达成了共识。从军事战略的角度出发，反动军阀们根本没将广东革命政府的威胁放在眼里，而是将国民军作为了讨伐的首要目标。由于直奉军阀们对共产主义所知甚少，根本就不清楚共产党和国民党左翼的区别，以至于认为作风亲民的国民军就是共产主义，所以他们联合起来讨伐国民军的基础和口号就是"讨赤"，吴佩孚在和直、奉联军合作并出任总司令后，干脆就将军阀联军改称为"讨赤联军"。

国民军是冯玉祥、胡景翼、孙岳受李大钊、孙中山的影响发动北京政变后组建的。1925年初冯玉祥就任西北边防督办后，其所部国民军第一军改称为"中华民国西北边防军"，简称西北军，但外部仍以国民军称其联盟的整个派系，于是国民军成了众矢之的，国民军内部也在进占天津之后出现了裂痕。

天津战役是国民军三个军的第一次联合作战，冯玉祥的第一军在此次作战中付出了极大代价，但天津战役的总指挥李鸣钟及张之江、鹿钟麟等直隶籍将领却没能当上督军，冯玉祥出于利益平衡和维护三个军团结的考虑将直隶督办和帮办之职分别委任给了三军的孙岳和二军的邓宝珊，这不但导致一军张之江、李鸣钟、鹿钟麟、宋哲元等将领产生意见，也引起了二军军长岳维峻的不满。

面对各方势力的讨伐和国民军内日益加剧的矛盾，外压内困中的国民军总司令冯玉祥此时心生消极情绪，并由此造成决策上的重大失误——通电下野。

1926年元旦冯玉祥向段祺瑞政府提出辞去本兼各职，在将西北边防督办一职交付张之江后远赴绥远。1月9日，段祺瑞准免冯玉祥所请并派其赴欧美各国考察实业。冯玉祥退居幕后的策略不仅没能减轻敌对各方对国民军的压力，反倒使国民军内部因事权不一而陷入混乱，处境更加恶化。

二、南口大战前国民军的处境

1926年初，国民军攻占天津之后，反奉战争取得了暂时的胜利，此时，国民军阵营中又新增加了两个军，分别是：

由原奉军郭松龄部魏益三的六个步兵团、一个炮兵团和一个工兵营共一万五千余人编成的国民军第四军（该军为避开奉军而移驻保定）。

由原直鲁联军第二十师师长方振武率部六千余人编成的国民军第五军，该军从山东肥城移驻河北大名。

此时国民军总兵力达到四十万人，由孙岳代理总司令，协调各军之间的关系。如果此时国民军能利用天津的海口优势和北方第一大商埠的雄厚物质经济基础，全力固守直隶，则不会出现之后的总撤退，但由于冯玉祥将天津交给国民三军治理，削弱了防务，致使天津这个战略重地在三个月后易手。

1926年2月27日，奉军再次入关，策应直鲁联军向天津反扑，对国民军形成了南北夹攻之势：

奉军先后占领了卢龙、迁安、乐亭等地；

直鲁联军沿津浦线分三路北上攻击国民军；

直系靳云鄂部攻占郾城、许昌，3月4日进占郑州，3月5日晋军突然出兵占领石家庄，控制了京汉铁路，吴佩孚军得以沿京汉线长驱北进。

国民军三面被围，一直滞留在平地泉（集宁）关注着局势发展的的冯玉祥经多方运作和谈失败，紧接着，北京发生了段祺瑞政府镇压学生爱国运动的"三一八"惨案；迫于各界的压力，冯玉祥在一直与其频繁接触的中共北方区委负责人李大钊的安排下，以赴欧美各国考察实业的名义办好了去德国的护照。3月20日，在安排张之江等人应付局面后，冯玉祥取道蒙古赴苏。3月22日，国民军撤离天津，退至北京周围。

4月6日，直鲁奉联军联合下达了对国民军的总攻击令，兵分五路发起了进攻：

（一）奉军阚朝玺部向朝阳、承德方面攻击；

（二）张学良、韩麟春、万福麟部由怀柔、密云、三河、香河、通县进军，拟绕攻昌平，截断京绥线；

（三）直鲁联军李景林、褚玉璞部进攻北京东南方向；

（四）直系田维勤部攻击北京西南方向；

（五）奉军和直鲁联军会攻黄村，进占南苑，军阀联军已兵临北京城下，但由于冯玉祥远赴国外，国民军领导层内部对今后行动的意见出现分歧。

三、李大钊与国民军的关系及国民军弃守北京的原因

冯玉祥在出国前就在李大钊的帮助下为国民军制定了一个"弃守北京，让直奉军阀为争夺中央政权而火并"的战略。[①]

1922年秋，冯部陆军第十一师自河南移师北京南苑后，李大钊就以中共北方区委负责人的身份和冯玉祥进行了频繁的接触。对北京政变和国民军的出现，中国共产党给予很高的评价，认为这次政变"在中国民族革命运动中有非常重要的意义，一是表现军阀势力之崩溃；一是表现民族资产阶级的武装之开始形成"。以李大钊为首的中共北方区党委以及共产国际、苏联政府对北方政局的这一变化非常重视，决定采取联合国民军的策略，以推动北方革命运动的发展。为了帮助、改造国民军，不仅李大钊本人多次深入到国民军中开展工作，他还先后向第一军中派遣出了宣侠父、钱清泉、陶梁等十多名共产党员及国民党左派进行政治宣传工作。

1926年2月21日至24日，中共中央在北京召开特别会议，李大钊和北方区的主要干部赵世炎、陈乔年参加了会议。会议分析了当时的政治形势，指出"现在的时局，实在是中国革命生死存亡的关头。固然应该在北方努

---

① ［苏］维·马·普里马科夫：《冯玉祥与国民军》，第162—163页。

力集中一切革命势力来抵御帝国主义的反攻，而根本的解决，始终在于广州国民政府北伐的胜利"。①

对于北方的国民军问题，会议作了专门决定，通过了《北方区政治军事工作问题》，决定指出：当帝国主义武装军阀军队并加紧进攻国民军的时候，北方的军事工作是帮助国民军，使国民军成为民众抵抗帝国主义与反动军阀之有力的武装，并须从中造成一部分真正的国民革命的武装势力。②

为了帮助国民军抵抗反动军阀的联合进攻，李大钊曾向冯玉祥建议："4月以前，最迟4月中旬以前，国民军应退出北京，撤到南口山口，在那里加紧修筑防御工事"；"要在军队撤退之前，赶走段祺瑞，粉碎安福俱乐部。"

在这一建议的指导下，冯玉祥制定了弃守北京，制造军阀间火并的方针。为了实施这个方针，国民军于4月9日突然包围执政府，发动第二次北京政变，推翻了段祺瑞政权，并释放了在第一次政变中被囚禁的曹锟。此次政变实为国民军非常时期的非常之举，此举不仅寄希望于能借曹锟之手将北京政府交给吴佩孚，再一次与直、吴谋和，从而使直奉之间为争夺政权产生火并，也可以洗刷"三一八"惨案中由段祺瑞政府给自己带来的负面政治影响。

张之江借释放曹锟之机派出韩复榘、门致中二人到汉口和吴佩孚议和，果然，此举令张作霖得知后极其紧张，他急忙致电吴佩孚请其勿受挑拨。然而吴佩孚本人对议和的态度极其冷淡，其所提出的议和条件也极其苛刻：除可容留原北洋十六混成旅一旅之兵外，其余全部缴械遣散，国民军将领在交出部队后，可量才使用。

这个数字相当于国民军总兵力的1/30，是国民军万万无法接受的，和谈的可能全部破灭，而担心有变的张作霖也下达了加紧进攻的命令。

和谈破裂后，按照冯玉祥制定的方针，4月14日，张之江下达了撤离北京的命令。

4月15日，国民军按如下路线井然有序地撤离了北京：

---

① 《中共中央文件选集》（二）第31页，中央党校出版社，1983年版。

② 《中共中央文件选集》（二）第34页，中央党校出版社，1983年版。

（一）方振武的第一军殿后掩护；

（二）城内各部队沿京绥线乘火车退至位于北京城西北四十五公里处的南口；

（三）京东各部队由郑金声、陈希圣率领退至怀柔、顺义、延庆一带；

（四）京西部队由韩复榘、石友三率领退往斋堂、蔚县、涞源；

（五）热河的宋哲元部撤至多伦；

（六）第二、三军余部由弓富魁、徐永昌率领经南口退往怀来、涿鹿。

国民军的行动丝毫没有惊扰市民，兵力也没遭受损失①，但对于此次战略撤退的目的地，国民军内部仍执不同意见。

冯玉祥当初制定弃守北京计划时的训令，是要求部队退至晋北丰镇以西②，远避京城，使北京城内的各派军阀在权利中枢的真空期火并。

以鹿钟麟为首的大多数将领反对此议，一向以血性著称的第一军将领们不愿放弃好不容易得到的北京，更不愿意毫不抵抗就向联军示弱；就连一向忠实执行冯玉祥指示的张之江也产生了动摇，他对自己能否率领已经出现分歧的国民军在物质极度匮乏的晋北生存下去也心生疑虑。

由于鹿钟麟此前奉命参与主持修筑了当时最现代化的南口防御工事，而这里正是北平通向大西北的门户，人称"绥察之前门，平津之后门"，自古就是兵家必争之地。鹿钟麟及众多不愿示弱的西北边防军将领们力主依托南口的坚固防线作背水一战，抵抗联军的进攻。

四、联军入京后的局势及国民军采取的对策

4月15日，各系军阀开始向北京发动攻击，段祺瑞部属唐之道旅首先入城并自封为"京师警卫总司令"，紧接着，各系军阀围绕着权利开始了争斗。16日，段祺瑞宣布复职并派人赴天津和张学良商议由段、奉联合执政；18日，吴佩孚则发出电令：委王怀庆任京畿警卫总司令，辖唐之道旅负责北京治安；19日，张作霖通电不再承认段政府，责其离京。

---

① 宋哲元：《西北军志略》

② 《冯玉祥日记》（二），第216页。

虽然各派军阀为抢夺政府的各权利要害展开了争夺，但是由于国民军的威胁仍近在咫尺，各派军阀不敢就此撕破脸皮激化矛盾，而是继续维持着合作，吴佩孚更是迫不及待地誓报一年多前被冯玉祥发动北京政变之仇。

预期中的各派军阀火并的局面没有出现，为了应对联军的合围，国民军将领在张家口的总司令部召开会议，调整了军事指挥系统，在西北边防督办公署下设了军事、政治、财政三个委员会，由张之江担任国民军代总司令兼军事委员会委员长，其余各项任命如下：

政治委员会　委员长	张秋白
财政委员会　委员长	魏宗晋
总参议	刘　骥
高级顾问	孙　岳　李烈钧
东路军　　总司令	鹿钟麟（兼察哈尔都统）
西路军　　总司令	宋哲元
后方援军　总司令	石敬亭
绥远都统	蒋鸿遇（代理）
口北镇守使	方振武

此时国民军总兵力约二十二万人，其中以西北边防军组成的第一军实力最为雄厚，该军有十二个师，七个旅，除留守甘肃的两个师及宁夏的少量驻军外，仍有十六万余人投入到抵抗联军的战斗中；而国民二军的余部仅剩下了两个旅，国民三军也仅余徐永昌师及其他数团，约一万五千人；魏益三的第四军投了吴佩孚，方振武的第五军所余也不过万人。这样，不过二十余万人的国民军将在北起多伦、沽源、延庆，西至晋北丰镇延绵千里的防线上抵抗联军六十万人的攻击。

国民军欲和敌决一死战的决定将反动军阀的绝大部分军事力量吸引到了北方的千里战线上，为南方革命政府的北伐创造了有利条件。国民军将领们在面临各路军阀武力围攻的形势下表现出了决不退却、以寡敌众的勇气，他们坚守南口的选择为中国革命立下了不朽的功勋。

五、南口大战各主要战场的战役经过

直、鲁、奉三系军阀组成的"讨赤联军"于1926年4月下旬起，从察北的多伦至直隶的易县并延伸到晋北，在长达一千余里的战线上向国民军发起了进攻，其攻击的中心点就是南口，此战役史称"南口大战"。与此同时，逃归陕西的国民二军在李云龙（李虎臣）和国民三军杨虎城的领导下，为抵抗吴佩孚委任的镇嵩军总司令刘镇华对陕西的进攻，坚持了长达八个月的西安守卫战；远在甘肃的刘郁芬、张维玺、孙良诚、吉鸿昌等国民一军将领们也在甘肃抵抗着吴佩孚支持的张兆钾、孔繁锦等地方军阀的进攻；这些战场虽独立于南口之外，但也是国民军抵抗军阀战争的重要组成部分。

早在1925年夏，冯玉祥就在苏联军事顾问的帮助下对南口一带的地形进行了勘查，并在此重点设防。在苏联顾问的帮助和参与下，经过半年的苦心经营，国民一军以南口为中心构筑了一道百里防线。该防线由南口的两个阵地带和沟壕、掩体、碉堡等军事要点组成的外围封锁线构成。

第一阵地带以南口火车站为中心，修建了南口车站和以东的关公岭及以西的凤凰台三个集团工事。成犄角势的凤凰台和关公岭两侧高地与平坦开阔的火车站互为依托，各集团工事间交通沟壕和地下掩体纵横相交，每个集团内部都筑有大量的步兵掩体和碉堡，碉堡内配备有轻重机枪四至六挺，而步兵火线前二十至三十米处都掘有宽二丈，深一丈五的外壕，壕内设侧防壕，壕外加设五层电网和地雷带。

第二阵地带设于南口车站后三千米处的居庸关及京绥铁路、京张公路要害处的八达岭、凤凰墩等高地上。该阵地带上设有轻重迫击炮和野山炮、野重炮等炮兵群，炮火以能射及各集团工事前沿为准。

外围封锁线则从南口向西至永定河上游的安家漩，向东至毛司台、独石口；依山为壁，因地设堡，并各配备有一个炮兵群。

1926年4月下旬起，兵分五路的讨赤联军开始向国民军进攻。奉军汤玉麟部为第一路，由热河攻多伦；万福麟部为第二路，由怀柔攻独石口；直鲁联军徐源泉部为第三路，由昌平攻南口；直军田维勤部为第四路，由门头沟、紫荆关攻怀来；晋军商震部为第五路，由晋北威胁京绥铁路。

国民军根据敌情进行了重新调整，打破了原有各军的建制，将全军统一编为东、西、中三路部队。东路军总指挥鹿钟麟统率郑金声的第一军防守南口；中路军总指挥弓富魁率方振武第二军和徐永昌的第三军守怀来至蔚县一线；北路军（不久改称西路军）则由宋哲元率石敬亭第五军、石友三第六军、韩复榘第八军、王镇淮第九军、赵守钰骑兵第一集团军和杨兆麟骑兵第二集团军防守延庆至多伦一线；蒋鸿遇为总预备队兼第七军军长，统率第十二师及其他直属部队。[①]

在长达四个月的南口大战中，国民军在南口的正面战场、察北以及晋北这三个主要战场上和联军展开了激战。

（一）南口的正面战事

南口战场是此次大战的正面战场，也是整个战役的中心。担负此处防御的三万多名将士是原西北边防军的第一军，其部署如下：

正面防线：暂编第十师；师长刘汝明，辖张万庆第二十八旅，胡长海第二十九旅和王书箴的第三十旅。

左翼防线：延庆—得胜口一线，由佟麟阁的暂编第十一师防守，参谋长：何章海，下辖张瑞堂第三十一旅、赵景文第三十二旅和李向寅第三十三旅。

右翼防线：康庄以西居庸关北侧各山口，由陈希圣的暂编第三师防守，辖徐以智第七旅、葛运隆第八旅和许骧云第九旅。

居庸关关口：季振同手枪团。

4月中旬，按照直军主攻，联军辅攻的计划，张宗昌、褚玉璞的直鲁联军一部首先发起了对南口正面的进攻，刘汝明师王书箴旅居高临下猛烈反击，经十余日激战，双方进入了僵持状态。至5月中旬，第一军乘敌疲惫之时，以一个混成旅大举出击，先后收复昌平、沙河，令京城震动，但无意进攻北京的第一军旋即回撤，[②]仍取防御态势。

随后，联军调整部署，在集中优势炮火对南口左翼防线进行重点攻击后，奉军万福麟部以骑兵为先导由怀柔攻击延庆—赤城一线，延庆一度被困，在右翼陈希圣部的驰援下，佟麟阁师和敌展开肉搏激战后才使阵地转危为安。

---

① 高兴亚：《冯玉祥将军》第77—80页。

② 吴锡祺：《我所经历的南口战役》，第204—205页。

7月20日，联军的进攻改由奉军主攻，直军辅攻，直、鲁、奉三军联合发动第二轮总攻击。在对刘汝明师坚守的正面阵地屡次强攻未果后，联军再次向左翼阵地寻求突破，并组织了三百人的敢死队实施偷袭。镇守居庸关口的季振同率手枪团和偷袭的奉军展开激战，在短兵肉搏，付出极大代价后终全歼三百名奉军，保住了阵地。

无功而返的联军经重新调整攻击方案后于8月7日和9日又分别发起了第三、第四轮总攻。南口阵地在敌猛烈的炮火下几度易手，战事激烈时，刘汝明、佟麟阁、陈希圣、赵景文、彭振山等师、旅、团各级将领均毫不畏惧，全部亲赴阵前指挥，西北军将士们在龙虎台、关山岭、虎峪村、凤凰台、得胜口等地和敌恶战三日，白刃肉搏一百多次。[①]

经历了联军的四次总进攻，历经大小战斗无数，在居庸关、毛司台等要隘相继失守，联军铁甲车攻破了南口外壕后，身处困境的第一军仍在南口坚守不退。

（二）晋北战场

京绥铁路是国民军退往西北发展的生命线，由于该铁路有一小段在山西境内，其安危对于国民军性命攸关。为免三面作战，国民军一直力图使阎锡山保持中立，令自己有一个稳固的后方，因此，其最初制定的战略对晋北一线也部署为守势。但是到了4月下旬，此前一直观望局势，态度暧昧的阎锡山突然出兵攻阳原、蔚县、拆毁天镇以西至大同的铁路，断绝了国民军的后方供应，从晋北配合联军夹击国民军。国民军被迫修改了原定战略方针。

为了保卫京绥线，5月18日，国民军西路军总司令宋哲元率防守察北的石敬亭、石友三及韩复榘各部共八万余主力主动出击，兵分六路，猛攻晋北。此次作战的第一期目标为攻下大同，恢复京绥线交通，第二期目标为与东路军会师于桑干河左岸，以肃清晋北为作战目的，仍旨在确保察绥，并无图晋之意。[②]

国民军攻晋部队以韩复榘为前敌总指挥，攻孤山、镇州堡、大同，晋军商震部不敌。连连得手的国民军于5月20日占领了大同火车站及外城，恢

---

① 长沙《大公报》，1926年8月21日。

② 吴锡祺：《我所经历的晋北之战与南口大战》。

复了京绥线交通。

由于此时南口及察北的战况颇为稳定，已经完成了首要战略意图的国民军并未及时回防察北，而是改变了发起此次进攻的初衷，将夺取较为富饶的山西作为主要战略目标。为此，宋哲元、韩复榘向攻晋部队下达了新的作战命令：

除留张自忠部在中路继续攻大同外，其余各部队在韩占元部配合下继续西进，石友三部为右翼，配合蒋鸿遇攻左云、右玉、平鲁等地；孙连仲部为左翼，在方振武部配合下攻天镇、阳高。

至此，国民军总的战略方针变为了"守南口，防多伦，攻晋北"。至6月下旬，除大同、天镇、浑源、蔚县仍在晋军之手外，国民军攻克了晋北大部分地区，与晋军在雁门关外呈对峙状态。

国民军的这一战略变化犯下了致命的错误，造成了主力部队被要死守地盘的阎锡山部牵制住主力的局面，从而使察北防务空虚，防线终被突破。

（三）察北战场（沽源至多伦一线）

该防线长达三百余里，地势平阔，无险可守。宋哲元率主力出击晋北后，奉军吴俊升、汤玉麟等部共六个师从热河向该防线进攻，接替宋哲元指挥防务的王淮镇率步兵一个旅、骑兵六个旅顽强抵抗，阵地屡失屡得，一直苦斗到7月，第一旅旅长席液池中了奉军反间计，致使多伦于20日失守。[1]

宋哲元急分兵回援，晋北战场遂逐由攻变守。回援的张凌云师与驻张北的田春芳旅合力击退奉军，于8月上旬收复多伦。稳固多伦后，宋哲元再次挥师晋北，继续攻晋。察北防务的空虚使晋军董中山部乘隙攻占了绥远清水河、托克托等县，并收买当地土匪围攻包头。不久，多伦再次失守。奉军骑兵从沽源、张北直逼张家口，如张家口失守，国民军将陷入无路可退，全军覆没的境地。

对察北的回援使晋北战场错失了战机，不仅攻晋计划功亏一篑，沽源至多伦防线的失守也导致了国民军被迫撤离正面的南口阵地。

---

① 简又文《冯玉祥传》（下），第249页。

六、南口大战时的李大钊和冯玉祥

北京政变和国民军成立不久，李大钊就亲自到冯玉祥京郊驻地拜访，多次与冯进行诚挚而亲切的交谈，阐述孙中山的新三民主义并介绍苏联革命的情况。冯玉祥曾十分感激地对李大钊说："听先生一夕谈，胜读十年书"。冯玉祥下野之后，为了使他能了解世界形势，加入到国共合作中来，李大钊安排他赴苏考察。

此外，李大钊还通过冯玉祥的高级顾问徐谦、于右任等国民党左派领袖来做冯玉祥及国民军高级将领的工作，在冯玉祥赴苏联考察期间，徐谦不辞劳累地陪伴左右。1926年5月10日，在徐谦的介绍下，冯玉祥加入了国民党，走出了人生中的重要一步，这一天冯玉祥在日记中写道："本日决心加入国民党，以努力致力于中国国民革命"。①不久，他又表示让国民军集体加入国民党，并派出李鸣仲、刘骥为自已的全权代表赴广州政府联络军事。

当国民军在各个战场和反动军阀激战的时候，赴苏考察的冯玉祥也一直关注着国内时局的变化，并不断对南口战事下达指令，随着他的加入国民党，标志着其已经与北洋军阀集团彻底决裂，其领导的国民军也转变为有比较明确的政治纲领，接受孙中山的三大政策，站在国共合作阵营中的革命武装；至此，南口大战的性质也发生了根本性的改变，该战役已演化为第一次国内革命战争的重要组成部分。

在南口大战其间，李大钊不仅和冯玉祥保持着密切联系，坚定了冯玉祥的革命信心，推动其投入到了国共合作的革命运动之中，他还以中共北方区委负责人的身份统筹全局，联络南北，并在北方动员人民，发起了支援国民军的行动。在李大钊的领导下，北京工会组织与企图破坏京绥铁路的敌对势力展开了斗争，工人们成立了南口、康庄工会交通维持队，保证了京绥线的畅通，维系了国民军的大动脉；在南口守卫战及最后的总撤退中，工会领导下的革命工人不避弹雨，积极运送物资，参加战斗，给国民军极大的鼓舞和支持。

---

① 冯玉祥：《冯玉祥日记》（二），第1783页。

七、南方革命政府对南口大战的配合

六十万军阀武装被二十万国民军牢牢牵制在南口战事中，全国80％的武装力量都集结在北方，这极大地坚定了仅有七万武装的南方革命政府出师北伐的决心。5月下旬，北伐先遣队叶挺独立团挥师入湘和吴佩孚支持下的军阀叶开鑫部展开激战。

6月25日，李大钊和李石曾、柏文蔚以国民党中央执委代表的身份与国民军接洽合作事宜。①

7月9日，广东革命政府在广州誓师北伐，北伐战争正式宣告开始。

7月11日，北伐军攻克长沙，并明确制定了下一步战略，即乘吴佩孚主力被牵制在南口之际，全力进攻武汉。

此时吴佩孚留守在南方迎战北伐军的兵力仅有两万余人，但长沙的失守没有令他放弃进攻南口的计划，已处南北两线作战，顾此失彼境地的吴佩孚作出了错误的判断：装备落后，弹药奇缺的国民军已难坚持，南口阵地不日即可攻克。吴佩孚企图待北方战事平定后再行班师南援，于是他决定加强对南口阵地的进攻。

南口战事进入7月份后愈发惨烈。坚守正面战场的国民一军已付出了极大代价，军需弹药均难以为继，处境更加困难。当吴佩孚组织新一轮进攻的时候，冯玉祥的电令也下达至南口："南方北伐军已打出湖南，南口守军要牢牢牵制住吴佩孚。"

冯玉祥的电令更坚定了南口将士们的斗志，在艰苦卓绝拼杀了四个月后，南口阵地仍岿然不动。

此时，李大钊连发三封电报催请冯玉祥回国主持军务，至7月底，国民党左翼领袖于右任受李大钊邀请偕翻译马文彦抵达莫斯科，亲劝冯玉祥回国参加北伐。一直归志不决的冯玉祥在和于会谈后终于毅然决定归国。

多伦失守后，奉军直逼张家口，包抄南口守军退路，国民军面临了腹背受敌，无路可退的绝境。代总司令张之江于8月上旬发电请冯玉祥指示。冯回电："西路军掩护东路军撤退，东路军从各阵地有计划地撤下，开向包头、绥远。不能生乱，严控军纪，力戒骚扰百姓。"

---

① 郭廷以：《中华民国史事日志》。

8月13日夜，张之江下达了总撤退令。

14日拂晓，联军发起第五次总攻击，南口阵地进行了最后的激战。同日，一直在甘肃苦战的国民一军攻克了天水，终使国民军大后方的局势平定下来。

15日，陈希圣、刘汝明、佟麟阁等部相继撤出了阵地。

讨赤联军在猛攻四个月，伤亡三万余人后，终于攻占了南口。至此，南口大战落下帷幕。

然而，南口历时四个月的战事已经使中国形势发生了重大改变，中国的历史进程也因南口大战而有了巨大的前进。

8月19日，一路乘虚而入，迅猛北上的北伐军攻克了平江、汨罗；

8月22日，北伐军克岳阳，前锋已达湖北境内；

27—29日，北伐军叶挺独立团连续取得汀泗桥、贺胜桥大捷，直抵武昌城下；

北洋军阀的末日已经来临，一个新的时代开始了。

八、南口大战的历史意义

虽然南口大战以国民军的总撤退结束，但南口战场并不是被攻克的，而是国民军选择的主动撤离。从战术上来说，国民军抵抗数倍于己的强敌达四个月之久，并在战役中歼敌有生力量五万多人，为北洋时期战史所仅有，可见国民军的战术是取得了部分胜利的。

就战略上的意义来说，国民军虽然最终撤离了战场，但他们艰苦卓绝的坚守战将吴佩孚的直系军主力牢牢牵制在北方战场，令其不能回师，从而造成两湖地区的军阀武装力量薄弱，使北伐革命军能从容出师，长驱直入，连战连捷并取得了最终的伟大胜利。因此，第一次国内革命战争实际上有南北两个战场，而南口战场正是其中的北方战场，南口国民军的总撤退只是北伐战争局部作战的失败，从全局而言，国民军的南口大战牵制了敌人的优势兵力，为全国革命创造了大好条件，并最终取得胜利。所以说南口大战影响了中国的历史进程，对中国革命具有着重大的历史意义，国民军将士实为北伐成功立下了首功。

为了纪念国民军将士为中国革命立下的不朽功勋，全国北伐成功后，国民政府在居庸关建立了"南口死难烈士纪念碑"，1928年7月9日，蒋介石亲率国民党军政大员到居庸关前为南口阵亡将士举行万人追悼大会。蒋介石的演讲中说道："当自革命军自粤出发，未几下桂赴湘。彼时正值西北革命同志与反革命者激战南口。赖诸烈士之牺牲，直军不能南下守鄂，北伐军遂长驱北上，冲破长岳。后日西北同志，虽退绥甘，而北伐大军，已以破竹之势，消灭反动势力，建立政府于武汉。是北伐成功，多赖南口死难烈士。革命同志，幸勿忘之也。"[①]

1926年9月17日，冯玉祥在五原誓师，将国民军参加北伐的真相公诸于世，并将国民军改编为"国民联军"，随后，李大钊帮助其制定了"固甘援陕，连晋图豫"的战略；10月，国民联军解了西安之围。1927年4月，已迁都武汉的国民革命政府将国民联军改编为"国民革命军第二集团军"，5月1日，冯玉祥在西安宣布就任第二集团军总司令，率部东出潼关继续北伐作战。

参考书目

刘敬忠、田伯伏：《国民军史纲》　　人民出版社 2004年出版
杨保森、任方明：《西北军将领录》中国广播电视出版社2004年出版
骏声：《西北军演义》　　　　　　团结出版社2007年出版
高兴亚：《冯玉祥将军》　　　　　北京出版社 1982年出版
刘汝明：《刘汝明回忆录》　　　　台北传记文学出版社 1968年出版
宋哲元、李泰棻编述《西北军纪实1924—1930》　大东图书公司印行
《宋故上将哲元将军遗集》　　　台北　传记文学社　1985年出版
《冯玉祥日记》　　　　　　　　第二历史档案馆编
〔苏〕维·马·普里马科夫：《冯玉祥与国民军》　科学出版社1982年出版

作者简介：

骏声（邓骏声），原天津监管局处长，著有《西北军演义》；

赵然，国民军将领赵景文之曾孙（赵景文时任国民军第十一师三十二旅旅长）。

---

① 李泰棻：《国民军史稿》。

"首都革命"是辛亥革命的延承

冯文二

今年是辛亥革命100周年。全世界的华人无论身在何处，政治倾向如何，无不充分肯定和赞扬辛亥革命的历史功绩。

辛亥革命是民主主义的伟大革命。它推翻了中国延续两千多年的封建统治，从此中国从君主专制制度逐步走向民主共和。辛亥革命的成功，意义重大。我们都是孙中山先生革命的继承者。然而，前些年学术界出现了辛亥革命是成功还是失败的学术争论，论据是革命果实被袁世凯篡夺了，袁世凯复辟称帝。

两千多年的封建统治给中国社会的方方面面的烙印太深、太深。君君臣臣、父父子子，普天之下莫非王土，造反莫非改朝换代等固有观念深植人心。帝国主义也不愿看到中国的进步，各自为了自身的利益，不断地在中国寻找、扶持傀儡和代言人，甚至直接出兵干预中国内政。国内外的反动势力是强大的，革命之难可想而知。革命不可能一蹴而就，出现反复，甚至是多次反复在所难免。任何一个国家划时代的革命，都经过了多次失败的磨难。英国、法国的资产阶级革命是如此，俄国的无产阶级革命同样是如此。不能说斗争行动的失败，其性质就不是革命，如果这样看历史，岂不是直接迫使清帝退位的袁世凯反而成了应该万世称颂的英雄？斗争是否是归于革命的范畴，应该是看该行动是否推动了历史的进程。

历史潮流浩浩荡荡，顺之则昌，逆之则亡，仁人志士前赴后继为中国的进步不断扫除前进中的荆棘。蔡锷率先树立起云南独立的大旗并讨伐袁世凯，最终气死了袁世凯，使"洪宪"成为历史闹剧，堪称民族英雄。冯玉祥首都革命推翻了贿选政府，终结了紫禁城里的满清小朝廷，电请孙中山北上主政，改其军队为国民军。诚然，因为比较复杂的原因，没能结束北洋军阀继续把持中央政府的局面，但是，它取得了五个方面的积极成果：一是铲除了辛亥革命遗留的怪胎——紫禁城里的满清小朝廷，彻底清除了中外野心家时刻企图利用的一条祸根；二是向国人显示了违背历史潮流、亵渎民意的贿选政府不得人心，是要短命的；三是从内部打击、削弱了最反动的北洋直系军阀的力量。四是促成冯玉祥彻底看清北洋军阀从属帝国主义的反动性质，丢掉了争取、联合北洋军阀中可以倾向革命的实力派的幻想，从军阀阵营中决裂出来。五是国民革命在北方有了训练有素、强大、可靠的军事力量，为顺利北伐、会师中原奠定了基础。

首都革命是冯玉祥与北洋集团决裂的分水岭。过去，反动势力对有一定革命倾向、经常犯上作乱的基督将军在一定程度上还能容忍其存在。此时，在帝国主义的撮合下，北洋各个派系联合一致决定置公开称拥护三民主义的国民军于死地，拉开了南口大战的序幕。具有战略意义的南口战役，国民军抗击了奉、直、晋、鲁联军四个月之久，虽然以国民军的总退却而告终，因牵制了大部分的反动军队，减少了北伐军的阻力，使北伐军能长驱直入攻占武汉。南口战役，中国共产党没有因南口战役的失败而降低它的革命性，曾经给予高度评价：实际上是人民与军阀的战争，国民议会与军阀统治的战争。

在国共两党的共同帮助下，冯玉祥明白了仅有救国为民的主观愿望就想推翻旧社会的黑暗统治哪能不失败呢？必须有革命的理论作指导，决定到苏联学习革命道理和如何开展革命斗争的经验，同时参加了国民党，摒弃了"军人不党"的陈腐的旧观念。在中共北方区委领导人李大钊的帮助和直接领导下，开创国民军的革命政治工作，并得到苏联给予的援助，派驻军事顾问团帮助建立各类军校，组织国民军中下级军官到苏联军校学习并给国民军调拨大批武器弹药。在李大钊及苏联驻国民军军事顾问团的策划下，国民革命军主动放弃平津，坚守南口，应对直鲁联军企图消灭所谓北赤的预谋。从此国民军融入革命大潮的洪流中。

首都革命爆发，中共中央立即指出：首都革命在中国民族革命运动中，有非常重要的意义，一是表示军阀势力之崩溃，二是表现民族资产阶级的武装之开始形成。因此，冯玉祥1924年推翻贿选政府、驱逐溥仪出宫的行动应该沿用周恩来、王若飞的评价——首都革命的评价比较接近历史的真实。"首都革命"是辛亥革命的延承和继续。

作者简介：

冯文二，重庆民革副主委，冯玉祥之孙（冯玉祥时任国民军总司令兼一军军长）。

昌平 文史资料 第十三辑

孙岳、何遂①与国民三军

何仲山

孙岳是国民三军的创始人，任国民三军军长。我的父亲何遂与孙岳将军是挚友。父亲协助孙岳组建了国民三军，曾任国民三军参谋长兼第四师师长、代军长等职。父亲写过《关于国民军的几段回忆》（载全国政协《文史资料选辑》第五十一辑）。本文主要依据他的回忆，并查阅相关资料，试叙孙岳、何遂与国民三军。

一、莫逆之交

孙岳字禹行，河北省高阳县人。父亲和孙岳相识于1907年保定陆军随营军官学堂（这个学堂以后改为陆军大学，父亲同孙岳是第二期），他们同住一间宿舍。那时政府尊重北洋军人，同学中南北省籍间也有界限。父亲是南方人，又对某些旧习较深的北洋系同学不满，因此遭到他们的白

---

① 何遂字叙甫，1904年入福建武备学堂，结识林觉民、方声洞、陈更新等革命党人，开始参加反清革命活动。1906年毕业后，到南京在第九镇当排长。翌年，考入河北保定陆军随营军官学堂（后改称陆军大学）。这年，由方声涛主盟，加入中国同盟会。武昌起义爆发时，任清军北洋第六镇统制吴禄贞的参谋。吴禄贞被清廷刺杀后，率第六镇部分官兵宣布起义，被推为燕晋联军副都督。1920年任曹锟军官教导团教育长。不久，调任孙岳所部参谋长。1924年，参与"北京政变"和国民军的建立，任第三军参谋长、第四师师长等职，还担任北京政府航空署长，国民军空军司令。1928年任黄埔军官学校代理校长，称"代校务"。1932年春，在北平与朱庆澜等一起组织"辽、吉、黑抗日义勇军民众后援会"，任副会长兼主任干事。"西安事变"和平解决后，拥护枪口对外，国共合作，建立抗日民族统一战线。1937年中共中央代表团到达南京，结识周恩来、叶剑英、博古、李克农等中共领导人。新中国成立后，任华东军政委员会委员、司法部长、政法委员会副主任，是第一、二、三届全国人大代表，全国人大法案委员会委员。1968年因病去世。

眼，惟有孙岳对他不弃，处处表示出兄长对小弟的关爱。熟识以后，父亲知道孙岳是明末辽沈都督孙承宗的后裔。清军入关时把孙承宗栓在马后，活活拖死了，所以孙家的后人在清代是不应试的。孙岳少年时杀了一个横行乡里的地痞，为逃避官府追捕，出家当了和尚。1904年，保定武备学堂招生，孙岳身披袈裟应试，因成绩优秀被录取，毕业后在北洋陆军第三镇任排长、三等参谋。

1907年孙岳再入陆军大学第二期，在学校广泛结交反清志士，从事反清活动。在他的住处火神庙街办起了"茶话所"，秘密集会，当时父亲、刘廷森、李延玉等经常在这里同孙岳深谈，研究时局。不久，孙岳由北方同盟会创始人陈幼云主盟，张继、王法勤介绍，加入同盟会，成为同盟会河北支部的成员。他先后发展了刘仙洲等72人入盟，共同进行"驱除鞑虏、恢复中华"的反清斗争。

孙岳平时言简而要，对朋友很体贴，颇有燕赵慷慨好客之风。他唱得一口好北昆，常唱"鲁智深醉打山门"给父亲解闷，两人成为好友。以后在推翻清政府腐朽统治，追随孙中山先生继续革命，组建国民三军中结为莫逆之交[①]。

---

① 1916年冬孙岳与父亲等人摄于北京积水潭的照片。这年冬孙岳要去四川，到父亲处话别，两人"移话竟日缠绵不忍别"（见孙岳亲笔题于两人照片旁的志感）可见两人关系之亲密。照片由右至左为：孙岳、何昂（何遂长兄）、慧犬、何世庸（何遂长子）、何遂。

1909年，军校第二期毕业后，父亲到广西。孙岳仍回北洋陆军第三镇任二等参谋，驻长春。辛亥年，孙任九标三营管带，在军中联络下层军官，不断扩大同盟会在军队中的影响，积极从事反清活动。他还赞助冯玉祥、施从云等在第二十镇秘密组织反清团体"武学研究会"。武昌起义爆发后，为策应南方革命，孙岳与冯玉祥等人参与密谋滦州起义。由于少校副官吴佩孚告密，引起曹锟对孙岳的怀疑，在滦州起义前夕革除了他的职务，回到保定。1912年1月，王金铭、施从云等人发动滦州起义失败被害。

辛亥革命中，父亲随时任陆军第六镇统制、主张在清政府的心脏北方地区发动起义的"中央革命论"倡导者吴禄贞在石家庄起义，失败后到山西。在山西也站不住脚，决定去南京。路过保定时邀孙岳一路，历尽千辛万苦，九死一生，终于到达当时的革命中心南京。

对于孙岳、父亲等人的到来，黄兴很重视，他急需了解北方革命的情况，也急需孙岳、何遂这样的将才。随即委派孙岳为江北军总参谋，父亲为扬州军总参谋。两人到江北调查几天后，孙岳派人告诉父亲：江北军队的名目很多，有沪军、扬军、淮军、镇军等等，现在举他做司令，这事需要政府的认可，请父亲回南京通报此事。后由孙中山亲笔签署，委任孙岳为淮扬联军总司令，父亲为淮扬联军总参谋兼江北兵站分局长。孙岳率军驻扎长江以北，与清军作战。此间，他曾率部在徐州、宿迁等地重创辫子军张勋。后来，军队改编时，孙岳被任命为陆军第十九师中将师长。

清帝被迫逊位后，孙中山同意袁世凯当中华民国临时大总统，但必须到南京就职。为对抗南京政府，袁世凯在北京策动兵变，以北京政局不稳为由，拒绝南下就职。为了解情况，黄兴任孙岳和何遂为"调查京、津、保兵变特派员"，赴北方调查。孙岳和父亲到北京等地调查后，密电南京，望南方军队从山东、京汉线与海路同时进攻，乘北京混乱之时，一举可定大局。可是南方的妥协势力占了上风，他俩许久不见回音，只得悻悻然回到南京。

袁世凯登上中华民国临时大总统宝座后，排挤打击革命党，孙岳成为被免职的第一位将军，无奈只好到江西李烈钧处任垦牧督办，父亲戏称之为"弼马温"。

1913年二次革命爆发，孙岳被任命为北伐讨袁第一路军司令。不久反袁失败。当时父亲在陕西独立混成第四旅旅长兼陕南镇守使陈树藩处练兵。陈办了一个教导营，编制是一个军官连，两个军士连，由父亲主持。

胡景翼、岳维峻等都是军官连的学员，教导营设在同州。一天随从带进一个乡下人来，青衣毡帽，风尘仆仆，原来是孙岳。他说老家住不下去了，袁世凯要杀他，准备到华山隐居，让父亲给他筹款。父亲倾囊相助，使孙岳得以安居华山，其后常常潜来同州相聚。由于父亲的介绍，他结识了胡景翼等人，关中人士也进一步了解孙岳，为孙岳的活动提供很大方便。孙岳在华山与父亲、续西峰、胡景翼、杨虎城、续范亭、岳维峻、邓宝珊等秘密聚义，组织反袁团体"共学团"。他们在华山玉泉院以听陕西学人郭希仁讲学为名，共同策划驱逐陕督陆建章，时人称之为华山聚义。他们当中的一些人成为日后国民二、三军的领袖和骨干。因此，华山聚义为国民军二、三军的建立准备了重要的干部条件。

一次孙岳与胡景翼、邓宝珊等正在父亲家聚会，陈树藩意外来访。陈是孙岳的校友，此时已投靠袁氏势力，为提防陈出卖，孙岳辞别胡景翼、邓宝珊等人，离开陕西。父亲与陈树藩也有矛盾，不久也离开陕西。

袁世凯死后，北洋军阀分化为直、奉、皖三大派系。他们各自扩张势力，相互倾轧，争夺地盘。

1917年，孙岳回到保定，凭借与曹锟的旧日关系，在曹部军官教导团任团长。1920年，直皖战争后，当上了第十五混成旅旅长，驻保定。父亲在福建倒李厚基失败，经孙岳引荐，做了曹锟军官教导团教育长。

1922年春第一次直奉战争中，孙岳任直军西路军司令，吴佩孚令其只率三个旅的兵力，从高碑店沿京汉线北进，对付张作霖的三个师、两个步兵旅、两个骑兵旅。由于双方力量太过悬殊，致使孙岳初战失利。危急之中，父亲带小部人马奋力制止住前线的溃乱，恢复了原来的阵地，并向吴佩孚的参谋长建议：集中兵力攻下北京。吴佩孚采纳了这一建议，亲自到西线指挥。后孙岳率部在长辛店一带与优势奉军反复激战，一直坚持到战争胜利。

对战争初期的指挥失误，吴佩孚不但不承担责任，反而迁怒于孙，当着孙岳众多部下破口大骂。更有甚者，战后大小军官均有升任，连溃败之将董政国也由旅长升任师长，惟对孙岳不予晋职。曹锟虽然给他加了一个"大名镇守使"的行政官衔，但是在军力上则抽走了他的一个步兵团。吴佩孚进而又诋毁孙岳"没有能力"，"白多吃了几年饭"，还别有用心地散布"跟着他（指孙岳），不会有什么出息"。受如此对待，孙岳自然对直系首领心怀愤恨。

其后，孙岳就任第十五混成旅旅长兼大名镇守使，移驻直隶大名府。父亲任孙的参谋长，驻军邯郸。这便有了父亲提倡修缮丛台并撰写《丛台集序》碑文的一段佳话①。

孙岳任大名镇守使后，辖四十二个县，增添了守备队步兵三营，骑兵三营，孙又派他的副官庞炳勋为清剿司令，专门指挥各县的县队，孙部实力有所增强。

第一次直奉战争后，冯玉祥调任河南督军。河南是吴佩孚的老地盘，

---

① 丛台为邯郸的著名古迹，始建于赵武灵王时期（公元前325—前299年），已有2000多年历史，故称武灵丛台。清同治年间曾重修，是一个方圆1100多平方米，高28米的三层青砖高台。父亲在此驻军时，常与军中同事登临丛台，谈古论今，赏燕赵美景。但丛台因年久失修，油漆剥落，杂草丛生。父亲倡议重修丛台，并与孙岳、胡景翼及岳维峻等共同集资，请当地士绅出面主持。

丛台是著名古迹，李白、杜甫、白居易等文人墨客以及乾隆皇帝等都曾登台挥毫题诗，抒怀言志。丛台修缮竣工后，父亲集历代诗文、掌故编为《丛台集》，亲自作序。《丛台集》1922年石印出版，现藏国家图书馆。父亲所作《丛台集序》记述了丛台的历史、名称的由来，重修的概况，并表达了对保护文物古迹的见解，极富研究、考据价值。此序经邯郸名人、书法家王琴堂书丹，立碑于丛台第二层西南方。"文革"被推倒，现已修复。《丛台集序》碑由两块巨石相拼而成，青砖砌碑楼，碑高1.9米，合宽1.5米，正文分镌碑正、背两面，共36行，满行24字，共864字。碑文字迹苍劲、流畅，为书法珍品。碑阳面的碑头纹饰为三幅式，额篆书，右为"丛台"，左为"古迹"。碑阴面碑头纹饰同前，额篆书，右为"灵武"，左为"旧迹"。碑文后附有父亲撰写的丛台怀古诗二首。

现今的丛台，经过修缮和改建，仍然保存着古代亭榭的独特风格，气势雄伟，建筑精美，犹如一个昂首挺胸，坐北向南，拔地而起的"英雄武士"，耸立在邯郸市中心，为中原地区游览胜地。1999年被推荐为百家"全国名园"之一。2002年10月12日，我国国家邮政局与斯洛伐克联合发行《亭台与城堡》特种邮票一套二枚，其中一枚为中国"邯郸丛台"。这套邮票的发行，大大提升了邯郸和丛台在世界的知名度。而《丛台集序》碑则成为丛台不可分割的有机组成部分，石碑与东半部高大的据胜亭相映成趣，引人入胜。

吴对冯处处掣肘，冯不甘心俯首听命。因此，冯与吴的矛盾十分尖锐。后来冯实在做不下去了，调任没有实权的陆军检阅使，驻兵北京南苑，冯对自己的处境十分不满。

胡景翼在第一次直奉战争后调离陕西，驻地是顺德到安阳铁路沿线地区，这样胡军便与驻守大名的孙岳军连成一气。胡景翼还请父亲替他轮训军官，在邯郸设立陕军第一师教练所，三个月一期，共办了半年，父亲主持的教习所进一步加深了孙胡两支部队的关系。

由于冯、胡、孙在直系中处境都不如意，加之他们对当时腐败、混乱的政局不满，所以联系逐渐密切，在第二次直奉战争前形成了直系内部的反直三角联盟。

二　北京政变

第一次直奉战争后，曹锟、吴佩孚把持了北京政权，政局更加混乱。吴佩孚有恃无恐，要以"武力统一中国"。他北拒奉军，西掠四川，南攻广东，并残酷镇压各地工农运动；曹锟收买猪仔议员贿选总统，闹得乌烟瘴气。曹锟贿选的筹款，大名辖区也摊上一份，由曹锐（曹锟弟，时为直隶省长）交孙岳一份名单，说是"金丹犯"（以海洛因为主要材料，用面粉等合成的药丸，名为金丹，贩运金丹是违法的，故称"金丹犯"）。孙岳不得不命大名县长按名单抓人，绅士们叫苦连天。这一次，大名献交了三十二万元。地方绅士遭遇尚且如此，一般百姓就可想而知了。孙岳对曹、吴的倒行逆施极为愤慨。

曹、吴所为激起全国各界人士的强烈反对。1923年10月8日，孙中山在广州召开会议决定：通电讨曹，并联合张作霖、卢永祥采取一致行动。为加快倒直步伐，在直系内部联络革命力量，孙中山一方面直接与冯玉祥通信，"争取早日有所行动"；一方面派周震鳞、李石曾等秘密联络北方将领孙岳、胡景翼等人。

孙岳与冯玉祥早在滦州起义前就相交甚厚，二人在政治上有着共同的进步倾向，在直系中又都受到吴佩孚的排挤，因此都有倒直的意愿。1924年9月10日，他们在北京南苑昭忠祠的一个草亭内就推翻曹、吴之事举行秘密会谈，史称"草亭密议"。"草亭密议"后，孙岳前往胡景翼处进行联络，与其密谈了在京与冯玉祥会谈经过，胡闻之大喜，即派部下岳维峻去京见冯，表示绝对服从指挥。接着，孙岳又策反了直鲁豫巡阅副使王承斌。

1924年9月15日，奉军向朝阳、渝关（今山海关）发动进攻。17日北京政府宣布对张作霖的讨伐令。当日，吴佩孚在中南海四照堂设总司令部，调兵遣将，分兵三路迎战，自任讨逆军总司令，王承斌任副总司令兼直隶后方筹备总司令。彭寿莘任第一路总司令，沿京奉铁路，出兵山海关，与奉军主力作战；王怀庆任第二路总司令，出喜峰口，趋平地泉、朝阳；冯玉祥任第三路总司令，出古北口，趋赤峰。另有张福来任援军总司令，杜锡圭任海军总司令。9月18日，第二次直奉战争爆发，直奉在热河到冀东的战线上，爆发了空前规模的战争。

吴佩孚任命冯为第三路总司令，自有他的打算：从北京到热河一线十分荒凉，大部分地区百里无人烟，交通运输极为困难，大军前进异常危险。对于军饷、粮秣、服装、武器弹药，吴概不供给，沿途也不让设兵站。吴想借这次战争，把冯部调离京畿，并把这部分力量消耗在贫瘠荒凉的长城以外。吴要冯就地筹办军饷，而后欲以搜刮民财的罪名处置冯。吴还派副司令王承斌为监军，监督冯部的行动。又命第三路援军司令胡景翼率军尾随冯部，并授意胡，如冯有异动，可就地解决。

吴佩孚作战动员会议之后，冯玉祥向曹锟建议："十三师开赴前方。北京防务空虚，最好把孙禹行的十五混成旅调来拱卫首都。"曹锟和孙岳关系本来不错，加之曹的妻子孙菊仙是孙岳之妻崔雪琴的义姐，因此关系更加密切。所以冯玉祥提出调孙岳进京的建议，曹锟非但不生疑，反而认为是关心首都安全，欣然应允，即命孙岳率部抵京，委以京畿警备副司令之职。10月1日孙岳从大名率部来京就职，将司令部设在校尉营贤良寺。为把握举事的主动权，他安排自己的得力副官门炳岳当了巡防处处长，派出马步兵在各街来往巡查。

吴佩孚对冯玉祥的挤兑和排斥，坚定了冯发动兵变的决心。在吴再三催促下，9月21日，冯先头部队出发，至24日才开拔完毕。冯以步兵一营留守北京城内旃檀寺冯的司令部，命蒋鸿遇为留守司令兼兵站总监，办理后方一切事务。另有河南招募的新兵万人，编为三个补充旅，分别以孙良诚、张维玺、蒋鸿遇为旅长，借口留在后方训练，未曾开拔。而开拔部队，每天只前进二三十里，经怀柔、密云，于10月1日才到达古北口，冯部以筹措给养为名，停止不前。

直军在山海关屡战不利，10月7日，九门口弃守。12日，吴佩孚亲往前线督战，并将驻长辛店、丰台一带的精锐第三师悉数调往山海关前线，致使后方空虚。冯玉祥见政变时机成熟，即派参谋长刘骥持亲笔函回京与父亲（代表孙岳）及胡景翼部的岳维峻、邓宝珊会于通州，告以即日班师的决定。在得到胡景翼、孙岳的支持后，冯当机立断，于10月19日在滦平召开高级将领会议，决定立即秘密回师。22日，冯军将领鹿钟麟等部抵安定门，孙岳及父亲等布置守军开城门迎入，凌晨5时鹿军已遍布市区。孙岳部也拿出事先准备的有"不扰民，真爱民，誓死救国"字样的臂章戴上，与冯军合而为一。他们占领车站、电报局、电话局等交通通讯机关，切断了北京与外部的联系，用大车堵塞通衢要巷，以应付可能发生的战斗。第二天晨6时许，鹿钟麟来司令部报告：各预定目标均已占领，只有总统府卫队团尚未缴械，要孙岳设法处理。孙岳找父亲商量解决办法，父亲找来营长顾海清（顾的父亲是曹的拜把兄弟，顾从小就拜曹为"干爹"）晓以大义，并说明只要卫队一抵抗，曹的性命就不保；只有放下武器，才能保证曹的生命安全，而且应允缴械后的队伍全部归他带领。于是顾去中南海延庆楼见曹锟，大哭一场，告诉他外面发生的一切，曹知道大势已去，无奈只好下令卫队向孙岳缴械。这样，不放一枪，不耗一弹，不惊鸡犬，一夜之间完成了北京政变。

10月23日下午，父亲和冯玉祥的参谋长刘骥、旅长李鸣钟与内阁总理颜惠庆交涉政治善后事宜，迫使软禁中的曹锟下令停战，撤销讨逆军司令部，解除吴佩孚本兼各职。

在山海关前线督战的吴佩孚得知北京政变的消息后，慌忙把对奉作战事宜托付他人，自己率师返京企图挽回危局。在河北杨村一带与冯军展开激战，被冯军击溃。吴见大势已去，于11月3日仓皇从大沽口乘"华甲"军舰逃往南方，从此直系主力退到长江流域。

冯玉祥回京后在旃檀寺司令部召集会议，胡景翼、王承斌、孙岳及父亲等出席。会议首先决定致电孙中山，邀请孙北上主政，并决定组建国民军。

冯玉祥认为曹锟贿选政府不容继续存在，推荐由黄郛组织过渡性摄政内阁，行使大总统职权。在讨论内阁成员名单时，冯玉祥问父亲想干什么？父亲说"我对航空很感兴趣"，于是父亲当上了国民军航空司令。11月2日，黄郛摄政内阁成立，北京政府任命父亲为航空署署长，授衔空军中将。父亲成为中国第一任航空署署长。父亲之所以对航空很感兴趣，是因为他于1916年底至1918年曾代表中国军方赴欧洲参观第一次世界大战，其间还赴美考察，对空军在现代战争中的作用有所了解，认识到要使中国富国强兵，就必须建立现代航空业，他很想有所作为。他的想法未免天真，航空署长只当了一年多就被段祺瑞免职。

北京政变后，冯玉祥等决定驱逐溥仪出宫，父亲积极支持此举。1924年11月4日，黄郛摄政内阁通过了《修正清室优待条件》。次日，北京警备司令鹿钟麟、警察总监张璧会同社会知名人士李煜瀛，奉命到紫禁城与清室交涉，溥仪被迫接受《修正清室优待条件》。11月5日，溥仪等迁出紫禁城，故宫成为博物院。

驱逐溥仪出宫，是辛亥革命的继续和发展，是一件具有重要历史意义的事件，它从根本上清除了封建皇权的象征，完成了辛亥革命没有完成的任务。

说来有意思的是父亲与溥仪的再次相聚。1959年中华人民共和国成立十周年前夕，毛泽东决定大赦一批包括溥仪在内的在押高级战犯。他们出狱后，首先面临的是住房问题。当时我家住在西四帅府胡同（现改称西四北二条）一座四合院里，因常住人口不多，只用了北房和东房，南房和西房都空着。听说这批人放出来要找地方住，父亲主动向有关部门提出可以住到他的院子里来。我家的四合院于是一下子住进了五位前国民党军高级将领，他们是上将宋希濂、杜聿明、山东省主席王耀武、中将周振强、少将杨伯涛。

溥仪不止一次来过这座小院，还记了日记。他是来看望住在这里的战犯朋友的。听说父亲也住在这里，便到北屋拜访。末代皇帝与当年的革命党人于三十多年后再次见面，相谈甚欢，恩仇全泯。溥仪和李淑贤结婚后，两人还一起到帅府胡同看望父亲，父亲兴致很高，当场作画恭贺新婚。

再说北京政变后，冯玉祥等人的另一项重大举措是邀请孙中山北上。冯玉祥、胡景翼、孙岳单独或联合众将领电请孙中山迅速北上主政。父亲对孙中山先生非常崇敬，认为要扭转当时中国的政局，带领中国走上强盛的道路，非孙中山先生莫属，因此积极参与促孙北上。11月7日孙中山复11月4日冯玉祥、胡景翼、孙岳等二十余人具名及胡景翼单独具名的两份电报中便有父亲的名字。电文充分肯定了北京政变的重大作用，并表示："文决日内北上，与诸兄协力图之，先此奉复。"①

孙岳和父亲是北京政变的积极参与者，没有他们的参与，北京政变不可能这么顺利地成功。北京政变是中国近代史上的一件大事，推动了历史的发展，孙岳和父亲在这一历史事件中功不可没。

三 国民三军

国民军的称号是孙岳首先提出来的。北京政变后在旃檀寺冯玉祥的司令部召集会议讨论组建自己的军队时，冯问："我们此次首都革命，这些军队该如何称呼？"孙岳首先说："我们军队是国民的军队，当然该称国民军。"大家都表示赞同。于是，决定正式成立中华民国国民军（简称国民军）。会议决定冯玉祥、胡景翼、孙岳所部组成国民军，下分为三个军，冯玉祥为总司令兼第一军军长，胡景翼为副司令兼第二军军长，孙岳为副司令兼第三军军长。父亲任第三军参谋长，兼暂编第四师师长。会议还议定在北京设立国民军联合办事处和总军法处。从此，中国北方出现了一支从直系军阀中分化出来的倾向国民革命的军队。这支军队的出现，对于中国北方革命运动以至全国政治军事形势的发展产生了深远影响。

国民军成立后，孙岳奉命率国民三军进军保定，消灭曹、吴的残余势力。当时盘据在保定的是直军曹世杰部。

孙岳所部虽号称国民军第三军，但实际只有一旅多人。成军后在很短时间得到迅速发展，至为关键的是得到大批军火粮饷，这与父亲关系极大。

进军保定前，父亲得报，直军的总兵站设在北京，迅即命令贴上第三军兵站封条，并派一连人驻守。可是这一连人很快被冯部包围，物资眼看不保。情急之中父亲直接给冯玉祥打电话，冯立即命令将军队撤走。这样第三军得到可装二三十列火车的粮食，还有大批军火、军械、被服、汽油等物资。打下保定后，又占领了直军的总军械库，里面有从李鸿章做北洋大臣时就集中的各种军械，堆积了好几间大库房。

保定战后，孙岳听说段祺瑞要出山主军，便派父亲进京向冯玉祥报告战况，并到天津见段。父亲在天津宫岛街段宅见到段祺瑞。段对父亲很客

---

① 《孙中山全集》第11卷，中华书局1986年版，288页。

气，并写了一张正金银行十万元的支票送给父亲，特别说："这是我给你的，随你怎么花吧。"意在拉拢。父亲回到保定将此款交给孙岳，悉数用于部队开销。有了这一大批物资、钱财，第三军在短期内迅速从三四千人扩充为十万大军。

打保定时，用上了航空署的飞机。当时徐永昌的部队已到定县一带，而徐因事还在北京。父亲便调动航空署的飞机，将徐永昌迅速载到定县，指挥他的部队及庞炳勋一团合围保定。曹世杰看形势不妙，开城投降，于是第三军有了一块立足的地盘。

孙岳进驻保定所做的第一件事，就是下令释放关押在保定第一监狱的陈历懋、吴春浮、何立泉、白月岳等参加"二七"大罢工的工运干部。各地工会均为此致电、致函表示感谢。

孙岳此举，使京、津、保等地的工会得以恢复。他在保定还同意共产党建立妇女联合会、农民协会、反帝大同盟等革命群众组织。

孙岳带兵军纪严明，军队进驻保定，严禁官兵抢劫，保护驻地居民财产。一次某部四连连长孙伯航看到营长石黎元所住的民房中有几件称心的家具，便倚仗孙岳是其叔父，不听劝阻，强行搬走。孙岳极为气愤，下令就地正法，以正军纪。后被其他军官掩护，方得逃生。不久，冯玉祥率第一军由北京向热河、察哈尔一带发展，胡景翼在漳河以南抵御吴佩孚组织的反扑，占领了河南大部地区。孙岳的第三军在保定、大名经过一段休整后，由父亲任第三军前敌总指挥兼第十五混成旅旅长，南下援助胡景翼。一路势如破竹，长驱直入，相继占领安阳、开封。吴佩孚自天津绕道洛阳，对国民军的几次反扑都遭失败。至此，国民军二、三军的防区连成一片，控制了河北、河南的大部分地区。接着，孙、胡合兵一处，击溃死跟吴佩孚的最大土匪势力憨玉琨，攻取了洛阳，吴佩孚逃往汉口。在国民二军的配合下，孙岳率第三军乘胜进军陕西，进驻西安，做了陕西督军，第三军的势力直达甘陕边境。国民军控制了黄河流域及以北的大部地区，与奉军形成了驻地相接、势均力敌的军事对峙局面。

在进军陕西前，父亲和孙岳有一个向西北发展计划。他们曾深谈过数次，一致认为河南、河北自古是四战之地，现在的局势是西有阎锡山伺机出山；北有张作霖欲图称霸；南有吴佩孚企图卷土重来。第三军实力有限，绝对不能在这个地区长久立足，而甘肃省以西没有一支新式军队，易于发展，而且甘肃还有熟人，他们表示欢迎第三军入驻甘肃。所以父亲和孙岳的计划是先据陕西，然后到甘肃立足，由甘肃再向新疆发展，在甘新一带搞一长时期的军事割据。

父亲满腔热诚地希望实现这一计划，他崇拜孙中山，信奉三民主义，并且力图身体力行这些政治主张。苏联顾问的到来，使父亲看到了实现这种主张的希望。当时国民军中聘有几十名苏联军事顾问，他们的言行使父亲思想上深受影响。记得父亲很动情地和我谈起过他记忆中的苏联军事顾问："他们生活很朴素，穿的是粗布制服，吃的也很简单。工作特别认真，属于他们管的事情，一定要过问到底。对我们很尊重，经常征求我们的意见。中国共产党就是向他们学的。"父亲认为，苏联是真心帮助中国的，占据甘肃、新疆后就能取得苏联的援助，孙中山先生的政治经济主张就有可能实现。孙岳对此表示赞同。

然而就在第三军进入西安，甘肃派人来催第三军入甘时，孙岳的态度突然变化。原因在于他们的西进计划首先遭到冯玉祥的反对，冯把甘肃当作他发展势力的地区，当然不愿第三军向西北发展。同时，冯玉祥出于军事上的需要，为保持国民军防区的完整，欲图让孙岳驻军直隶。此外，北京政府中一些与孙岳关系较深的人怕孙走后，对他们的地位不利，便放风说："孙二哥不要故乡了"，还动员其亲属日夕劝孙回师，于是孙岳决定回师河北。

父亲见孙变卦，特去见孙，说到后来，几乎吵起来，但也未能使孙岳同意西进。父亲的理想计划付诸东流，愤然离开第三军到日本游历考察。

父亲从日本回来时，国民军的势力得到很大发展，控制了京畿地区，取得了热河、直隶和山东的部分地区，加上原来控制的河南、陕西、甘肃三省及绥远、宁夏、察哈尔，其势力达到了该军成立以来的顶点，孙岳当上了直隶督办兼省长。面对蓬勃发展的革命形势，各派军阀认识到如果不能扼制国民军与南方国共合作的广东国民政府的发展，不能消灭这"南北二赤"，他们统治的根基就要动摇。于是，决定建立各派军阀之间的"反赤"联盟。直奉军阀制定了"先北后南"的战略方针，即"先扑灭北方之赤化，然后再扑灭广东之赤化"。

奉直军阀无论在总兵力上，还是在武器装备和资源配置等方面都大大超过国民军。同时，国民军由于势力扩张太快，内部也矛盾重重。在直奉军阀的联合进攻下，国民军退出河南、河北，冯玉祥在各方压力下，于1926

年初通电下野，孙岳接任对奉作战前敌总指挥，困难重重。此时孙岳让李烈钧把父亲请来，希望父亲替他办理军队后事。父亲不忍推卸，于是在败局已定的情况下，就任第三军代理军长。

其时，冯驻北京的队伍是鹿钟麟部，鹿要父亲出面和直军联系，让直军暂缓进攻，国民军自动撤出北京。父亲两次冒险进入直军防区，最后与直军前敌总指挥田维勤同到北京，和鹿钟麟当面接洽。1926年4月，国民军撤出北京，退守以南口为中心的既设阵地。从1926年4月下旬至8月中旬，直奉鲁晋军阀组成"讨赤联军"，从察北多伦至直隶易县并延伸到晋北的两千余里战线上，向国民军联合发起进攻。因其攻击的中心在京西南口，故称"南口大战"。第三军（由徐永昌率领）防守从怀来到蔚县一线。父亲在奉军入京后，潜赴上海。

在此期间发生了段祺瑞政府开枪镇压北京民众的"三一八"惨案。孙岳极为气愤，3月21日通电全国，决定"自解直隶督军本兼各职"，以示与段祺瑞决裂，对孙岳的这一决定，父亲极为支持。

国民军撤出北京后，孙岳随军退至包头，9月抱病参加五原誓师，欲图加入北伐行列，继续与军阀作战，但病情加重，不得不去上海就医。1928年5月27日病故，终年50岁。这时父亲正在广州任黄埔军校代校务（代理校长），未能送别孙岳将军，成为终生憾事。孙岳去世后葬于北京西郊温泉镇温泉村显龙山，陵墓由冯玉祥主持修建，现为市级文物保护单位。1955年父亲调京后，第一次出城就是带领儿孙辈拜祭孙岳将军，在孙将军墓前深情回顾往事。以后又撰写了《关于国民军的几段回忆》一文，成为国民军研究的重要史料。

南口大战后，徐永昌任第三军代军长，率所部（第一师）及第三军愿撤西北者退集包头。1927年徐率第三军入晋，接受阎锡山军饷。1928年5月，孙岳病逝，徐抛弃国民三军旗号，正式投靠阎锡山，成为晋军的一个重要组成部分，国民三军就此终结。

作者简介：
何仲山，中央党校教授，国民军将领何遂之子（何遂时任国民三军参谋长兼第四师师长）。

从查找父亲吕汝骥的老病历到对国民军的认识

吕植中

　　父亲吕汝骥1920年毕业于保定直隶军官教导团，此后的几十年间，一直在部队带兵。母亲曾告诉过我们，父亲年轻时在一场战斗中，腿被打断了，是在协和医院做的接腿手术。可我从未听父亲提起过此事。我知道父亲早年曾在旧军队服役，在现实生活中很不愿意提起往事，我更是不敢问及这些事情，生怕勾起往事回忆，而招致不必要的烦恼。直到1979年父亲去世，腿伤的谜底也未揭开，我想我永远也不会知道父亲是何时何地在什么战斗中负的伤了。

　　2001年，得知北京中山堂筹备《孙中山与北京》展览时找到了1925年孙中山在协和医院的住院资料。受此启发，我怀着一丝希望来到北京协和医院，也想查找父亲的住院病历，以弄清到底父亲是在什么时间什么战斗中负的伤。

　　走进医院，来到挂号处窗口，说明来意。"病历号"？值班人员把我问蒙了，我怎么知道解放前的病历号呢？"姓名"？我忙答道："吕汝骥"。只见值班员熟练地在计算机键盘上敲打着，不到10秒钟，递给我一张挂号卡，同时告诉我到四楼病历室取病历，我脑子里充满疑问：解放前的老病历就这么容易找到了？莫非是重名？我带着一堆问号上了四楼。病历室值班员告诉我，这份病历在库房保存，需四天以后来取。

　　四天后再次来到病历室，眼前的情景更增加了我的疑问，我看到值班员手中的病历是那样干净整齐，封皮、封底均为牛皮纸的病历没有一张纸卷皱，这与我经常看到的参差不齐、凌乱无序的病历形成鲜明对照。凭经验判断，这份病历的历史超不过十年。"这是我要找的那份病历么"？我充满疑虑地问，并提示值班员核对病人的出生年月。果然与父亲相符，我顿时兴奋起来。为了慎重起见，我再次提示值班员："您看这份病历是否为诊断腿伤？如果是，那肯定就是我要找的父亲的老病历"。"对不起，病历全部是用英文写的，您稍等，请我们主任看一下"。值班员客气地回答我后转身进了里屋，不一会儿，一位戴着眼镜的年长的大夫拿着刚才那份病历走出来，对我讲："您请进来，这是治疗腿伤的病历"。瞬间，心中的疑团全都消散了。经这位主任讲解，父亲当年右腿大腿股骨三分之一处骨断，住院实施接腿术，入院时间为1926年2月25日，6月28日出院，病历首页亲属一栏内是父亲的好友、保定直隶军官教导团同班同学续范亭的签字。整本病历竟无一页破损，上世纪20年代的老病历居然保存得如此完好，惊喜之余我真佩服协和医院的管理水平。

我知道父亲1926年在国民三军任职，为了弄清父亲是在哪场战役中负的伤，我开始查找国民军史料。但有关介绍国民军的史料很少，也不系统。直到2002年，我随民革中央赴台访问，偶然的机会，使我对父亲的腿伤有了清楚的了解。

访台期间我拜访了父亲的故旧徐永昌将军之孙徐良治。父亲在军官教导团学习时，徐永昌为教育长，1920年父亲从教导团毕业，到陕西参加靖国军投入护法运动，1924年冯玉祥、胡景翼、孙岳发动北京政变，组建国民军，父亲被编入国民军第三军第一混成旅第二团第二营任少校营长，第一混成旅旅长就是徐永昌。此后，一直跟随徐转战多年。徐良治送给我一本徐永昌将军撰写的《求己斋回忆录》，因孙岳生病期间，徐长期代行第三军军长一职，回忆录中徐详细记述了有关国民三军的所有重要事件。我意外地在书中发现了有关父亲负伤的记载及当时的背景：1926年初，国民军与直奉军阀在津南沧州、清县等地激战，仗打得十分艰苦，由于此时国民军总司令冯玉祥出访苏联，国民军代总司令孙岳和国民军总顾问李烈钧亲临战事激烈的清县为国民军将士鼓气，徐永昌指挥的国民三军一师伤亡很大，被迫撤往京津。"吕汝骥团长在清县重伤断腿住在协和医院"。至此，父亲负伤的时间、地点及战役等全部清楚了。

长期以来，在我的脑海里，1926年发生在中国南方的国民革命军进行的北伐战争，是第一次国共合作的大革命运动的高潮，而北方的战事似乎是与军阀混战联系在一起的，为了弄清这段历史，我查找了相关资料。

1924年10月23日，冯玉祥、胡景翼、孙岳共同发动北京政变，将溥仪驱逐出紫禁城，推翻曹锟贿选政府，邀请孙中山北上主政。北京政变是延续辛亥革命推翻帝制、走向共和的重要一步。11月12日孙中山在广州各界为其北上而举行的欢送会上，谈到北京政变时说："这次虽然没有彻底成功，但可相信革命在北京有可以运动的余地，北京可以作革命的好地盘。革命要在北京成功是可能的，并不是不可能的"。"这次北京的变动，不过是中央革命的头一步；头一步通了，再走第二步、第三步，中央革命一定是可以大告成功的"。11月25日孙中山北上途经日本神户，在当地为其举行的欢迎会上，再次谈及北京政变："这回发生的政治上的大变化，这回变化之中，有一部分革命的力量"。可见，此后发生的轰轰烈烈的国民革命与北京政变是有着重要的联系的。

北京政变时，父亲在孙岳部任营长，不久这支部队改组为国民三军。听父亲讲，国民军在当时是一支进步的力量。国民军聘请苏俄顾问，军内还有许多共产党人做政治思想工作，他们后来有的成为中共的高级领导人。记得父亲曾跟我们讲过他曾聆听过冯玉祥讲授的三民主义和国民党第一次全国代表大会宣言，当时父亲任国民三军骑兵团长，1926年有幸参加了在陕北神木县军官训练班的培训，军官训练班聘请的教员都是共产党员，这些教员经常与他们促膝谈心，讲解革命的意义，经过培训他们认识了革命的真髓，增添了革命的力量，懂得了革命是有代价的，这是最后的斗争……父亲还记得当时在训练班经常唱的一首歌的歌词是"打倒列强，打倒列强，除军阀，除军阀……工农兵学，工农兵学，大联合，大联合……"

1926年初，由于广东革命政府军事力量还较弱，中外反革命势力把国民军视为首要敌人，北方的各种军阀以"讨赤"为口号对国民军进行围剿。在此情况下，冯玉祥被迫下野，孙岳代行国民军领导职务，国民军处于众多军阀的包围之中，处境十分危险。就在此时，中国共产党以民族解放为己任，相继发布多个文件，倾力支持国民军。

1月19日中共中央发出通告，坚决反对军阀对国民军的进攻，指出："此时均须极力鼓吹人民，国民军、国民政府一致反奉的联合阵线"，"应与人民联合继续反对奉系军阀及一切卖国军阀"，并要求"广州国民政府出兵北伐，督促国民军不犹豫的、不妥协的"。2月7日中共中央就北方军阀联合进攻国民军发表了《告全国民众书》，号召全国的革命民众"应该一齐起来集中于这一步工作——打倒吴佩孚，援助国民军"。2月21日至24日，中共中央在北京召开了特别会议，决定"党在现实政治上主要的职任"是从各方面准备北伐。因此，对国民军的命运给予高度重视，在一定程度上肯定了国民军的革命性及其在中国革命中的战略作用，认为：

"北方国民军固然漫无中心，还决不是革命的人民的武力，可是他们确是站在反帝国主义战线方面"。在会议通过的《北方区政治军事工作问题》的决议案中指出："现在的国民军，便是从旧军阀中分裂出来的左派，在数月中的事实中，已颇表现其反帝国主义反对反动军阀之倾向，并能相当接近民众"，所以"在北方目前的军事工作，唯一是在帮助国民军。所以须加强在国民军中的工作，帮助国民军成为民众抵抗帝国主义与反动军阀之有力的武装，并须从中造成一部分真正的国民革命的武装势力"。此间，共产国际执委会第六次扩大会议做出的《中国问题决议案》指出："国民军在华北之成立及其反对军阀之斗争，乃是民族解放运动的重大成绩，它们与广州军队共同成为建立中国民族革命民主军队之基础。"3月，国民军接受李大钊领导的中共北方区委的建议，将主力退出京津地区，撤至昌平南口一带，以便利用有利地势，保存实力。同时，拖住军阀队伍，支援南方国民革命军北伐。

1926年4月，北方各路军阀组成"讨赤联军"，总兵力50余万人，兵分五路向退守南口的国民军发动攻势。此时，广东国民革命军仅有10万人，而北方军阀则有70余万兵力。广东革命政府正是看到中外反革命势力正把主要矛头对准国民军，而无力顾及南方革命军这一有利时机，认识到一旦北方军阀结束了对国民军的围剿，必然会回师南下，全力迎战广东革命政府，因此，须抓住有利时机尽快北伐。6月4日，国民党中央正式通过了国民革命军出师北伐案，7月1日，国民政府军事委员会颁布北伐动员令，7月4日，国民党中央委员会发布《中国国民党为国民政府出师北伐宣言》，7月9日，国民革命军在广州隆重举行誓师阅兵式，10万革命军兵分三路，从广东出师正式北伐，第一次国共合作发动的北伐战争正式宣告开始。7月12日，中共在上海召开了四届中央第三次执行委员会扩大会议，通过了《中共中央第五次对于时局的主张》，号召全国民众积极推动和响应北伐，迅速扩大民众运动，巩固革命的联合战线，推翻国内军阀与打倒帝国主义。一时间，北伐战果捷报频传。

广东国民革命军出师北伐后，吴佩孚企图尽快结束北方战事，将直系主力调往南方。就在这时，李大钊和中共北方区委成功领导了吴佩孚部所属的许权中部起义。后起义部队加入南口固守战，破坏了吴佩孚南下增援的计划，有力地策应了北伐军在两湖的军事行动。

虽然国民军最终于8月由南口撤退至绥远，但在长达4个月之久的战斗中牢牢地将反革命军阀势力拖在北方，使其一直不能将主力面对南方的国民革命军，为南方国民革命军北伐创造了绝无仅有的良机。可以说1926年夏季广东国民革命军在北伐中能够顺利进军，取得两湖战场胜利，与北方国民军浴血奋战，做出的巨大牺牲是分不开的。而国民军能够在北方开展反对各路军阀的斗争，同样是与共产党和共产国际的大力援助分不开的。所以，国民军在北方与反动军阀的斗争决非是军阀混战，而是第一次国内革命战争的重要组成部分，是第一次国内革命战争的北方战场。南口大战是在中国共产党、苏联和共产国际指导和帮助下，为了抗击帝国主义及中国的反动势力，在战略上配合广东国民革命军北伐而进行的正义战争。

在共产党的帮助下，9月17日，国民军在绥远五原誓师，宣布集体加入国民党，公开参加国民革命。父亲腿伤治愈后再次投入到轰轰烈烈的北伐战争中。后来还参加了南京国民政府进行的"北伐"，一直打到消灭直鲁军阀的最后一仗。1928年9月，北伐军与直鲁军阀联军在滦河胶着数日，直鲁联军以滦河为屏障，南京国民政府的北伐军久攻不下，就在此时，父亲率领第三集团军骑兵旅在滦河最下游涉河，进行大迂回，突然杀回马枪，一举夺下直鲁军阀联军的最后堡垒——滦州城，由此宣告了南京国民政府进行的"北伐"结束，这一天是1928年9月13日。徐永昌在《求己斋回忆录》中记述了这段历史。

在中国近代史上，国民军的番号虽然只存在两年多，但在共产党的帮助下，国民军为中国的民主革命和民族解放做出了杰出贡献，特别是在抗日战争中，曾经的国民军将士为中华民族的解放事业做出了巨大贡献。

今年是中共建党90周年，辛亥革命100周年，也是第一次国共合作发动北伐战争以及南口大战85周年。谨以此文向先辈们在国民军中为反对帝国主义和北洋军阀在中国的统治、为中华民族的解放事业和为了国家统一做出的杰出贡献表示敬意。

作者简介：

吕植中，民革市委原秘书长，国民军将领吕汝骥之子（吕汝骥时任国民三军第一师一旅一团团长）。

南口——父亲走上革命道路的起点

孟 迅

我的父亲孟庆山1925年在北平投军加入了冯玉祥的国民军。因为从小家境贫寒，小小年纪就给地主家做杂活，练就了一副强健的体魄，当时只有19岁的父亲随即被编入了警卫第二旅三团九连，并很快被提为班长，第二年4月随部队开到南口，由卫队团团长季振同率领镇守居庸关关口，在四个月艰苦卓绝的南口大战中因战功升为排长，从此走上革命道路，从五原誓师到宁都起义，直至抗日战争，解放战争胜利，成为一个坚定的革命者，走过了光荣的革命历程。

小时候常听父亲说起南口战斗的惨烈，当时他们在居庸关附近的葵花峪战斗中伤亡惨重，副团长牺牲，身边的战友一个一个倒下，而他们从未想过退却。那时父亲还很年轻，刚刚二十挂零的年纪，根本不懂得什么是革命，只知道自己是在同南方国民革命军南北两线并肩作战，是向反动军阀开战，而打垮了反动军阀，北伐成功，实现孙中山倡导的三民主义就是革命。就这样，南口成为父亲走上革命道路的起点。

国民军使父亲成了一名武功过硬的优秀军人，而共产党和红军则使父亲成了一名无产阶级革命战士，成为冀中抗日根据地的主要创始人之一。父亲戎马一生的经历见证了国民军的历史和人民军队的发展壮大，他的光荣经历不仅获得了人民的敬仰和爱戴，也获得了党和国家给予的无上荣誉。在为父亲自豪的同时，作为革命后代，我们也深感自己责任重大。光荣和荣誉属于父辈，后辈们要珍惜他们用热血创造的荣誉，自爱自重，不仅我们本身要保持、继承父辈的优良传统，自力更生，艰苦创业，更有责任和义务教育子孙后代们牢记历史，将先辈们的优良传统发扬传承下去，凭自己的能力做一个对社会有用的人。

如今，脚下的这片土地就是八十五年前父亲战斗过的战场，能在纪念辛亥革命一百周年和建党九十周年之际在此和大家共同参加这个活动，这本身就是殊荣，我更深深体会到了先辈们当年甘冒生命和热血艰苦奋战的意义所在。八十五年过去了，人们仍然没有忘记他们，那些在这片土地上坚守了整整四个月的国民军将士以及数万牺牲于此的烈士。因为他们的牺牲是为了更多的人更好地活着，他们是为了更大多数人的利益在战斗。正因如此，后世永远不会忘记他们！

作者简介：

孟迅，国民军将领孟庆山之子（孟庆山时任国民军排长，后参加宁都起义）。

孟庆山简介

孟庆山（1906—1969），原河北省军区第一副司令员，少将军衔，同时被授予二级八一勋章、一级独立自由勋章、一级解放勋章。1969年2月17日在天津病逝，享年63岁。

1925年加入国民军，南口大战时为警卫第2旅3团9连班长，排长，五原誓师时晋升为连长，中原大战时晋升为副营长，战后由孙连仲部第26路军整编，随后参加了宁都起义，时任排长。1934年10月随中央红军长征，到达陕北革命根据地后，入抗大二期学习。"卢沟桥事变"后被中央派往华北开辟敌后抗日根据地，开展游击战争，并从事冀中抗日根据地的开创工作。1938年5月，任冀中军区三纵队副司令。1939年8月孟庆山当选为七大代表。1947年1月调冀中区任党委武装动员部部长、冀中军区副司令员。1949年省军区成立后，任石家庄军分区司令员。

走进历史的天空

——"南口大战"之多伦战役中的我的父亲

席丽明

一、初显骑兵指挥才华

黄昏，一队身着蓝色军装，骑着战马的官兵刚从激烈的战场上撤退到这里。散乱的马蹄声与无力的口令声打破了这片群山环抱较为平坦的山坳里的寂静。这山坳易守不易攻，山坳只在东面与西面有两个可以进出的山口。

一位肩上与腰部斜挎着一条黄绸带的蓝军指挥官在布置着兵士进行修整，又开始修筑防御工事了：他们在一块较为平坦的小山丘上设置指挥所，在一棵小树下清理着弹药；大队人马疲惫得就地而坐；十几个兵士提水饮马。蓝军刚安顿了军营，整顿了军马，忽然，从南面的山口处传来了一阵喊杀声，一队身着红色军装，骑着战马的官兵，声势浩大的冲进了山口上。队伍前面的二十几个官兵跃马挥刀快速勇猛的冲向山坳中间的土丘上的蓝军指挥部，当蓝军明白了这是红军又追杀过来时，这才慌忙点兵，坚守指挥部，迎战来敌，双方又厮杀了起来……这时，不期另一只红色军乘虚而入，悄然从东面山口奔杀过来，形成了对蓝军的两面夹击之势。疲惫的蓝军顿时乱了阵脚，枪声乱响，军马也不知所措地乱转、乱跑。蓝军指挥官本应立即重新组织兵力突围，可他却双腿一夹调转战马，俟机从侧翼逃脱，只见红军指挥官（身上也斜挎着一体黄色绸带）纵马一跃，说时迟、那时快，挥手一撸就把蓝军指挥官拽下马来，他没有下令让士兵去捆绑倒在地上的蓝军指挥官，而是上前几步，将蓝军指挥官扶了起来，此时，红色军胜利军号也吹响了，收兵归队了。

原来，这是当年苏联军事教官在帮助冯玉祥将军训练西北军的步兵、骑兵时进行的一次"军事对抗演习"！红色军指挥官正是我父亲席液池！

演习结束后，苏联援冯"军事顾问团"团长兼教官乌斯曼洛夫将军对冯将军说："席液池团长在实地作战方面机智、勇敢、果断、处置迅速，判断准确，已显示出他的军事指挥才华，这样高水平的指挥官即使在我们国家（苏联）也是顶呱呱的。"借着月光，父亲看到冯先生脸上露出了不易察觉的笑容。苏联教官说着向冯先生伸出了大拇指，又用较熟练的中文夸奖说："席液池团长这样的指挥官很适合带骑兵！"冯先生看了看我父亲，用他那硕大而柔软的手拍了拍我父亲的肩膀，轻轻点点头，和苏联教官转身走了……

二、冯玉祥的国民军是反对军阀斗争的重要力量

说到这里，就像走进了历史的天空，置身于那个荡气回肠的战争年代。

国民军诞生于北京，是冯玉祥将军等创建的，其宗旨是建立一支为国民服务、保家卫国的军队。

国民军的日益强大以及冯玉祥的"赤化"倾向，引起了帝国主义及其各系反动军阀的恐慌与敌视，一场奉、直、晋、鲁联合讨冯的战争很快爆发了。

当时，中国共产党中央委员会多次讨论，分析了错综复杂的政治形势，分析讨论了国民军在国内政治与军事生活中的地位与作用。那时冯玉祥就曾提出"西北军的出路在于联共、联苏，以苏为榜样进行国民革命"。后来在西北军中实现了第一次"国共合体"，许多共产党员担任冯部各级政治领导职务，共产党人认为冯玉祥的国民军是反奉运动中的一支重要力量，应给予帮助。鉴于国民军所处的严峻地位，国共两党加强了对国民军的声援与帮助。国民党中央委员会1926年曾发出训令：国民军已陷入奉、直、鲁军阀的夹击中，本党应造成全面反张、反吴的空气，打倒奉、直联盟。广州国民政府通电声讨奉、直军阀，援助国民军。并指出，是时，"广州方面的北伐呼声跟着北方的奉、直、鲁讨国民军战争而起"。苏联政府、共产国际已把国民军在中国革命运动中的作用上升到了重要位置；把国民军反对北洋军阀的斗争看作是国民革命的重要组成部分；把国民军看作是国民革命的重要武装力量。因此苏联政府才会在精神上、物质上、军事上给予国民军如此强有力的支持与帮助。苏联军事教官为冯将军为国民军培养出了一批步兵、骑兵高级指挥官的精英；培养出了一大批骁勇善战的步兵、骑兵队伍……于是才出现了开头我讲的那个有我父席液池团长参加的"军事对抗演习"的场面。

三、震惊中外的南口大战

1926年，直、奉联军占领天津后，向北京发动进攻。国民军被迫沿京绥线撤出北京，退至北起多伦、沽源、延庆、南口，西至晋北丰镇长达千里的防线上。主力部队退到预设阵地南口。

国民军总司令张之江任命鹿钟麟为东路军司令，指挥孙连仲、刘汝明坚守南口，指挥席液池防守多伦等地，令韩复榘、石友三守山西丰镇，以防晋军断其后路。

南口，在北京的西北面，位于燕山山脉与太行山脉的连接处，两山夹持，一水旁流，地势险要，乃历代兵家必争之地。

南口是西北军巩固西北，保卫后方的重要阵地，冯玉祥将军之前就请过苏联顾问军事工程人员来华帮助规划修筑南口的防御工事。加固原有的古代建筑的军事要塞，一座又高又宽的正方形坚固的城堡矗立起来了。在城堡西侧是高山峻岭，中间是条狭窄的山道，两旁修筑了战壕、暗堡，炮兵阵地修筑在要塞旁边的高地后面，经过半年多的修筑，营造出了国民军在南口的近代化军事阵地。

1925年，南口镇兴隆街路西的宝林寺就是当年国民军的"南口驻军司令部"。

"讨赤联军"分别在延庆、赤城、沽源、南口、多伦等地向国民军各部发起进攻，在千里战线上展开战斗。直、奉、晋、鲁联军近五十万人，武器精良，向只有十余万人的国民军进攻。

7月初，冯玉祥将军从苏联致电总指挥张之江说，北伐军已进攻两湖（湖北、湖南），要国民军坚守南口一带，以牵制吴佩孚。

这时候国民军宋哲元司令受命由热河撤防回守从延庆到多伦的防线，把多伦交骑兵师席液池等防守。

四、激烈而悲壮的多伦战役

多伦，位于锡林郭勒盟东南部，内蒙与河北交界地，辖三个镇两个乡，地势南北部高，中间低，为一个半圆形倾斜的盆地，浑善达克沙漠横贯多伦。这里有广袤的塞北大草原，又有一望无际的大沙漠，天然屏障少，修建防御工事很艰难。

　　我父亲席液池师长亲自布置，安排修筑防御工事，这里没有像南口那样好的自然条件修筑坚固的堡垒，机枪暗堡等，只能在倾斜的地势较高的地方修筑观察所；在斜面上修建机枪掩体；在小丘上挖深深的战壕；利用灌木丛藏匿马匹与辎重；在草原上设置电网，在沙地上安设地雷，防御工事弯曲而绵长……

　　7月中，吴佩孚在保定会议上重新布置，加强了指挥与兵力，又派奉、直联军大举进攻南口、进攻多伦。张宗昌与张学良亲自上前线督战，他们下榻在国民军昌平县党部（今为昌平区人民检察院），分析了南口复杂地形、国民军工事坚固险要的特点；又分析了多伦地广，草原、沙漠混杂的地形特点，决定一改往日集中兵力猛攻一点的战法，而是兵分中、左、右三方面进攻。吴俊升、汤玉麟围攻多伦。多伦战役空前惨烈。

　　7月虽然是夏天，但多伦地区气温却是低的。骑兵缺乏掩体，任凭冷风夹带着沙尘袭面。夜里，疲惫、饥饿的士兵们利用这短短的战斗间隙，稍稍喘息片刻，小部分士兵还得忙着备战。夜里，阵地上只有搬运弹药、草料的动静和擦拭枪支的声音，没有人出声，没有人忘记已遍地倒下的战友与心爱的战马的惨象；没有人不在回想几个小时之前的搏杀，整个阵地静得令人窒息。所有国民军官兵满怀"打倒军阀"的杀敌之心，静静地等待着下一场的生死较量。

　　突然，炮声轰隆，直奉军又开始了更加猛烈的炮击，我父亲席液池师长从炮声中判断：敌人又增添了大队人马。果然如此，奉军旅团数千人前来增援，瞄准多伦主阵地倾泻爆炸力最强的炮弹，由日本提供的装备精良的奉军骑兵队在大炮掩护下闪电般地冲杀过来。与此同时，父亲没有坐以待毙，而是主动率领骑兵悄悄地迂回到吴俊升部的背后，刚刚稳定下来，父亲借着月光从望远镜中隐约看到另有一列很长的骑兵在蠕蠕前行，想从侧方偷袭国民军主阵地，情势危急，父亲当机立断，率先跳上战马，挥枪下令，指挥着部队冲了上去。奉军没料到受挫的国民军会从背后杀出一支队伍，打乱了他们的偷袭计划。双方的骑兵互相撕杀，在马背上展开激烈的枪战，短距离的劈杀。接着父亲一马当先，指挥骁勇的骑兵，追杀败下阵向外退却的奉军骑兵……

　　冯玉祥将军的骑兵军，运用灵活多变的战术，掌握着战争的主动权，如飘忽不定的疾风，活跃在草原上、沙漠中，对敌人造成了极大的威胁。

　　后来，晋北吃紧，宋哲元司令被调去支援，带走了大批人马。

8月初，奉、直、鲁、晋各路军阀，各兵种，大举进攻，多伦战役激烈而悲壮。

敌军数倍于国民军，炮击密集，轮番冲锋数十次，尚有喘息之机，而国民军主阵地均在最前沿，草原上、沙漠上二阵地互相联系缓慢不能稍有松懈，有时甚至没有进食充饥的时间，后来军用食品储存地被奉军炮弹炸毁，后勤供应一时跟不上，国民军疲劳饥饿不堪，全凭着一股子强烈的"打倒军阀"的意志支撑着。

我父亲席液池师长又派专人到散落的村子里征调购买马匹、推车。多伦是蒙、汉、回、达斡尔、朝鲜等民族集居之地，国民军以赶走害民的军阀为动力带动少数民族村民支前，百姓从半强制状态变成愿意支前，献出马匹。有的赶车的村民竟卸下车上自己的物品，调转车头驱向指定地点装运军需品。但要送往前线却很艰险，有一段沙漠地带，平沙漠漠，高低起伏，沙堆多的地方犹如小小山头，高六七尺，手推车无法走动，必须用几条毡毯垫在沙面上，士兵与百姓一起推车毡毯一块块，一步步地轮流往前接替移动……

奉、直军又一次猛攻开始了，密集的枪炮使国民军的伤亡又增加了……

黄昏，父亲席液池师长命官兵推出早已备好的几辆车子，命士兵把军衣穿在让百姓扎好的草人身上，将炸毁的车子的断木捆在车辕上，断木的另一端擦着地面，推车前行断木随动，搅动着沙尘飞扬，好似战马在奔驰，奉军以为国民军大部队来增援了，于是带领骑兵向沙尘飞扬地方杀过去。引开敌军后，父亲率领着骑兵从左侧追杀，另一支骑兵配合从右边围堵，奉军骑兵两侧受敌，渐渐不支……

奉、直军重整队伍，调集枪炮，对国民军进攻频率增加，攻势也愈加猛烈，国民军损失惨重。弹药用光了；军用食品吃完了；医药用完了，军用物资供应不上，伤员运不下来，国民军陷于流动无助状态。父亲看到伤亡的属下，心里很痛。为阻止来袭的援军晋军，父亲仍坚持布防；商量作战方案，但与同仁王镇淮意见不合，不能达成一致……且晋军又先期赶到，进攻猛烈；加上奉军的日本大炮轮番轰炸，国民军兵士战马死伤重大，战局吃紧……

8月12日，奉、直、鲁、晋各路联军对国民军发动总攻击，冲破了国民军千里防线。国民军东路总指挥鹿钟麟为保存实力，不得不于8月13日下令南口撤兵，于8月15日下令总退却，令多伦等地撤兵，向南突围。退却的沿线多荒凉穷僻之地，交通不便，联络困难，食物医药，没有着落，天气恶劣，后面追兵不舍，国民军难以支撑，损失惨重。各部将领深感前途无望，因此自寻出路。一部（佟麟阁、刘汝明）开往甘肃；一部（韩复榘）投向晋军阎锡山手下。当时有人劝我父亲也去投靠阎锡山，但被我父亲席液池拒绝，他带领队伍随主力开往绥远，等待冯将军的到来。在之后的有段时期，蒋介石曾称我父亲为"飞将军"，要收买我父亲，封官爵，赠黄金，但我父亲忠于冯先生，拒绝了蒋介石。当然那又是后话。

正如后来得知的：冯先生从苏联回国后不久正在往绥远去的一个岔路口的小店里暂住，听取南口战事汇报时，一位下级军官对冯先生说："我们的队伍在南口、延庆、多伦整天挨饿受冻，风沙又大、人心涣散……老实的兄弟还能忍受，那刁滑一点的兄弟为了活命什么事做不出来啊？"军官张允荣把南口失败的原因，韩、石投晋阎的经过和官兵的饥寒交迫及渴望冯先生回来的情形，与冯将军做了详谈。

就这样，历时4个月的震惊中外的南口大战结束了。

五、南口大战的失败原因及历史意义

南口大战失败的原因多种：军阀势力与国民军实力悬殊；国民军高层指挥不力；国民军在晋北卷入过深，战线拉得过长；部分将领不合；自然条件不利，山洪暴发、沙漠风暴、气候恶劣、行军困难、接应缓慢；官兵饥饿交迫；军阀收买、腐蚀、分离国民军高级将领，等等。

震惊中外的南口大战虽然以失败告终，但仍具有重要的历史意义。当时，80%～90%的军阀聚集在北方。他们把冯玉祥的国民军当成"眼中钉"，把国民党当成他们"讨赤"的主要目标之一。从战略上配合了南方国民革命军向两湖战场（湖南、湖北）胜利进军。南口大战是第一次国内革命战争的重要组成部分。

这之后，冯玉祥将军经历了"五原誓师"、"集体加入国民党"、"北伐的胜利"，他的部队空前壮大；编制番号达九个方面军，三十二个军、六十一个师，人数达四十多万。其中鹿钟麟、宋哲元、韩复榘、马鸿逵、杨虎城、刘汝明、席液池、吉鸿昌（共产党员）、佟麟阁、邓宝珊、高树勋等著名将领都是当时冯玉祥将军麾下的军长、师长，其中，包括我父亲在内的一些人在日后的抗日战争与解放战争中发挥了重要作用。

作者简介：

席丽明，国民军将领席液池之女，现为中戏中专部高级教师，北京市西城区（原宣武区）民革第26支部成员。

祖父孙岳与国民三军

孙仰白、孙华崚、孙立言

国民军在昌平南口抗击直、奉、鲁、晋军阀联军的大战拉开了北伐战争的序幕，是北伐战争的重要组成部分，而国民军的始末与我祖父孙岳是分不开的。

祖父孙岳由于去世较早（1928年），近代历史中提及他的名字或知道他的人不多，就算在民国时期，孙岳也不是什么爱出风头的显赫人物，以至他的挚友冯玉祥将军每当向人们介绍他时，总爱冠以这样一句由浅入深的开场白："孙二哥（孙岳），那是老革命党人了！……"

孙岳的身世、背景、经历，也常常就从这句简单的评语开始了。从辛亥革命早期刺杀满清五大臣出洋考察，到民国成立后组建国民军，迎接中山先生北上，到参加北伐战争，祖父孙岳，确实经历了一些或大或小的民国历史事件。本文所述是根由家族历史及父母前辈所传，从侧面记述补充了孙岳——这位老同盟会会员所经历的历史事件，和他如何信誓坚定地走完了他的一生。

早年入兴中会开展革命活动

孙岳（1878-1928），字禹行，直隶（河北）高阳人士。为明末抗清名将、兵部尚书、东阁大学士孙文正公承宗第九世孙。

明末崇祯十一年（1638年），清军皇太极派令多尔衮率重兵入关来犯，攻打高阳城池。已从兵部尚书之职解甲归田，且年届76岁高龄的老人孙承宗已无御敌之责，但平民百姓的"孙阁老"仍不顾年迈之躯，立即组织并率领其子孙后代及高阳全城乡民，守城抗清。终因清兵势重，而城破被捕。孙承宗宁死不屈，誓不降清，与子孙十七人壮烈殉国。孙家妇老童稚40余人，同时遇难。鉴此家仇国恨，在清朝260年的历史中，孙家后代决不仕清。

孙岳逐渐明了自己的身世背景，成为一位顽强不屈推翻满清的辛亥革命斗士。

1903年（光绪二十九年），孙岳以一僧人身份投考保定北洋武备学堂，并以优等生成绩入选炮科。次年（1904年）利用学堂假期，暗中赴沪，由其同乡友人王法勤、张继介绍加入孙中山领导的兴中会（后转入同盟会），成为当时中国北方早期同盟会员之一。入会后，孙岳接受密令，回到北方暗中从事推翻满清统治的革命活动。

为便于发展和互相联络，孙岳于保定椿树胡同设立了"星期茶话会"，借此形式，联络感情，结交各界校友、学子师生，逐步宣传"驱除鞑虏，恢复中华"的革命思想。当时参加"星期茶话会"者，均为保定各大学堂的青年学子，反清志士。除组织者孙岳外，其中代表人物有：武备学堂同校生刘廷森、张柱、文耀；将弁学堂李廷玉、谷钟秀、李飞鹏；保定官立高等师范学堂吴樾、张榕、王则雍；京旗第一镇教练官吴禄祯、柏叔达等人。

这里，要特别提到其中一位与孙岳关系密切，并激励孙岳奋斗一生的安徽学子，千秋英烈吴樾。

吴樾与孙岳

吴樾，字孟侠，安徽桐城县高店乡人士，1878年（光绪三年）出生，与孙岳同龄。当时各学府中有一种排斥南方学子的现象，孙岳认为南北同辙，志同归一，便广泛结交南方学子寻找知己朋友。孙岳平时待人温善友好，理解南方学子苦衷而备受尊敬。

吴樾是在就读保定高等师范学堂期间，结识了保定武备学堂的孙岳，并在"星期茶话会"中与孙岳交往日深。二人对于推翻满清的民族革命的观点和激进思想十分接近，故而反对任何可能延长满清专制统治的举措，无论是"新政"还是"君主立宪"。

1905年（光绪三十一年），清廷迫于时政潮流所趋，试图以"预备立宪"维持其独裁统治，准备派遣五大臣出洋考察。孙岳闻知后十分气恼，认为：若清廷得以实行立宪，则彼君主政权益为巩固，汉旗将无复兴之望。即紧急召集各同志开会，密谋阻扰之计。

吴樾认为：清廷行此事，以欲增重于汉人奴隶义务，以固其万世不替之皇基，如此欺骗民意，令人怒不可遏，与孙岳观点几近一致。吴樾进而决定以刺杀手段阻扰破坏五大臣出洋考察之举。

暗杀举措密备而行

在决定以炸弹刺杀出洋五大臣的行动之前，吴樾曾做出多种准备，并为此次极度危险的暗杀行动作了周密的策划，甚至考虑到万一行动失败或自己牺牲，也要让人看起来像其个人所为之。

在执行此次刺杀五大臣行动的最后时刻，吴樾低调保密地选择了与他观点一致，对北京情况较熟悉的"天生"反清志士孙岳，另一位与吴樾披肝沥胆，许以生死之交的学友张榕作为他的掩护和助手。三人利用学堂假期，毫无声张，携炸弹潜入北京。

以前吴樾到北京时，是寄居在安徽桐城会馆。这次赴京为了行动保密不能暴露身分，则需另择旅店客栈借住。恰好孙岳有来京时常住的相熟旅店，位于离正阳门火车站不远的西打磨厂一带，若以他"高阳 孙岳"的常用名字挂牌，便不易引起店家注意，也安全许多。同时，旅店附近有多家绸庄布店，以孙岳北方人的身份和口吻选购吴樾行动时乔装的仆役行套，也显得顺理自然，不易节外生枝。

正阳门车站刺杀五大臣

1905年（光绪三十一年）9月24日（农历八月二十六日）是清廷五大臣出洋考察自正阳门火车站出发之日。吴樾三人一早离开旅店，直奔正阳门火车站，混入人群，进入车站。便装的孙岳和张榕被阻拦在站内月台处把望掩护。吴樾一身仆役打扮，身怀炸弹，从容接近五大臣乘坐的第三节花车厢。当吴樾即将踏入车厢时，引起卫兵怀疑而被质问，纠缠。吴樾怕行动暴露，趁卫兵刚刚转身去核查之际，突然点燃炸弹火线，准备扔向五大臣。不巧，就在这一瞬间，火车头后退与车厢挂钩，引起车厢猛地震动，吴樾手中的炸弹被震落车厢地板，立即引起爆炸，车厢炸毁，卫兵炸亡，五大臣中只有绍英、端方、戴鸿慈三人身受轻伤，而斗士吴樾，不幸当场以身殉职！孙岳和张榕因站在月台进口处，距离较远，幸未罹难。

吴樾刺杀五大臣虽未成功，但这一惊天动地的事件确确实实地吓怕了离事发地一箭之遥的清廷皇宫。慈禧急令全城戒严，并令袁世凯侦办此案，欲将涉案的"贼臣乱党"抓捕剿清。

由于刺杀行动之前，吴樾策划的机密措施，使案件留下的线索痕迹极少，致使事发后很长一段时间，清廷不知此案由何人所为而未能侦破。

吴樾壮烈捐躯，使孙岳万分悲痛和愤恨，心痛之后，孙岳决心如誓所约，继承其遗志。隐忍之下，孙岳仍决定返回保定武备学堂。

建同盟会河北支部

1907年（光绪三十三年），孙岳毕业后复入保定陆军军官学堂。此时保定地区革命气焰日益昌炽，孙岳见时机成熟，再次挺身而出，密与保定崇实、育德两校学子志士、革命同党组织联络，并在保定城内北关火神庙孙岳私宅，正式成立"同盟会河北支部"。该河北支部是包括黄河以北的华北地区的同盟会基层组织。

河北支部响应同盟总会提出的"驱除鞑虏、恢复中华、建立民国、平均地权"口号。与会支部的会员有：湖南刘建藩、陕西钱鼎、四川敖象武；留日归国学生：福建何遂、河南杨增蔚、江西李烈钧、直隶张继、云南叶荃；以及陈树藩、吕公望、唐继尧、刘汝贤、耿毅、商震、刘仙洲等同志。前后与会加盟者七十二人，保定该地，一时间成为中国北方革命党人集中的地区。

密谋参与滦州起义

1909年（宣统元年），孙岳毕业于保定陆军军官学堂后，仍返回第三镇，任二等参谋官。其间，利用其军内职务和身份，与第三镇军官黎本唐，刘廷森等同志结为密友，并暗中联络新军二十镇中热血方刚的青年军官，开始密谋策划滦州起义。

这其中有：南方派来的革命党人白雅雨、张继；第二十镇第一营营副王金铭、第二营营副施从云和第一混成协三营队官冯玉祥等人。孙岳积极支持，提供赞助给冯玉祥担任会长的反清团体"武学研究会"，暗中向他们介绍反清书籍，如《革命军》，《扬州十日记》等宣传资料。

从此，孙岳结识了冯玉祥，二人自滦州起义后，并肩沙场二十余载，成为志同道合、生死与共的莫逆和战友。

1911年（辛亥年），孙岳任第三镇参谋官兼第三营管带。利用此机，孙岳一面与南方革命党联系，望得到支援；一面加紧与王金铭、施从云、冯玉祥等军官密谋策划，准备利用清廷秋操演练之机，以第二十镇为主力，举行起义。一旦滦州之军进入预定地点，孙岳即率所在第三镇进袭山西，以阻清军。冯玉祥即在海阳镇率兵策应配合，与滦州起义军一齐攻打北京清廷。

辛亥革命武昌爆发

西历公元1911年10月10日（宣统三年阴历八月十七日），武昌起义爆发！为伟大的民族革命先驱孙中山先生领导的辛亥革命拉开了序幕。霎时间，消息晴天霹雳般地传来。摇摇欲坠的清廷慌忙急令停止秋操，命参加演习的部队，停止调动，返回原防，以待后命。

蓄箭待发的滦州起义，因形势突变，不幸被阻。继而又因叛徒告密，遭到破坏。袁世凯立令告密人——通永镇守使王怀庆率兵前往镇压。王施以阴谋诡计并用极其残忍的手段，先后诱杀了起义军领袖和革命党人王金铭、施从云、白雅雨等十四名烈士。

这场北方革命党人发动的滦州起义失败了……

原本策应配合起义的冯玉祥被清廷囚禁海阳，遭革职查办。力阻山西方面援军的孙岳，被第三镇副官吴佩孚告发。孙岳闻讯，连夜策马逃亡，遭清廷通缉。只身逃往石家庄的孙岳，拟助握有实力兵权的革命党人、滦州起义的重要密谋参与者吴禄祯。抵后得知，袁世凯以二万两白银收买了吴的副官周符麟及贴身警卫马步周，暗杀了吴。孙岳只好答应从山西娘子关闻讯赶来援助的革命党人何遂等人之邀，扮成云游僧人，躲避旗兵追捕，历经千难万险，到达了江南的革命中心——南京，晋谒孙中山、黄兴，并汇报北方革命形势。

受孙中山、黄兴倚重，孙岳、何遂参加"二次革命"

时已任职临时大总统的孙中山先生，素知北方革命党人孙岳之名，对于孙、何的到来十分重视。军政府陆军总长黄兴立刻在其驻地铁汤池与孙、何会见。黄兴很是高兴，慰勉一番。黄说："南京现在军队散漫，要立求整顿统一，还得依靠你们这一批人。好在这里的很多人都认识你们，你们来的正是时候。"同时亦仔细地询问了吴禄祯被杀害及起义军失败的经过，深表惋惜！

当时南方革命军十分缺乏从正规军校毕业而又有作战经验的军官，更缺对北方军队熟悉了解的指挥官。所以黄兴立即签署委任了何遂为扬州军总参谋，签署委任孙岳为苏淞宁杨镇五路联军司令。孙岳率领各路联军与江北军对峙，并重创效忠清室的张勋辫子军于徐州、宿迁一线。后孙中山大总统旋任孙岳为陆军第十九师中将师长，驻军清江浦。

宋教仁被害后，革命党人李烈钧于1913年7月12日率先通电讨袁，打响了"二次革命"的第一枪！黄兴亲赴南京任讨袁军总司令。在李烈钧的热诚推荐下，黄兴任命孙岳为讨袁第一军司令。袁世凯立即派遣冯国璋和张勋合兵来攻。战事开始，孙中山与黄兴特邀孙岳赴沪商讨军事，孙岳率部以警备司令兼代留守之职，指挥各军在沪协同作战。亲自率军援助陈其美，李烈钧部据守"上海制造局"，并率领陈刚部苦攻高占庙，鏖战三日不下。

"二次革命"失败后，孙岳再次遭到袁世凯通缉，不得已，会同李烈钧等人，东渡逃亡日本。

"华山聚义"再谋讨袁

1914年（民国三年），孙岳从日本经朝鲜、大连乔装归国。袁世凯及北洋各军阀势力防范极严，通缉令仍有效，孙仍有随时遭袁氏追捕的危险。只好身着青衣，头顶毡帽，以一农夫模样暗赴陕西，寻找加入聚集在华山脚下的密谋讨袁团体组织"共学园"，史称"华山聚义"。抵陕后，孙岳匿迹于华山朝元洞年余，会合了先期抵陕的战友何遂，并得何倾囊相助。其间聚集和结识了西北地区的同盟会员和讨袁志士于右任、胡景翼、续西峰、史可轩、续范亭、刘守中、郭希仁、刘霭如、邓宝珊、杨虎城等人。"众人听闻孙岳到来，无不大喜"。

彼此相深结纳，巩固加深了孙岳与陕西革命党人的人际关系，得到了西北革命党人的兵源支持保证。胡景翼曾多次向孙岳许诺：日后中原如需用兵，随时可供三、五万兵力增援。这句话在孙岳的心目中增添了一股可靠的力量。后来的史实记载证明，参加讨袁行动的"华山聚义"成员，基本都成为日后发动"首都革命"和组建国民军的骨干成员和重要将领。"华山聚义"可以说是"首都革命"成功的基础和原因之一，在国民革命的历史上，值得一书。

策动北京政变推翻曹吴贿选政权

袁世凯称帝失败后，直系将领曹锟成为当时最大的军阀——直隶北洋督军。出于政途上的两手考虑，曹准备暗中向南方革命党示好，阴阳两面以防退路。因知旧部孙岳曾获孙中山信任大用，便召孙岳回归助之。孙认为可借此之机促进南北共和，有助中山先生北上，欣然同意，并于1921年孙以曹锟私人代表身份赴沪面见中山先生陈述。未料，曹锟在吴佩孚怂恿和支持下竟冒天下之大不韪，贿选总统。孙岳大失所望，愤怒难言，下定决心要推翻曹吴政权，迎中山先生北上。

终于借1924年（民国十三年）二次直奉战争爆发之机，任职京畿警备司令的孙岳，利用直军出战之机和京都空虚之势，促成并联合了第十六混成旅的陆军检阅史冯玉祥，和陕军暂编第一师师长（华山聚义革命党人）胡景翼三人结盟，共同拟定了政变计划，准备在京推翻曹吴贿选政权而举事起义，发动政变。

为确保起义成功，孙岳事前冒着极大风险，成功地说服策反了吴佩孚暗中派来监视冯玉祥军队的直系大将王承斌，请王部在"冯、胡部有所动作时，按兵不动，保守中立"。

10月22日起义之日当晚，孙岳更有意安排其妻崔雪琴不顾安危，只身勇赴总统府，彻夜陪同曹锟总统夫妇打牌娱乐，以作人质，麻痹总统卫队放松警惕（此事后被国民军传作佳话）。

当晚午夜，鹿钟麟率冯军先头部队，及胡景翼部自古北口搬兵回都，抵达北京安定门城下，孙岳下令打开城门，迎接起义军进京。同时命令所部同冯、胡二部迅速占领接管火车站、邮政局、电话局，切断全城电报电话线路，布防全城主要路口城门，武装包围中南海总统府，监禁王怀庆，解决了吴佩孚的留守部队。起义军全城张贴安民告示，士兵每人佩戴事前准备好的"不扰民、真爱民、誓死救国"白色袖标和臂章，兵不血刃地实现了震惊中外的"首都革命"（北京政变），为迎接中山先生北上主持国是，铺展了一条新路。

组建国民军电邀中山先生北上

1924年10月25日，起义军诸将领及北京各界有关人士，举行了善后北苑会议。孙岳在会中多次公开倡议：孙中山先生领导的党叫国民党，我们组建的起义军，就叫国民军！倡议获得冯玉祥、胡景翼等众多将领一致接纳赞同。就此，这支在中国北方的反对帝国主义、反对军阀、拥护孙中山先生而又接近民众的武装力量——"中华民国国民军"正式成立。冯玉祥任国民军总司令兼第一军军长，胡景翼任副总司令兼第二军军长，孙岳任副总司令兼第三军军长。

当日，冯、胡、孙三人联名致电邀请孙中山先生北上主持国是。10月27日，孙中山先生复电冯、胡、孙等国民军诸将领，称赞北京政变："义旗事举，诸兄功在国家，同深庆幸。建设大计，亟欲决定，拟即日北上，与诸兄晤商，先此电达"。表示同意北上。

收电即日，冯、胡、孙再次联名复电孙中山先生，称"辛亥革命，未竟全功，已致先生政策无由施展……一切建设方略，尚赖指挥，望速命驾北来，俾亲教诲，同深企盼。"（鱼电）

11月4日，冯、胡、孙等人三次致电孙先生，敦请早日成行。

11月10日，孙中山先生发表"北上宣言"。

12日，孙中山出席广东总工会欢送会，演讲"北上之意义与希望"。

13日，孙中山先生则乘永丰舰离粤北上。经日本长崎时发表演讲，指出并强调，"北京政变是由革命党人发起的"。

孙岳释放"二七"罢工领袖

1923年（民国十二年），京汉铁路全线大罢工，遭到北洋军阀吴佩孚派兵镇压，枪杀了罢工领袖林祥谦和大律师施洋先生，制造了震惊全国的"二七惨案"，抓捕并监禁了全体罢工领袖于保定监狱。

1924年11月初，孙岳率国民三军沿京汉线方向，与直系曹吴残部作战，直捣曹吴老巢保定、洛阳。11月2日，孙岳率三军一部击溃曹锟部精锐曹士杰旅，攻占保定。孙岳进驻保定做的第一件事，便是应李大钊先生之请，释放了被吴佩孚关押在保定监狱的全部"二七"大罢工领袖。京汉铁路总工会干事吴春溪，长辛店工会总干事陈励懋等十二人获释抵津，与工人领袖六十余人，痛诉保定监狱，极为凄惨，声泪俱下，更有放声大哭者"一致主张致函孙（岳）副总司令，公开发表感谢信以表谢忱"，并于11月21日在北京《申报》等多家报社发表刊登。（原件存北京首都图书馆，李大钊事迹陈列室）

国民军驱逐溥仪出宫

为了彻底推翻满清王朝，剪除清廷最后余孽影响，在取得摄政内阁修改"优待条件"的决议后，国民军决定驱逐溥仪出宫。

1924年（民国十三年）11月5日上午，国民一军派京师警备总司令鹿钟

254

麟为代表，率炮兵佈阵宫外，炮口对准紫禁城内，威镇清室。国民三军派出京师警察厅总监张璧为代表，并同作为孙岳私人代表的国民三军秘书长李石曾，带领卫兵直入紫禁城内与清室内务总管绍英交涉，限令溥仪及妻妾三小时内出宫。

国民军此举非同小可，又是一件石破天惊的壮举。不仅轰动国内社会，还遭到外国使节所谓的"外交警告"。北洋军阀势力更掀起一股为清室喊冤叫屈的鼓噪，造谣污蔑冯玉祥和国民军"借机盗窃宫中之宝"。对此种流言飞语，孙岳早有所料，故特别派请了其高阳同乡，学贯中西且熟悉清宫内务的李石曾先生，作为他的私人代表，前往监督执行。

这里简介一下李石曾先生的身世背景。

李出生于显赫一时的晚清重臣世家。其父李鸿藻在朝中不仅任职过清朝帝师，还履任过工、兵、户、礼、吏部等尚书和军机大臣，甚至担任过清廷最后一代皇帝的托孤大臣。李石曾自幼出入皇宫，甚得慈禧太后欢心，收为义子，赐李为三品官。李年少留洋求学，深得李鸿章赞许鼓励。唯李石曾一生未穿过清服，更于1906年在法留学期间加入同盟会"巴黎分会"，结识孙中山。回国后辅助其同乡，同盟会员孙岳，支持国民军。李对宫中事务自幼熏陶见染十分熟悉，请他参与驱宫行动，定能起到非常重要的指点和监督作用。

果然，溥仪和宫中大臣听闻李石曾代表国民军前来驱宫，无不大吃一惊，慌作一团。绍英更以故臣之旧无奈相求"勿施此举"或"宽限十日之期"，均遭李氏拒绝。其他包括所有宫内人员，无不暗自收敛，无人敢趁机擅自潜带宫中物品混出宫外，大大减少了文物财产的遗失和损坏。

在溥仪及其嫔妃携私人物品迁出宫后，宫中所有的文物和财产，全部由李石曾组织的善后委员会负责接收查点，详细地将每一件文物编号、登记、造册。历朝历代存在宫中的珍贵文物和国家财产，也得到了妥善整理、细心维护和收藏。所有污蔑造谣国民军和冯玉祥的谎言，终被李石曾负责的善后委员会出色之工作和业绩所戳穿识破。李石曾先生功不可没！

国民军向日舰开炮　大沽口事件爆发

1924年（民国十三年），国民军占领天津，孙岳任直隶军务都办兼省长。1925年5月1日，孙岳被北京政府授以陆军上将衔中将。

1925年（民国十四年）初，日本增兵东北和天津，日舰开到津塘口岸的兵舰，已达二十七艘之多。为防范日军侵入，保卫海域，国民军立即组成一军三军联合指挥部，三军徐永昌师及庞炳勋旅，同一军门致中师一旅扼守大沽海口，由孙岳、鹿钟麟、李烈钧赴前线协同指挥塘沽战事。

1925年3月8日，日舰十一艘，载奉军千余人来犯大沽海口，孙岳亲临炮台督战。日舰被国民军苦战击退后，孙岳下令封锁大沽海口，以防日舰再次来犯。3月10日，八国公使向段祺瑞政府提出抗议，称国民军此举有违《辛丑条约》，要求立即撤除。3月12日，日本驱逐舰两艘，掩护奉军军舰四艘再次来犯，国民军制止不听，日军反向国民军开炮，孙岳下令炮台守军开炮还击，大沽口事件爆发！

3月13日，八国公使团及日本公使先后发出最后通牒，要求中国政府向日本谢罪，赔款并严惩国民军。帝国主义的武装干涉和无理要求，终于激怒了中国人民。

3月17日，北京大学师生代表和北京各界民众代表赴执政府请愿，要求驳回八国通牒。当日，孙岳同李烈钧联名为大沽口事件发表《致日本朝野警告书》，同时发表向日本政府之"警告通电"。痛陈：《辛丑条约》是我国"极痛极耻辱之事，而外人反视为奇货可居，每于非常时期，故与之为难"，指出"此类不祥事件"多发见于高谈"中日亲善"的"所谓兄弟之邦"。《警告书》痛斥虏寇，正气凛然！

3月18日，国民党北京市党部、北京总工会、北京学生总会、北京大学、师范大学、国立女子师范大学等全市各界民众市民150多个团体，在天安门集会，反对八国通牒，要求巩固大沽口国防，声援为维护国家主权和利益而奋战的大沽口国民军守军。

集会后，前往段祺瑞执政府所在地（铁狮子胡同）游行请愿，万没想到，却遭执政府卫队开枪镇压。女师大学生刘和珍及40多名学友当场喋血执政府大门前……惨痛人心的"三·一八惨案"发生！

鲁迅先生特为此惨案的发生，撰写一篇祭文，名"纪念刘和珍君"，唤醒国人民众永记此案，怒斥了反人民的卖国执政府，并称是"自民国以来最黑暗的一天"。

案发当晚，孙岳电令在京的参谋长刘汝贤持其电报，当面质问段祺瑞。3月21日，孙岳再次通电，痛斥段祺瑞政府枪杀民众，"八国通牒加辱，当局惨杀学生"，通电宣布"岳自本日起，自解直隶督军本兼各职，以促当局觉醒"。（龟电）

国民军对"五卅风暴"的声援

十九世纪初，各帝国主义列强对中国资源的掠夺，对中国劳工的残酷压榨充斥着中国大地。日本、英国等列强资本在青岛、上海等地多次迫害中国劳工，终于1925年5月30日，在上海南京路，英国巡捕枪杀多名手无寸铁的中国劳工而发生了震惊中外的"五卅惨案"。中国大地顿时掀起了全国性的国民群众反帝风暴！"打倒帝国主义"、"打倒列强"、"废除不平等条约"等口号，真正地响彻了神州大地。

惊闻惨案的国民军全体将士无不义愤填膺，同仇敌忾。国民三军孙岳率先于6月4日，以代总司令身份在洛阳通电国内各大报馆，强烈谴责英人之暴行。并于6月15日孙岳命国民三军空军指挥官何遂派出三架飞机，在洛阳、郑州等华北地区上空，大面积散发三种不同措辞传单。传单用语强烈醒目，号召同胞，打倒列强！

在广州沙基惨案发生后，孙岳再次率国民三军将领何遂、徐永昌、刘文翰、刘廷森、庞炳勋、郑金锡、胡德辅等人，于7月6日联名发出铣电，并表示"效死国防，义无敢后"。反帝歌曲"打倒列强"也开始由国民军在中华大地上传唱！

与孙岳同日（6月4日），国民二军将领岳维峻（胡景翼将军已逝）通电国内各大报馆"为维主权，主张人道。据理力争，鼓励国人民心，籍作外交后盾"。并于6月12日联名邓宝珊、李纪才、史可轩等国民二军将领，通电声讨英帝罪行。更于6月14日在开封举行了十万市民民众抗议声讨大会，亲率民众参加大会游行示威。

惨案发生后，冯玉祥将军于6月9日联名孙岳、张之江、李鸣钟、岳维峻、马福祥、杨增新等将领，致电执政府，表示"誓当枕戈待旦，为政府后盾，为国民平积愤。肝胆涂地，在所不辞"。

国民一军不仅派发电汇，更派要员亲携现款一万五千大洋赴沪慰问，抚恤伤亡。同时在绥远举行各界同胞大会，追悼上海死难同胞，冯玉祥令全军官佐目兵一律缠黑纱，为沪案死难者致哀！

在民国反帝斗争的历史中，国民军的作为，可圈可点。

国民军卓绝的南口大战

1926年（民国十五年）初，直鲁联军在天津一线发动对国民军的进攻。2月下旬徐永昌率国民三军一师在沧州、青县、马厂一带奋勇抵抗，战斗异常激烈，国民军伤亡惨重。此时孙岳、李烈钧任国民军军事委员会高等顾问，孙岳抱病与李烈钧冒着枪林弹雨亲到战事最激烈的青县为国民军将士鼓气。4月，国民军退守南口，迫以10万兵力面对英、日、美等帝国支持的直军、奉军、鲁军、晋军总数50万兵力的围攻，毫不畏惧地被迫展开了"南口大战"。令国民三军第一师徐永昌部布防西线，协同一军一部截击晋军；何遂部布守长辛店，三家店一带；续范亭部随孙岳驻守南口正面战场；国民三军第三师杨虎城部固守西安与刘镇华的镇嵩军展开血战。

当国民军在南口顽强战斗之时，中国的政治局势发生了重大变化。国民军以微弱之势在南口死死地牵制住了直奉鲁晋四系军阀50多万的兵力，成功的抵御了敌军优势兵力进攻达四个月之久。这为北伐军创造了得天独厚的有利条件，赢得了宝贵时机。国民军在北方，在南口的血战终于促使广东革命政府下定了决心，立即开始北伐的军事行动。

北伐革命军势如破竹，开始了北上进攻！

战事后，于1928年7月9日，国民革命军总司令蒋介石亲临南口战场行礼祭拜，在追悼南口阵亡将士大会上说："当革命军自粤出发，未几下桂赴湘。彼时正值西北革命同志，与反革命者激战南口。赖诸烈士之牺牲，直军不能南下守鄂，北伐军遂长驱北上，冲破长岳。后日西北同志，虽退绥甘，而北伐大军，已以破竹之势，消灭反动势力，建立政府于武汉。是北伐成功，多赖南口死难烈士。革命同志，幸勿忘之也"。

"南口战役"为国捐躯的国民军烈士们，永垂不朽！

五原誓师

1926年4月至9月，冯玉祥按计划取道平地泉（集宁），经库伦（乌兰巴托）出访苏联。国民军在国民党人于右任先生的帮助下，全面施行了孙中山先生的三大政策。

9月16日，病中的孙岳率部迎接访苏归国的冯玉祥将军于绥远五原（内蒙古）。9月17日，孙岳率徐永昌、续范亭等所部，参加五原誓师就职仪式。冯玉祥接受于右任代表国民党中央执行委员会授予的党旗，宣布国民军全体将士参加国民党。孙岳、于右任领衔国民军将领十余人发出拥戴冯玉祥就任国民联军总司令通电。誓词宣言："国民军之目的，以国民党之主义唤起民众，铲除军阀，打倒帝国主义。求中国之自由独立，并联合世界上以平等待我之民族，共同奋斗，生死与共，不达目的不止，此誓。"通电向全国发出。会后冯玉祥和于右任扛着党旗带领队伍，走上五原街头游行示威。

五原誓师，再次振奋了国民军的士气，获得新生。为加强军中政治工作，中共亦派出约200名党员和共青团员到国民联军工作。其中有邓希贤（邓小平）、刘伯坚、王炳南、潘自力、刘志丹、阎揆要等多人，并全体出席了五原誓师大会。

接受南京政府新编制　国民军北伐再立新功

1927年（民国十六年）4月20日，冯玉祥就任"国民革命军第二集团军"总司令。国民军以"国民革命军"新编制番号，正式参加了北伐战争，并为二次北伐的胜利结束，立下新的战功。

1928年9月13日，原国民三军孙岳旧部徐永昌将军率领骑兵第三旅少将旅长吕汝骥部（亦为国民三军孙岳旧部）以国民革命军新编制，奉令执行"肃清滦东"之役，攻打直鲁联军最后的占据地滦州。吕率骑兵旅绕行大迂回之路，跨过滦河下游，以回马枪之势，出其不意直袭滦州守军，一举攻下滦州城池，大败守城联军，迫其退守东北。张学良见败局已定，终于使奉军接受"易帜"，改悬青天白日旗。至此，国民政府宣布"北伐战争结束"。徐永昌将军、吕汝骥将军为北伐战争胜利完成，赢得了最后一役！

孙岳在沪病逝　国府明令褒奖

1926年底，孙岳积劳成疾，抱病不起，由王法勤陪同赴沪就医。

行前，交国民三军指挥权于总参谋长兼代军长徐永昌。

1928年（民国十七年）1月，南京国民政府授予孙岳陆军上将军衔，任命孙岳为国民政府军事委员会委员，供职枢密院。

1928年5月27日，孙岳病逝上海，终年51岁。

正在行军途中（河南道口）的冯玉祥将军，主持国民军（第二集团军）为孙岳召开全军追悼大会，痛哭失声："孙二哥一生致力革命，尤其在天津，在南口，直到随军西退，以至五原誓师，都与军阀殊死拼战，不稍妥协……现在革命大业刚刚见到曙光，他便溘然长逝了……他为人慷慨好义，有胆有识，爱国爱民的热忱，尤叫人敬佩。这样一位大有作为的人，竟于此时逝世，真是令人伤痛！想着我们半生厚谊，想着多年同患难的经过，不由我越想越难过。当开会之日，我一面讲话，一面哭泣，至三四个钟头之久，终于不支，晕倒过去……"（冯玉祥《我的生活》）

纵观孙岳一生，自早年因家仇国恨而加入同盟会，踏上推翻满清、争取民主的"驱除鞑虏 恢复中华"之路，数十年来，从未停息，退宿和逃避。穷其毕生精力和意愿追随中山先生，信仰三民主义，服膺三大政策，戎马沙场，逐鹿中原，覆清室，造共和，讨袁贼，驱辫张，倒曹吴，克奉张，反军阀，护工农，惜学生，爱民众，御外辱，卫主权，无悔无憾地走完了一位老同盟会员，老革命党人奋斗一生的道路。

孙岳广结良友，为人四海，清贫一生，无蓄私财。乃至逝后，家属无力营葬。终于1928年12月，由其生前袍泽旧雨，国民军元老将领冯玉祥、李烈钧、于右任、张继、何遂、王法勤、徐永昌、邓宝珊、杨虎城等数十人捐资迎灵柩，返回北平（北京）。并由国民政府出面，购得京西温泉显龙山阳八十余亩为之营葬，建墓地、陵园，"禹行桥"和"温泉禹行中学"（后改为"温泉女子中学"）。

1928年（民国十七年）12月27日，国民政府在中山公园中山堂举行孙岳公祭仪式，由张继先生主持。

冯玉祥将军为悼念挚友、战友孙岳将军，亲率士兵在陵园种植了480颗长青松树，立碑亭数座，以供后人休闲瞻仰。1933年，由梁思成夫妇设计而成的中西合璧式礼堂"禹行纪念堂"落成。蒋中正先生在"禹行纪念堂"中心位置题字刻碑"河朔殊勋"四字，以兹表彰孙岳当年在华北地区建立"同盟会河北支部"之功。其他题字刻碑者，有军政界人士，如谭延闿、冯玉祥、李烈钧、王正廷等多人外，亦有著名文化界人士如书法家沈尹默、张海若大师等。

孙岳陵园内建滦州起义纪念塔碑

1936年，为纪念辛亥、滦州起义牺牲的烈士，冯玉祥将军及当年参加滦州起义而幸存的部分将士：张之江、李鸣钟、鹿钟麟、韩复榘、张自忠、庞炳勋等人士，特意在滦州起义的重要参与者，孙岳将军的陵园内东侧，建塔立碑，昭示永存。

园林命名："辛亥滦州革命先烈纪念园"

园门上联书：此日园林簇锦绣；

下联书：当年勇烈动山川。

冯玉祥将军于塔基刻碑：精神不死（碑阳）

浩气长存（碑阴）

国民政府对于滦州起义在整体辛亥革命中的意义和贡献，给予了高度评价：

辛亥光复

发轫武昌

滦州一役

实促其成

辛亥革命先烈　中华民族英魂　永垂不朽！

我的父亲孙桐萱

孙美霓

参加南口大战85周年学术研讨会之际，重温了85年前发生的这段尘封已久的国民军的历史，这对我来说是那么生疏但又那么重要。

首先我查阅了父亲孙桐萱的简历，他是1916年参加西北军十六混成旅当兵的。他说："……1925年天津战役我充任本团团长。同年秋退守南口，本旅改编为第一师，未几又改编为十八军我驻防张家口。1926年在大同作战，因南口溃退，本军被晋军改编，我充当本军第一师第二旅旅长驻防绥远。月余冯玉祥将军由苏联回国，五原誓师本军归队，改为国民第二集团军第三路由绥远、宁夏、西安到河南。1927年参加北伐我充任本军第十五师师长，同年春我驻防开封并兼开封警备司令……。"

从上可知我父亲在南口大战中是属于西路宋哲元将军领导的部队。经历了哪些战斗呢？《宋哲元传》记载西路大军先是抵御奉军的进攻，5月初晋军毁铁路扣留西北军辎重火车，断绝西北军通向察绥的退路。宋将军承担了南口大战一役中最艰巨的作战任务。然后又掩护东路军撤离。

根据材料介绍这场大战历时四个月，国民军由22万人减员至5万余人以失败告终。但它的意义是帮助北伐顺利成功建立政府于武汉。国民军也从军阀军队中分化出来成为国民军联军，全体将士集体加入国民党，参加国民革命，参加北伐……。

在重温这段历史的过程中，我反复看了冯先生的五原誓师宣言及北伐誓师碑文，尤其是看到后者使我眼前一亮：怎么那么熟悉。我找出杨连台等叔叔们的回忆《孙桐萱事迹》一文，其中提到1930—1936年间我父亲作为第十二军军长兼二十师师长在山东，兖州驻防期间被百姓誉为善人的故事，内容一脉相传，现对比如下：

1927年北伐誓师碑文中冯先生说："……我们为人民除水患，兴水利，修道路，种树木以及做种种有意的事。我们要使人人均有受教育读书识字的机会。我们训练军队的标准，是为人民谋利益。我们军队是人民的武力。"

262

《孙桐萱事迹》一文中说："兖州古城历来是屯兵重地。当时的城市脏、乱、差，交通不便，百姓贫困。宣统年间修铁路挖土留下三个大深坑，内积污水，蚊蝇孳生。河水泛着臭气，很容易传染流行病。从1933年至1936年孙桐萱将军动用部队的力量改变了市容面貌，加强了基本建设，改善了人民生活。

1. 方便百姓出行，开辟城门筑道路

俗语说要想富先修路。古城四周十四多华里，但城门少群众上下火车需绕道而行，1933年春孙桐萱将军派部队在火车站西凿透城墙开辟新东门，并修了一条马路与邻县的公路相连，以后又开辟了新西门，在护城河上架起石桥方便出行。

2. 为了安民，创建新村

新东门到火车站之间是一片荒地，孙桐萱将军买下一块地，无偿的让买不起房基地的百姓在此盖房，很快就有上百户申请在此盖房垒院安居乐业，孙将军又修起一座石门，上刻"新村"二字。

3. 美化市容，修建花园

从1933年到1935年孙将军派部队把中间的污水坑建成了一座美丽的"津浦花园"。水陆面积达数十亩，四周围墙别致，湖水荡漾，内有"龙泉"、亭阁、怪石、小桥、绿柳、红花，让人赏心悦目，士兵还用护路小草组成"与民同乐"几个大字。

"津浦花园"北面的水坑，修成长方形湖面，湖水中间建有一亭，内有名人对联，石桌石凳，供游人下棋纳凉，亭东修一小桥与陆地相连，岸上柳树成荫，水中游鱼追逐实为休闲的好去处。

4. 建立水上图书馆

津浦花园南面的大水坑也修成长方形大池塘，有地下水相通，池内养鱼植藕，四周栽满花草树木，池中央以土石垫基，建立起一宽敞雅致的图书馆，两座小桥连接图书馆与陆地，为群众开辟了一个良好的读书学习环境。

5. 部队还治理疏通了府河，两岸栽柳成荫，使臭水变清水。

6. 提倡劳动光荣，建劳工休息室

孙桐萱将军为了让广大劳动群众有一个休息娱乐场所在花园路以南建一劳工休息室，1936年3月立。一碑上面刻着他亲手书写的"劳工休息室"五个大字，还立有"劳工神圣""寓建康于劳动，以生产求建设"等碑刻。往东还建有浴德池澡堂、花园饭店。以方便观光旅游。

7. 出资办学，收孤贫儿童

1933年春的一天早晨孙桐萱将军为开凿新东门到城东北郊勘察地形，见一乞儿奄奄待毙，孙将军问话，那乞儿战战兢兢，侍卫说：这是我们师长，心地善良是有名的孙善人，你有什么话就说吧。原来他叫万小义，河南人。因父母双亡，要着饭来兖州找当兵的哥哥，小乞儿泣不成声，孙桐萱将军把他带到师部养起来。此后又见到不少沿街乞讨的流浪儿，他猛生了办孤儿学校的想法，当地官绅表示拥护，由绅士组成校董士会，孙将军出资两万在新东门内盖教室宿舍二十余间，又从城里和周围农村收集三百名孤贫儿童，入学后学校管吃、管穿、管住，学制四年，半工半读。文化课与普通小学大致相同，为解决半工半读的场地问题，孙将军在该校对面又盖了三十余间草房，创办了"雪茄烟厂"。孙桐萱将军为办烟厂请上海技师来传授技术，产品行销国内外。除孤贫学校学生轮流劳作外，还招收了三百多名家境困难的妇女做工人，解决她们的就业问题。学生毕业全部安排工作，为了解决就业难的问题，孙将军令部队建洗澡堂"浴德池"和宾馆"花园饭店"提供就业岗位。为了弥补资金来源的不足，从军垦田地中划拨出百亩，将其种植收入归学校使用。

8. 帮助百姓收割、播种

每到农忙季节，孙将军派部队到离城不远的农村参加劳动，以连队为单位，自带干粮，只饮用农户的茶水，干活时，不分大户小户，都可以得到帮助。并且，他还通知师部直属的炮兵团、骑兵营、辎重营，无代价的把骡马借给农民使用。

因此兖州人民一直怀念他。"

我在整理父亲的历史材料时看到许多文章提到他在不同时期不同地点驻防时做的好事善事，他想百姓所想急百姓所急。当时我有一丝不解的是：父亲是位军人，带好兵打好仗为己任，不扰民就很好了，为何把行政长官的工作都揽在自己身上呢，累不累呀！现在看来，我父亲的所作所为都是南口大战五原誓师精神的传承与延伸，这正是国民军的伟大之处。

爱国爱民是冯玉祥将军的一贯主张。1924年首都革命时，战士们的袖章上就写有"不扰民，真爱民，誓死救国"字样。五原誓师时冯先生对人民概念的理解更深刻、更具有高度了，他明确指出："将国民军建立在民众的意义上，完全为民众的武力，与民众要求相结合。"一切为民众，一切造福于民成为他一切作为的基础。本来善良的思想净化的观念就容易打动人，冯先生还把五原誓师精神称为"九·一七"新生命作为全军的政治准则推广，将北伐誓师的誓言刻在石头上加深印象，这样就把造福于民的观念溶于国民军将士的血液中。

即使后来国民军瓦解了，到了抗日战争时期，任第三集团军总司令的孙桐萱将军仍不忘向他的老领导冯玉祥将军汇报思想和工作，也不断的得到任军委副委员长的冯先生的指导与肯定，父亲仍然是想百姓所想急百姓所急，不断地做着一些有意于人民的事。因而解放后，国家对他生养死葬，开追悼会肯定他的一生。在85周年以后的今天，一切为民众、造福于民的课题也是有其实际和重要现实意义的。

领导讲话

在纪念中国共产党成立90周年、辛亥革命100周年
暨南口大战85周年座谈会上的讲话

王振华

尊敬的全国人大副委员长，民革中央副主席何鲁丽同志、尊敬的北京市政协副主席、民革北京市主委傅惠民同志，尊敬的各位来宾和国民军将士的后代们：

今天我们在这里召开座谈会，隆重纪念中国共产党成立90周年、辛亥革命100周年暨南口大战85周年，心情很不平静。

1911年，民主革命先驱孙中山先生领导了伟大的辛亥革命。辛亥革命是中国历史上第一次民族民主革命。辛亥革命推翻了清王朝的统治，给中国带来了文明和光明，使民主共和的观念深入人心；辛亥革命开启了中国现代化的大门，在中国历史发展过程中，立下了不朽的历史功勋，写下了浓墨重彩的一笔。但由于历史条件的限制，辛亥革命没有完成反帝反封建的任务，没能改变中国半封建半殖民地的性质，没能实现国家的统一，中国仍处于军阀割据和军阀混战的分裂状态。从这个意义上说，辛亥革命没有取得彻底胜利。之后，孙中山领导的革命党人发扬辛亥革命不屈不挠的精神，发动了二次革命，但仍未能将中国民族民主革命推向前进。1921年中国共产党诞生后，义不容辞地肩负起解放中华民族、推翻三座大山、建立独立自主的新中国和现代化强国的历史重任。90年来，把马克思主义普遍真理同中国革命具体实践相结合的中国共产党人，领导中华各族儿女，为实现民族的解放、国家的独立；为中国的振兴与富强，与阻挠社会发展的腐朽没落、邪恶反动的势力进行了艰苦卓绝的斗争，不断战胜前进路上的艰难险阻，终于建立了人民当家作主的新中国，并逐步改变了中国一穷二白的落后面貌；推动了社会主义革命和建设事业深入发展。党的十一届三中全会以来，中国共产党领导人民坚持以马克思主义为指导，坚持党的领导，坚持社会主义道路，坚持改革开放，使我国在建设具有中国特色的社会主义现代化道路上取得了世人瞩目的辉煌成就。辛亥革命100年来的历史

充分证明，没有共产党就没有新中国；没有共产党就没有中国特色社会主义现代化。只有用马克思主义武装起来的，由无产阶级先锋分子组成的中国共产党，才能领导中国人民取得新民主主义的彻底胜利，才能取得社会主义革命和建设的伟大胜利；才能不断开拓出符合中国实际的科学发展道路，把中国建成社会主义现代化强国。

在回顾辛亥革命以来100年的历史和中国共产党成立90年来历史的同时，我们不由回忆起为了国家独立、民族解放而流血牺牲的无数先烈和披肝沥胆的前辈和仁人志士们，包括85年前即1926年在昌平南口与北洋军阀联军浴血奋战的国民军将士们。

1921年中国共产党成立后，冯玉祥等部分直系军队将领，在国共合作的影响和感召下，发动了北京政变，建立了国民军，与北洋军阀进行了殊死斗争。在中国共产党、中国国民党、共产国际、联共（布）和苏联政府的大力支持帮助下，国民军在以昌平南口为中心的北方战场上，用鲜血和生命有效抵御北洋军阀联军（即直、奉、鲁、晋联军）的进攻达4个月之久，对南方国民革命军的北伐起到了战略配合的重要作用，在中国革命的历史进程中写下了浓墨重彩的一笔。当时参与南口大战的双方投入总兵力达81万人，占当时全国总兵力100万的80%多，是中国近代史上最惨烈的战争之一。这场战争的重要意义，在于它是北伐革命的北方战场，它有力地配合了南方国民革命军的北伐战争。这场战争具体体现了国共两党的合作，体现了共产国际、苏联共产党和政府对中国革命的支持，体现了国民军将士们同腐朽没落的反动势力作殊死斗争的凛然正气。

今天我们纪念辛亥革命100周年，深切缅怀中国民主革命的先行者孙中山先生；纪念中国共产党成立90周年，深情歌颂共产党和李大钊等无数优秀共产党人的丰功伟绩；纪念南口大战85周年，沉重哀悼和怀念国民军中浴血奋战的先烈和前辈们，就是要在中国共产党的领导下，继承和发扬革命传统，振奋革命精神，弘扬以爱国主义为核心的伟大民族精神，不断巩固和发展壮大爱国统一战线，团结一致，开拓进取，为建设中国特色的社会主义现代化努力奋斗。

为了召开这次座谈会和出版《国民军与南口大战》一书，两年来我们做了大量准备工作。一是区政协领导在2007年召开纪念1937年南口战役（抗击日本侵略）70周年座谈会时，高度重视何仲山教授、吕植中教授等人在会上提出，应对1926年那场南口大战史料，进行深入挖掘和整理以示后人的

269

建议，经反复考虑研究，决定以对历史负责的精神，组织力量对1926年南口大战有关史料进行挖掘、完善、整理、研究，力争尽可能客观准确认识和评价这场战争，并以此为重要载体，纪念中国共产党建党90周年和辛亥革命100周年，更充分发挥人民政协文史工作的"存史、资政、团结、育人"作用。二是成立了南口大战专题调研组，并为调研组开展活动提供了必要的财力保障。三是多次召开调研座谈会，制定和实施调研计划，围绕深入挖掘历史线索，寻找直接关系南口大战性质的重要历史证据、依据，进行调研工作。如：为了了解和搞清中国共产党和李大钊同志与国民军和南口大战的关系，我们先后两次专程到李大钊故乡即河北省乐亭县的李大钊纪念馆参观，查找重要线索；调研组努力克服困难，查阅了中央党校、中央党史研究室保存的大量中共中央、共产国际、苏联共产党已经解密的重要文件；查阅了中国文史资料馆保存的国民军将士及后代关于南口大战的回忆录；利用多种方式寻访当年的国民军重要当事人及后代；深入到当年的南口战场实地调研；四是落实《国民军与南口大战》一书的执笔人；并多次召开会议，围绕书的纲目、内容等进行认真讨论；对书的每一稿（目前已是第5稿）都认真进行了审阅修改（真实的情况是逐篇、逐段、逐行、逐句、逐字的审阅、讨论、修改）。

我们为出版《国民军与南口大战》一书和开好这次座谈会确实做了大量工作，但因时间紧张、水平有限等多方原因，仍有一些不尽如人意的地方。如：本来我们原定《国民军与南口大战》一书要正式出版在此次座谈会之前，但直到前两周，有关方面才告知，书中编辑的虽已解密的有关重要文件，也还需要上报有关部门批准，据说需要两个月左右的时间才能批复，此书的正式出版要等到批准后才能落实。所以，此次会议前没能发书给大家（如果按原计划的时间出书，就只能去掉这部分文件，而去掉这部分重要文件，"南口大战"的性质就失去了有力的可靠的依据）。

我们在决定调研、整理1926年发生的"南口大战"有关史料以来，确实感到这项工作的艰巨。因为这场战争发生在中国的军队内部，不同于1937年发生在南口的中国军队抵御日本外来侵略者的那场战役；且发生的年代更为久远，战争的重要当事人大多数已不在；何况过去多年一直没有评价1926年南口大战的全面系统的材料，社会上存在不同说法，如民间一直传说是"军阀混战"。我们努力克服困难，力争全面、客观、真实地再现历史，终因时间、水平等原因，对过去有争议的问题至今有的也还未搞清楚

（如冯玉祥为何通电下野？南口大战时他到苏联考察的真实动机是什么等等）。

"南口大战"涉及众多知名的历史人物。这里需要说明的是，我们即将出版的书籍和此次座谈会的内容，涉及的只是历史人物在"南口大战"时及大战前后的情况，并不涉及对历史人物一生的评价。因为马克思主义告诉我们，历史是错综复杂的，历史人物也是不断发展变化的，评价每一个历史人物，都要历史的、联系的、发展的看问题，不但要看一时一事，还要看其全部历史和全部工作。

总之，因时间紧，困难大，水平有限，即将出版的《国民军与南口大战》一书和此次座谈会难免有疏漏甚至错误的地方，敬请大家批评指正。

在调研、搜集、整理1926年南口大战史料、编辑出版《国民军与南口大战》一书和准备这次座谈会的过程中，中共中央党校何仲山教授、中共中央教研室刘友于研究员、中国人民大学博士生导师张同新教授、唐曼珍教授、民革北京市委文史委主任吕植中教授、中共湖北省襄阳市委党校周振刚教授呕心沥血，作了大量艰苦细致的工作，体现了扎实的理论功底，深厚的学术积淀、科学的治学方法，刻苦的钻研精神。他们为我们政协工作者和政协文史工作树立了榜样。没有他们，就没有今天的座谈会和即将出版的《国民军与南口大战——大革命的北方战场》一书。在此，我代表昌平区政协，向他们表示深深的感谢！

我们还真诚地感谢前来参加座谈会的各位老领导、教授、专家、学者和国民军的后代们，感谢你们的大力支持！在此，我们还要真诚感谢中共中央党史研究室图书馆、中共中央党校图书馆、中国人民大学图书馆、中国近代史史料学会资料室、中国文史资料出版社、北京市政协文史委给予我们的大力支持和无私的帮助！民革北京市委为支持我们的工作，付出了辛勤劳动，我们在此表示衷心感谢！

先烈回眸应笑慰，革命自有后来人。让我们在中国共产党领导下，同心同德，沿着先烈前辈们用鲜血和生命开辟的革命道路，勇往直前，为实现中华民族的伟大复兴，为构建社会主义和谐社会，为中国的繁荣富强，努力奋斗！

在纪念中国共产党成立90周年、辛亥革命100周年
暨南口大战85周年座谈会上的讲话

王书合

（2011年6月18日）

各位领导、各位来宾：

大家好！首先我代表昌平区委、区人大、区政府、区政协对何鲁丽主席及各位领导、各位嘉宾光临昌平表示热烈的欢迎！

今年是中国共产党成立90周年、辛亥革命100周年、国民军南口大战85周年，在这不同寻常的时刻，我们在这里举行纪念活动，目的是缅怀革命先辈，弘扬民族精神，继承革命传统，奋发图强，励精图治，继往开来，将社会主义现代化事业不断推向前进。

1921年中国共产党的成立是具有划时代意义的里程碑，中国共产党成立后，坚持把马克思主义与中国的具体实际相结合，揭开了中国革命的新序幕，以毛泽东同志为主要代表的第一代中国共产党人，团结全国各族人民，艰苦奋战，推翻封建主义、官僚资本主义、帝国主义三座大山，建立了新中国；十一届三中全会后，中国共产党总结建国以来正反两方面经验，解放思想，实事求是，实现全党工作中心向经济建设的转移，实行改革开放，开创了社会事业发展的新时期，逐步形成了建设有中国特色社会主义的路线、方针、政策，中国由落后走向繁荣，生产力进一步发展，综合国力不断增强，人民生活水平进一步提高；刚刚过去的"十一五"时期，是我国发展进程不平凡的五年，是中国特色社会主义事业取得辉煌成就的五年，"十二五"规划纲要坚持以科学发展为主题，以加快转变经济发展方式为主线，把保障和改善民生作为加快转变经济发展方式的出发点和落脚点，凝聚了全党全国各民族的智慧，描绘了未来五年我国经济发展的崭新蓝图。实践证明，中国共产党不愧为伟大、光荣、正确的党，不愧为领导中国人民团结奋斗的核心力量，不愧为中华民族走向复兴的中流砥

柱。

1911年爆发的辛亥革命，推翻了清王朝的统治，结束了在中国延续几千年的君主专制制度，为中国的进步和发展开启了崭新的大门。在辛亥革命100周年之际，我们举行纪念活动，重温辛亥革命历史，深切缅怀孙中山先生等民主革命先行者，缅怀辛亥革命的先辈和仁人志士，就是要学习他们为国为民、天下为公的革命思想，发扬他们前仆后继、舍生忘死的革命精神，继承他们克己奉公、艰苦奋斗的革命传统，实现他们振兴中华、国家统一富强、民族平等、民生幸福的革命理想。我们要继承先辈遗志，自觉肩负起建设民主富强国家的重任，为实现中华民族的伟大复兴和建设和谐社会而努力奋斗。

随着岁月的流逝，85年前，发生在昌平南口的国民军南口大战可能已经淡出了人们的视线，但是我们绝不能忘记这场战役的历史功绩，绝不能低估它的战略地位和历史价值。南口大战是进步势力国民军与反动军阀的巅峰对决，极大地牵制了反动军阀，大大削弱了反动军阀的有生力量，有力配合和支持了南方国民革命军挥师北伐，可以说，大革命的北方战场南口大战为北伐战争取得胜利起到了举足轻重的作用，因此，我们纪念南口大战，重新认识和客观公正地评价它在大革命时期的历史地位，缅怀革命先辈和在南口大战中阵亡的国民军将士，具有深远的历史意义和现实意义。我们要以纪念南口大战为载体，凝聚各方面力量，努力把我们的各项事业进一步推向前进。

辛亥革命开启了民主革命的大门，北伐战争继承了孙中山先生的遗愿，是辛亥革命的继承与发展，而大革命的北方战场南口大战有力配合和支持了北伐战争，更重要的是，中国共产党和共产国际在国民军南口大战中发挥了重要作用，共产党主要创始人李大钊做了大量工作，可以说，支持和声援国民军是当时中国共产党对敌斗争的重要组成部分。中国共产党的建立，完成了资产阶级民主革命未竟的事业，建立了崭新的国家，实现了民族伟大复兴，使中华民族迅速崛起。因此，今天的纪念活动意义重大，非同寻常。

各位领导、各位来宾，昌平历史悠久，人杰地灵，文化底蕴深厚，是首都北京的北大门，被称为"密尔王室，股肱重地"，素有"京师之枕"的美称。昌平区地处北京上风上水，地理位置优越，自然环境优美，空气清新、交通便捷；昌平区文物古迹、风景名胜众多，有世界著名的世界文化遗产明十三陵和居庸关长城等；昌平物产丰富，一花三果（百合花、富士苹果、草莓、盖柿）享誉京城；昌平区经济发展、社会繁荣，2010年全区社会生产总值377亿元，城镇居民可支配收入24420元，农民人均纯收入12500元，区域税收142.1亿元，地方财政收入35.6亿元，名列远郊区、县前列。"十二五"期间，昌平区将集中力量建设高端引领、创新驱动、绿色发展、开放包容的京北创新中心，国际科教新城，为伟大祖国的建设与发展进一步贡献我们的力量。在此，我们诚挚地希望各位领导多来昌平光临指导，希望各位朋友多来昌平投资兴业、观光旅游、休闲度假。

最后，祝大家身体健康、万事如意！

谢谢大家！

在纪念中国共产党成立90周年、辛亥革命100周年
暨南口大战85周年座谈会上的讲话

傅惠民

（2011年6月18日）

尊敬的何鲁丽主席，

各位领导、各位专家学者、各位国民军将领的亲属：

　　今天，民革北京市委员会与政协昌平区委员会在这里联合举办纪念座谈会，以研讨国民军在共产党帮助下不断发展的这段历史来纪念中国共产党成立90周年，意义重大。国民军诞生于1924年的北京政变。冯玉祥发动的北京政变，将中国最后一个皇帝——溥仪驱逐出皇宫，推翻了贿选总统曹锟，邀请孙中山北上主政，是辛亥革命废除帝制走向共和的重要举措，因此，以研讨国民军的功绩来纪念辛亥革命100周年，同样意义重大。

　　国民军与共产党有着密切的关系，它的发展过程得到了共产党的大力支持和帮助。85年前的今天，即1926年发生在昌平南口地区的国民军与北洋军阀的这场战争，是国民军在生死关头得到共产党帮助的具体体现。

　　1926年2月21日至24日，中共中央在北京召开了特别会议，对国民军的命运给予高度重视，在一定程度上肯定了国民军的革命性及其在中国革命中的战略作用，认为："北方国民军固然漫无中心，还决不是革命的人民的武力，可是他们确是站在反帝国主义战线方面"。在会议通过的《北方区政治军事工作问题》的决议案中指出："现在的国民军，便是从旧军阀中分裂出来的左派，在数月中的事实中，已颇表现其反帝国主义反对反动军阀之倾向，并能相当接近民众"，"在北方目前的军事工作，唯一是在帮助国民军。所以须加强在国民军中的工作，帮助国民军成为民众抵抗帝国主义与反动军阀之有力的武装，并须从中造成一部分真正的国民革命的武装势力"。此间，共产国际执委会第六次扩大会议作出的《中国问题决议案》指出："国民军在华北之成立及其反对军阀之斗争，乃是民族解放

275

运动的重大成绩，它们与广州军队共同成为建立中国民族革命民主军队之基础。"3月，国民军接受李大钊领导的中共北方区委的建议，将主力退出京津地区，撤至昌平南口一带，以便利用有利地势，保存实力。同时，拖住军阀队伍，支援南方国民革命军北伐。

以李大钊为首的中共北方区委还向冯玉祥领导的国民军联军派送了邓小平、刘伯坚等大量优秀共产党员作政治工作，并帮助国民军建立干部培训学校。尽管国民军的番号只存在两年多，但由于受到共产党的影响，许多国民军将领在此后的民族民主革命中，为中国人民的解放事业作出了卓越贡献。

民革的成立与国民军受共产党影响也是分不开的，国民军是孙中山联俄、联共、扶助农工三大政策的忠实执行者，冯玉祥将军是民革的创始人之一，今天我们在这里通过回顾南口大战这段历史，纪念中国共产党成立90周年有着重要的现实意义，那就是通过研讨国民军与共产党的关系更深刻领会没有共产党就没有新中国的含义，更坚定我们民主党派自觉接受共产党领导的信念，更坚定我们走中国特色社会主义道路的决心。

最后，预祝会议圆满成功！

在纪念中国共产党成立90周年、辛亥革命100周年暨南口大战85周年座谈会上的讲话

李赣骝

（2011年6月18日）

我很高兴、很愿意参加这次座谈会，因为我对这方面的知识很缺乏，很想利用这次参加会的机会，学习了解这段历史，得到提高。

昨天入住酒店以后，我就一直在看会议材料，觉得给自己很多启发，但是对很多事情还很不了解，一定要我说，我只能抛砖引玉说几点，错误的话也希望大家批评指正。

以上同志的发言。说：有很多问题我们还没有研究清楚，需要深入研究，是否对错还不一定。如果我们现在已经分辨出对和错，那说明我们已经研究清楚了，正是我们现在还研究得不清楚，所以我们对错都很难分辨。我们应该百花齐放、百家争鸣，大家发表自己的看法，互相交换意见，我想这样的研讨会就很有意义了。

参加这次研讨会给我的启发很多，第一点是：现在我们国家很强调发扬中华文化，尤其中华文化里面的精髓应该充分发扬。现在有很多地方，都把本地历史上的重要事件、历史名人拿出来大做文章，这是很重要的，这是我们当地历史上的一个精髓、一个重要内涵。但是有些地方没有却要造，像有的地方说这儿曾经是猪八戒娶媳妇的地方。作为一个旅游名胜地胡编乱造，这是不对的。可是像我们昌平，不管是抗日战争时期的南口战役也好，1926年的南口大战也好，都是确确实实在这里发生过的历史事件，而且我觉得是重大历史事件，就像刚刚同志们讲的，从当时主流形势来看，是很重要的。因此，昌平政协的领导、市民革的领导很重视这一次会议，进行专题研讨，我觉得是很有必要的、很好的，我认为应该以这次研讨会为契机，继续深入探讨，把研究引向深入。

第二点是：应该用辩证唯物主义的历史观来看待历史事件和历史人

物。毛泽东、邓小平都主张实事求是，用历史观点来看待问题。以前我们很多地方是有偏见的，受到过左或过右的错误看法影响，往往随着领导人的思想而转变。领导人的思想偏左，那看问题大家都往左方面挤，领导人对这个问题偏右，大家就往右方面挤。我觉得应该实事求是地、用发展的眼光来看待问题。比如一个人，以前有种说法，一个人好就一辈子都好，从生下来就好，一直到他死；坏就一辈子都坏，从生下来就坏，一直到他死。事实上事情不是这么简单，有些人开始好，后来坏，有些人开始坏，后来好，有些人好好坏坏，这才符合社会的发展，才是历史的真实。因此我们对一个事件来说，对一个人来说，要就事论事，要看他在这个问题上表现怎么样，在那个问题上表现怎么样，具体问题具体分析。历史上很多著名人物，比如说中共第一次党代表大会的代表里面，有两位著名人士：周佛海、陈公博，当时可以说是中国共产党的先驱，但是他们以后成了汉奸卖国贼，是不是？还有一个杨度，在袁世凯复辟帝制的时候，他是支持袁世凯复辟的，以后又参加了共产党，反对独裁，他的儿子又参加了民革。所以历史是复杂的，有很多变化，对一个人的评价，还得就事论事。我父亲对我有这方面的影响，因为我小时候，从小学一年级到六年级是跟我父亲一块生活的，其他时间是跟我母亲一块生活的，我父亲在外面奔走。记得我父亲每年在云南讨袁护国起义的日子都要举行宴会，招待一些老朋友，当时就有人问过我父亲，说护国起义时候你们三位领导人（蔡锷、唐继尧、李烈钧），谁的功劳最大？我父亲说，我是孙中山派去做工作的，我作为一个革命者来讲，是不讲功劳的。实事求是地说，在反对袁世凯的护国起义里面谁的作用最大？那就是唐继尧。因为他是现职的云南都督，掌握了人事、军队、财政大权，如果没有他的支持，蔡锷、李烈钧也起不了作用。所以父亲认为在护国起义中，唐继尧的功劳最大。当时已经有一种说法，认为唐继尧又是军阀又割地称王（云黔王），就抹去了唐继尧在护国起义中的作用。父亲认为那种看法是不正确的，因为那是唐继尧的后来情况，是以后的事，不能用后面来否定前面。

第三点是：关于西北军。西北军是从国民军发展演变而来的。我父亲跟西北军关系比较密切，我从父亲自传里看到，国民军成立后，他多次应冯玉祥先生的邀请，到张家口去商谈事情，他跟西北军将领的关系非常密切。我小时候在重庆，接触最深、接触时间最长的就是冯玉祥先生。因为蒋介石不放心我父亲在昆明，让他从昆明到重庆去。我父亲到重庆后，接待我父亲的是冯玉祥先生。冯先生说，你不要住到蒋介石给你安排的地方，不要接受他的卫队，他的人都是特务，你住到我的地方，我给你派卫队。当时冯玉祥在重庆有一幢房子，所以我父亲就住到冯玉祥在歌乐山的一个公馆里，他派了一个班的战士到我们家服务，我们经常接触到鹿钟麟、薛笃弼、余心清等人。那个时候我还很小，才读小学五六年级，这事儿对我印象很深，记得余心清经常抱我。余心清那时候做什么？大概是担任国际救援总署署长，还是负责人之类的职务，所以我觉得我父亲和西北军的关系比较密切。而且，我觉得经过南口大战，国民军培养了很多的中国军事人才、政治人才，后来很多的抗日将领都是从经历过南口大战以后逐步培养出来的，包括解放战争时期，许多国民党军队的起义将领，许多都是原国民军将领，所以我觉得当时这一部分军队，不管是在当时，还是在抗日战争和解放战争时期，有很多人在很多方面都起到了很好的正面作用，这一点我觉得应该肯定。当然，西北军很复杂，也出了些败类，不过总的来看，西北军还是有不少值得肯定的地方。我父亲自传中记载，当孙中山逝世后，我父亲主持治丧事物，当时冯玉祥在国外，特函北京卫戍司令鹿钟麟，一切要听从我父亲安排，保证了中山先生治丧工作的顺利进行。

第四点是：关于南口大战和北伐战争的关系。我觉得参加这次会最大的收获就是进一步明确了南口大战和北伐战争的关系。我们都知道民国的真正统一不是辛亥革命，辛亥革命只是个开头，民国的真正统一是北伐战争。可是北伐战争之所以能够取得胜利，除了其他因素外，重要的一点是南北合击。当时进行的南口大战，沉重打击了北洋军阀的政权和军队，大大削弱了敌人的力量，为以后推翻北洋军阀的统治起了重要作用。南口大战与南方国民革命军北伐遥相呼应，在战略上起到了相互配合的作用。吴佩孚的嫡系精锐部队几乎全部被牵制在南口一线，不能南下，留在两湖的直系部队不多，而且是战斗力不强的鄂军，这样就为广州国民政府出师北伐提供了极为有利的时机。等吴佩孚打下南口，急调在北方进攻国民军的直系主力南下，为时已晚，通往武汉的南大门已被打开，北伐军在很短时间内，就攻占两湖，基本消灭了吴佩孚的军队。所以我觉得国民军，在当时的历史条件下，是起到正面的作用，起到推进历史向前发展的作用。对南口大战和国民军应当肯定。

第五点是：对民革领导人的一些看法。冯玉祥是国民军的主要创始人，国民军总司令，后来又成为民革的创始人。对他的说法很多，有人说他是英美的特务，又说是苏联的特务，而且言之凿凿，好像证据很充分。据我知道，苏联在清党的时候，杀了很多苏共的领导人，包括军事领导人，说他们是美国中央情报局的特务，而且他们自己也承认是中央情报局的特务，都枪毙掉了，但到后来重新审查后，发现一个也不是，没有找出来哪一个是美国中央情报局的特务。所以写历史的人，对档案材料一定要分析，辨别真伪，才能得出正确的结论。我认为从冯玉祥先生的一生看，主流是好的，值得肯定的。看一个人要看主流，就我们民革来说，我们民革的第一任主席李济深先生，以前是跟着蒋介石的，在四·一二清党的时候，也杀过共产党人啊，不过他以后又转变过来支持共产党，反对国民党，共产党就对他既往不咎，他还做了我们第一届中华人民共和国的副主席，所以我觉得对一个人的评价，应该实事求是，用历史唯物主义的观点来看问题，才是正确的。

总之，我觉得这次研讨会开得很好，是很有价值的，我还希望能听到学者们对这个问题更深刻的认识。以前很多文件因为保密看不到，看不到文件你就不了解实际情况，就得不出正确的结论。现在有了大量解密的文件，我们看到的东西越来越多，对问题认识就越来越深刻，越来越接近历史的真实，因此，我想听到学者们的最新研究成果。但实事求是地说，有些东西我们这一代人还说不清楚，因为有些文件还没有解密，还不了解，还有很多历史问题要等下一代人去研究，因为他们可以看到更多的解密文件，了解得更多、可以更客观地来研究。总之，历史研究是没有尽头的，随着历史的发展，我们的认识在逐渐接近历史的真实。

最后，我很高兴能参加这次会，还希望继续听到各位学者、教授和国民军后代们的各种高见，让我能在这方面得到进一步提高，谢谢各位！

附录：

纪念中国共产党成立90周年、辛亥革命100周年
暨南口大战85周年座谈会嘉宾简介

与会领导

何鲁丽　全国人大常委会原副委员长、民革中央原主席

傅惠民　全国政协常委、民革中央副主席、市政协副主席、民革北京市委主委

王　芸　北京市政协文史和学习委员会主任

王振华　昌平区政协主席

李霭君　民革北京市委副主委兼秘书长

王书合　中共昌平区委副书记

张荣禄　昌平区政协副主席

将领子女

（按姓氏笔画排序）

王端美　国民军第二集团第四十团团长王锡町之女

邓乃扬　农业大学教授，西北边防督办署军法处长邓哲熙之子

冯文二　重庆市人大常委、民革重庆市委副主委，国民军总司令兼第一军军长冯玉祥之孙

冯炳如　国民军总司令部直属卫队旅旅长冯治安之女

白绳武　辛亥革命滦州起义领导人之一白雅雨之孙

孙立言　国民军副总司令兼第三军军长孙岳之孙

孙爱丽　民革北京市委原机关干部，国民军第二集团暂第二师师长孙良诚之孙女

孙美霓　北京科技大学高级工程师，国民军第一军暂第一师第一混成旅第二团团长孙桐萱之女

刘国平　民革北京市委文史委副主任，同盟会会员刘洪基之孙

过家珍　国民军第一军第一师第二旅旅长过之纲之子

吕植中　北京市政协原副秘书长、民革北京市委原秘书长，国民军第三军第一师第一旅第一团团长吕汝骥之子

佟　兵　北京市西城区政协原副主席，国民军第十一师师长佟麟阁之子

何仲山　中共中央党校教授，国民军第三军参谋长兼第四师师长何遂之子

何　玟　北京市东方化工厂工程师，国民军政治委员会委员长张秋白外孙女

李宝芳　中国地质大学教授，国民军第一军第六师师长
李鸣钟之女

李赣骝　民革中央原副主席，国民军高级顾问、总参议
李烈钧之子

张廉云　北京市政协原副主席、民革北京市委原名誉主委、
国民军第一军第十五混成旅旅长张自忠之女

孟　迅　国民军警卫第二旅第三团第九连排长孟庆山之子

赵　然　天津中海船务代理有限公司总监，国民军第十一师
第三十二旅旅长赵景然之曾孙

赵学芬　民革北京市委原副秘书长，国民军第二集团第十团
团长赵登禹之女

席丽明　中国戏曲学院中专部高级教师，西北骑兵第一师第一旅旅长席液池之女

韩子华　民革中央顾问，国民军西路军前敌总指挥韩复榘之子

魏　明　国民军手枪团团长魏凤楼之女

专家　教授

（按姓氏笔画排序）

丁　晔　中共中央党史研究室图书馆馆长

马　沈　中国人民革命军事博物馆研究员

王　键　中国社会科学院台湾史研究中心秘书长

邓俊声　天津监管局原处长，《西北军演义》的作者

古　平　北京大学教授，李大钊研究会秘书长

白宏发　中国人民革命军事博物馆政治部副主任，大校

刘友于　中共中央党史研究室原二部副主任，研究员

刘桂生　清华大学历史系教授，博士生导师

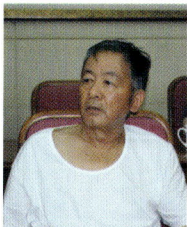

刘敬忠　河北大学历史学院教授，博士生导师

李东朗　中共中央党校党史教研部教授，博士生导师，一室主任

张同新　中国人民大学马克思主义学院教授，博士生导师

杨若荷　中国人民大学档案系教授

吴家林　中共北京市委党史研究室研究员

武月星　中国人民大学历史系教授

周振刚　中共湖北省襄阳市市委党校教授

贺新城　中国人民解放军军事科学院世界军事研究部研究室
　　　　主任，研究员

聂月岩　首都师范大学政法学院教授，博士生导师

黄　黎　中国国家博物馆副研究馆员

梁澄宇　全国政协研究室原巡视员（正局）